地方金融风险案例分析

DIFANG
JINRONG FENGXIAN
ANLI FENXI

王宪明 主编

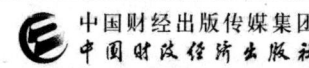

中国财经出版传媒集团
中国财政经济出版社

图书在版编目（CIP）数据

地方金融风险案例分析/王宪明主编．－－北京：中国财政经济出版社，2019.12
　ISBN 978-7-5095-8968-7

Ⅰ．①地…　Ⅱ．①王…　Ⅲ．①地方金融—金融风险—案例—中国—岗位培训—教材　Ⅳ．①F832.7

中国版本图书馆CIP数据核字（2019）第078892号

责任编辑：彭　波　　　　　　　　责任印制：党　辉
责任校对：李　丽　　　　　　　　封面设计：卜建辰

中国财政经济出版社 出版

URL：http://www.cfeph.cn

E-mail：cfeph@cfemg.cn

（版权所有　翻印必究）

社址：北京市海淀区阜成路甲28号　邮政编码：100142

营销中心电话：010-88191537

北京财经印刷厂印装　各地新华书店经销

710×1000毫米　16开　16.75印张　228 000字

2019年12月第1版　2019年12月北京第1次印刷

定价：68.00元

ISBN 978-7-5095-8968-7

（图书出现印装问题，本社负责调换）

本社质量投诉电话：010-88190744

打击盗版举报热线：010-88191661　QQ：2242791300

序言
Foreword

党的十八大以来，我国有序推进金融改革发展、治理金融风险，金融业保持快速发展，金融改革开放有序推进，金融产品日益丰富，金融服务普惠性增强，较好服务了实体经济的发展需求，金融监管得到加强和改进。

随着我国当前金融业务发展创新，业务交叉不断增多，金融风险也出现了新的变化。一些监管法规滞后于金融业务和金融风险的发展，出现了"牛栏里关猫"的现象。金融风险具有隐蔽性、传染性、多变性和关联性的特点，一些体制机制问题还没有得到根本性解决。以非法集资、金融诈骗以及地方债务违约为代表的地方金融风险事件的频发，严重损害了人民群众的切身利益，扰乱了金融市场秩序。如果任由这种情况发展，必将给金融体系带来极大风险，甚至出现区域性、系统性重大金融风险。

金融是国家重要的核心竞争力，金融安全是国家安全的重要组成部分。防范和化解金融风险特别是防止发生系统性金融风险，是金融工作的根本性任务。金融创新有利于满足金融消费者多层次、个性化需求，有利于支持实体经济发展，也要有利于金融风险防范。对于打着金融创新的旗号，损害投资者合法权益等行为，监管部门应加强监督检查，及时发现制止。在防范和化解重大金融风险过程中，需要重点解决金融领域违法违规成本过低问题，不断完善金融服务、防范金融风险这个重点，才能推动金融业高质量发展。

本书深入研究了近年来在我国金融市场上影响较大的24个地方金融风险典型案例，总结案例的特点和共性，剖析其风险成因，在此基础上给出了金融风险防控的相关建议。防控金融风险，最重要的是防患于未然。这就需要深化准入制度、交易监管等改革，加强监管协调，坚持宏观审慎管理和微观行为监管两手抓、两手都硬、两手协调配合；还要不断加强防范金融风险的宣传，持续培育人民群众价值投资、长期投资理念；投资者自身也要不断强化投资风险意识：高收益就意味着高风险。还要统筹金融监管资源，加强基层金融监管力量，强化地方监管责任，做到抓小抓早、防微杜渐。唯有此，才能有效防控金融风险，推动金融更好服务实体经济，不断满足社会和人民群众的金融需求，推动我国金融业健康发展。

编者

2019年1月

目录
Contents

第一篇
互联网金融案例 / 1

1.1　e租宝案 / 3

1.2　东方创投案 / 24

1.3　惠州e速贷案 / 33

1.4　钱宝网案 / 41

1.5　善林金融案 / 54

1.6　盛融在线案 / 64

1.7　沃客理财案 / 72

1.8　中晋系案 / 81

1.9　中融民信案 / 91

1.10　ICO案 / 100

1.11　Mt.Gox破产案 / 106

第二篇
实体企业案例 / 119

2.1　超越集团案 / 121

2.2　湖南红太阳案 / 131

2.3　荣盛发展案 / 138

2.4　睡宝床垫非法集资案 / 145

2.5　正菱集团非法集资案 / 156

第三篇
地方政府案例 / 163

3.1　城投债提前兑付引爆"另类违约"风险 / 165

3.2　天津天房集团曝信托违约风险 / 171

3.3　云南国有资本债务延期兑付 / 176

3.4　天津市政债务延期兑付 / 180

3.5　湖南省邵阳市变相举债 / 184

第四篇
投资项目案例 / 189

4.1　黄金佳投资案 / 191

4.2　天合联盟案 / 203

4.3　香港万丰国际文化艺术品份额交易案 / 212

第五篇
投资启示 / 225

5.1　投资启示——货币篇 / 227

5.2　投资启示——利率篇 / 239

5.3　投资启示——资产篇 / 250

第一篇

互联网金融案例

1.1　e租宝案[①]

震惊整个金融圈之后，散落在各地的e租宝关联公司也终于迎来审判日。北京、上海、天津、浙江、重庆、安徽、广东、湖北、湖南、江西、陕西、吉林、辽宁，累计13个省市、38起诉讼，已经相继做出宣判，111人入狱，罚款超20亿元。历时两年半，遍布31个省区市，涉案金额高达762亿元，未兑付金额高达380亿元的e租宝案，终于尘埃落定。除了北京总部早早宣判之外，散落在各地的关联公司，也被一一惩戒，各地法院相继宣布：e租宝案彻底审结。

这些不可一世，自诩精英的诈骗犯们，终于被一网打尽，受到了应有的惩罚，纵然他们一时试图逃跑、上诉、悔恨，也终难逃法网。虽不知道能否让百万倾家荡产、愤恨交加的受害者彻底出一口恶气，但对整个金融市场来说，已经炸翻了锅。e租宝处罚人数之多，罚款数额之高，影响之大，已经创下历史纪录。过去无数人以为，庞氏骗局只有创始人、股东有责任，这次完全被打破了。无论你在哪里，无论是总部还是分部，无论是天涯还是海角，只要参与，就罪责难逃，整个金融市场已被这场史无前例的暴风雨惊呆了。e租宝已为非法集资案判罚树立了典范，那些还躲在黑暗角落里、试图蒙混过关、再撑几年的非法集资集团，未来，都将难逃刑罚下场。

一、案件始末

1. 案件审理

2016年1月14日，备受关注的e租宝案的21名涉案人员被北京市检察

[①] 本书案例、数据资料等，如无特殊说明，均通过公开资料搜集整理。

机关批准逮捕。其中，e租宝实际控制人、钰诚集团董事会执行局主席丁宁，涉嫌集资诈骗、非法吸收公众存款、非法持有枪支罪及其他犯罪。此外，与此案相关的一众犯罪嫌疑人也被各地检察机关批准逮捕。

2017年4月26日、27日，北京市第一中级人民法院对被告单位安徽钰诚控股集团、钰诚国际控股集团有限公司以及被告人丁宁等10人涉嫌集资诈骗罪，被告人王之焕等16人涉嫌非法吸收公众存款罪一案依法公开开庭审理。

2017年9月12日，北京市第一中级人民法院依法公开宣判，被告单位安徽钰诚控股集团、钰诚国际控股集团有限公司以及被告人丁宁、丁甸、张敏等26人集资诈骗、非法吸收公众存款案。北京市第一中级人民法院依法公开宣判：对钰诚国际控股集团有限公司以集资诈骗罪、走私贵重金属罪判处罚金人民币18.03亿元；对安徽钰诚控股集团以集资诈骗罪判处罚金人民币1亿元；对丁宁以集资诈骗罪、走私贵重金属罪、非法持有枪支罪、偷越国境罪判处无期徒刑，剥夺政治权利终身，并处没收个人财产人民币50万元，罚金人民币1亿元；对丁甸以集资诈骗罪判处无期徒刑，剥夺政治权利终身，并处罚金人民币7000万元。同时，分别以集资诈骗罪、非法吸收公众存款罪、走私贵重金属罪、偷越国境罪，对张敏等24人判处有期徒刑3年至15年不等刑罚，并处剥夺政治权利及罚金。

法院经审理查明，被告单位安徽钰诚控股集团、钰诚国际控股集团有限公司于2014年6月至2015年12月，在不具有银行业金融机构资质的前提下，通过e租宝、芝麻金融两家互联网平台发布虚假融资租赁债权项目及个人债权项目，包装成若干理财产品进行销售，并以承诺还本付息为诱饵对社会公开宣传，向社会公众非法吸纳巨额资金。其中，部分集资款被用于返还集资本息、收购线下销售公司等平台运营支出，或用于违法犯罪活动被挥霍，造成大部分集资款损失。此外，法院还查明钰诚国际控股集团有限公司丁宁等人犯走私贵重金属罪、非法持有枪支罪、偷越国境罪的事实。

北京市第一中级人民法院认为，二被告单位及被告人丁宁、丁甸、张敏等10人以非法占有为目的，使用诈骗方法进行非法集资，行为已构成集资诈骗罪。被告人王之焕等16人违反国家金融管理法律规定，变相吸收公众存款，行为已构成非法吸收公众存款罪。二被告单位以及丁宁、丁甸、张敏等26名被告人的非法集资行为，犯罪数额特别巨大，造成全国多地集资参与人巨额财产损失，严重扰乱国家金融管理制度，犯罪情节、后果特别严重，依法应当予以严惩。法院根据二被告单位、各被告人的犯罪事实、性质、情节和社会危害程度，依法作出上述判决。一审判决后，丁宁、丁甸、张敏等23名被告人提出上诉。

2017年11月29日，北京市高级人民法院依法对安徽钰诚控股集团、钰诚国际控股集团有限公司以及丁宁、丁甸、张敏等26人集资诈骗、非法吸收公众存款上诉一案二审公开宣判。法院裁定驳回上诉，维持原判。二审宣判后，将由一审法院严格按照法律规定进行涉案财产的善后处置，尽快组织开展信息核实、资产变现、资金清退等各项工作。

2018年2月7日，北京市第一中级人民法院已对被告单位安徽钰诚控股集团、钰诚国际控股集团有限公司，被告人丁宁、丁甸、张敏等26人犯集资诈骗罪、非法吸收公众存款罪、走私贵重金属罪、偷越国境罪、非法持有枪支罪一案立案执行。

2018年5月21日开始，继2017年9月e租宝案一审立案执行后，e租宝在全国各地的关联公司、分公司相继宣判。目前累计已有111名相关涉案人员受审，其中，主犯丁宁所受处罚最高，被判无期徒刑，各地对涉案人员罚金累计约20.05亿元。

目前已有北京、上海、天津、重庆、浙江、湖北、湖南、安徽、陕西、江西、广东、吉林、辽宁等13个省市对38起诉讼案相继作出宣判。其中，上海市有8起诉讼案宣判，是宣判数量最多的地区。在8起案件中，涉案人员最高被判刑5年，并处罚金20万元。

涉案金额方面，e租宝案涉案总金额762亿元，未兑付金额380亿元。除e租宝主体案件，37起诉讼案涉案金额在164万元到5.05亿元不等。未兑付金额最高是钰诚融泰安徽商务咨询有限公司上海分公司，达3.9亿元。

刑期方面，各地诉讼案刑期基本都在5年以下，以1~3年刑期居多。

罚款金额方面，37起诉讼案罚金在2万元到40万元不等，其中，上海钰申金融信息服务有限公司盘锦分公司案被告被处罚金40万元。

e租宝案发后历经了立案、审理、宣判，进入了最后的执行阶段，相当于e租宝案已进入尾声。但是对受害者来说，由于资产变现等尚需一段时间，因此到资金清退还需要一定的时间。

2.事件经过

e租宝是钰诚系下属的金易融（北京）网络科技有限公司运营的网络平台。2014年2月，钰诚集团收购了这家公司，并对其运营的网络平台进行改造。2014年7月，钰诚集团将改造后的平台命名为"e租宝"，打着互联网金融的旗号上线运营。钰诚系的顶端是在境外注册的钰诚国际控股集团有限公司，旗下有北京、上海、蚌埠等八大运营中心，并下设融资项目、e租宝线上销售、e租宝线下销售等八大业务板块，其中大部分板块都围绕着e租宝的运行而设置。

e租宝对外宣称，其经营模式是由集团下属的融资租赁公司与项目公司签订协议，然后在e租宝平台上以债权转让的形式发标融资。融到资金后，项目公司向租赁公司支付租金，租赁公司则向投资人支付收益和本金。在正常情况下，融资租赁公司赚取项目利差，而平台赚取中介费。然而，e租宝从一开始就是一场彻头彻尾的空手套白狼式的骗局，是一场通过假项目、假三方、假担保的三步障眼法制造的骗局，其所谓的融资租赁项目根本名不副实。

从e租宝，到中晋、泛亚系，再到钱宝网、善林金融、云联惠，非法集资一个比一个疯狂，但e租宝绝对是成长速度最快、最能玩花样的。

自2014年7月上线，e租宝交易规模快速跻身行业前列。根据零壹研究院数据中心统计，截至2015年11月底，e租宝累计成交额为703亿元，排名行业第四。网贷之家的数据显示，截至2015年12月8日被查，e租宝总成交额745.68亿元，总投资人数90.95万人，待收总额703.97亿元。e租宝上线仅仅505天，吸引投资用户高达90多万，成为仅次于陆金所、网信理财、红岭创投的第四大互联网金融玩家。而这一切，靠的正是其创始人丁宁超乎寻常的运作手法。

一是高收益、低风险、高流动的承诺。从成立之初，e租宝就打着"1元起投，随时赎回，高收益、低风险"的"普惠金融"噱头。截至被查，e租宝共推出过6款产品，承诺预期年化收益率9%~14.6%，吸引了大批投资者。e租宝推销人员甚至鼓动投资者说，e租宝产品保本保息，哪怕投资的公司失败了，钱还是照样有。e租宝这一收益率远高于同期银行理财产品的收益率，而且银行理财产品的起购额一般都比较高，是不能提前赎回的。收益率高，门槛低，同时还可以随时赎回，这种不可能存在于现实世界的理财产品就这样被e租宝凭空创造了出来。

二是大规模宣传。为了吸引更多人投入，e租宝一开始就进行了大规模的广告轰炸。2014年以来，钰诚系先后花费上亿元大量投放广告进行病毒式营销，从地铁、公交，到电视、网络，户内户外，线上线下，几乎无所不包，无所不含，密布全国。尤其是电视广告，仅2015年上半年，投放规模就高达1.5亿元。中央台、北京卫视、湖南卫视、东方卫视、江苏卫视、天津卫视、浙江卫视、安徽卫视、河北卫视等主要国家级、省级电视台，几乎全部覆盖，送达人群接近10亿。e租宝还将其总裁张敏包装成"互联网金融第一美女总裁"，作为企业形象代言人公开出席各种活动。

此外，e租宝还设置了特别岗位：理财师。这些理财师的任务就是专门负责拉用户投资，只要拉来50万元，即可提成3000元，拉来100万元，即可提成5000元。加上团队和领导提成，提成总额近1%。为方便宣传，e租宝甚至还在缅甸政局不稳的战乱地区佤邦设立了空壳银行——东南亚联合银行（邦康支行）。

实际上，由于金融行业天然的风险性，承诺保本保息本身就违背客观规律。银监会更是明确要求，各商业银行在销售理财产品时必须进行风险提示。但是，e租宝抓住了部分老百姓对金融知识了解不多的弱点，用虚假的承诺编织了一个陷阱。为加快扩张速度，钰诚集团还在各地设立了大量分公司和代销公司，直接面对老百姓贴身推销。其推销人员除了推荐e租宝的产品外，甚至还会热心地为他们提供开通网银、注册平台等服务。正是在这种强大攻势下，e租宝仅用一年半时间，就吸引来90多万遍布全国的实际投资人。

一个个套路加上铺天盖地的广告宣传，可谓收获奇效，尤其是在央视投放的广告，受到普遍的信任。"央视都能上，还能有什么问题？"庞氏骗局无论外表包装得多么华丽，背景多么强大，媒体、经济学家如何推波助澜，终究难逃非法集资的厄运。靠着借新还旧，搭起没有根基的大厦，就像无本之木、无源之水一样，终有枯竭、倒塌的一天。无数曾经无比自信的投资者，如今无不扼腕长叹。

起初为了鼓励互联网金融创新，更好地服务于老百姓和中小企业，国家采取了包容、宽松的政策，诞生了蚂蚁金服、陆金所等一大批互联网金融"独角兽"。然而，创新的队伍鱼龙混杂，唯一的保障，只有创业者本身的自律。面对几十亿、上百亿规模的可以随意控制资金，又有多少人能不心动，不膨胀的，这对人性来说，无疑是个天大的考验。

吸纳了上百亿资金的e租宝，在缺乏监管和第三方资金托管的情况下，除了将一部分吸取的资金用于还本付息、维持公司的巨额运行成本以及广告炒作外，相当一部分资金被用于个人挥霍。创始人丁宁的生活奢侈，随意挥霍几乎达到了令人发指的地步。其与集团多名女高管关系密切，累计赠与他人现金、房产、车辆、奢侈品就高达10亿元以上。其中仅仅对张敏一人，就赠送了价值1.3亿元的新加坡别墅，1200万元的钻戒、名表、豪车，还先后"奖励"了张敏5.5亿元的现金。

钰诚系的另一大开支来自高昂的员工薪金。以丁宁的弟弟丁甸为例，他原本月薪1.8万元，但调任北京后，月薪就飞涨到100万元。整个钰诚集团拿着百万级年薪的高管多达80人左右，仅2015年11月，钰诚集团需要发给员工的工资就有8亿多元。多位公司高管称，为了给公众留下财大气粗的印象，丁宁甚至要求办公室的几十个女秘书全部穿戴奢侈品牌的制服和首饰展示公司形象，这些奢侈品大多是LV、GUCCI、CHANNEL等昂贵的奢侈品品牌，以至于将全国LV店、爱马仕店买空。疯狂程度，令人咂舌。

公司的花销在水涨船高，资金回笼的压力也越来越大。实际上，钰诚系的高管们对公司的实际状况都心知肚明。被抓后的丁宁坦言，钰诚集团旗下仅有钰诚租赁、钰诚五金和钰诚新材料三家公司能产生实际的经营利润，但三家企业的总收入不足8亿元，利润尚不足1亿元。因此，除了靠疯狂占用e租宝吸收来的资金外，钰诚系的正常收入根本不足以覆盖其庞大的开支。

谁能想到，这个外表包装如此华丽，不断标榜普惠、安全的e租宝，竟是如此的混乱、黑暗。而其他缺乏监管，没有资金托管，没有完善金融风险控制，故事讲得天花乱坠，却找不到盈利点的众多平台，只怕更令人不敢想象了。

3. 诈骗者们

丁宁在中国政府网上的简历是这样的：丁宁，1982年7月生，汉族，民革党员，企业家，应用化学专家，高级化学工程师，计算机工程师。丁宁2012年成立安徽钰诚融资租赁有限公司，2013年整合旗下参控股公司成立钰诚集团，至今一直担任钰诚集团董事会执行局主席。一个不为人知的细节是，年仅33岁的丁宁，原本简历被挂在中国政府网（中央政府门户网站）上。在被调查后，丁宁的简历和发布的有关新闻，均被中国政府网删除。

年仅33岁的丁宁，见诸报端的信息并不算多，为人低调。从他的过往经历看，确实算是"屌丝逆袭"的创业人物。1999年，17岁的丁宁从安徽工贸职业学院休学，进入母亲在蚌埠丁岗村建的一家锁厂，当技术员和销售员。尽管起点不高，但此时丁宁大胆的行为方式，已初见端倪。他看厂子营收较少，就开通了网购业务，为厂子每年多创收近百万元。当时淘宝等购物平台，才刚刚登上历史舞台。

6年后，他创立了自己第一家五金公司，文科出身的他，在看到化学行业一个新的技术风口后，居然亲自研发，最终还获得了成功。也因为他在化工方面有多项专利，享有了安徽省科技专项津贴。

丁宁非常擅长把握时事，4年前，他看到传统五金行业进入瓶颈期，决计转战金融市场，换地掘金。但在此之前，他完全是个金融门外汉。他每天抽出三四个小时，翻阅书籍，恶补金融知识，半年后，他相中了融资租赁。此时，e租宝的雏形已然形成，余额宝的成功，更给足了他信心。他认为："民间资金流入实体工业生产中，这是大势所趋。而将实体经济和金融有效结合的最佳方式就是融资租赁。"2014年2月，他搭上了移动互联网快车，创建e租宝。截至2015年6月，钰诚集团的存量业务为400余亿元人民币。丁宁一手打造的金融大厦，已然形成。e租宝从创立后，一路高歌猛进，势头逼人。一家来自安徽蚌埠市的公司，如何培育出e租宝？这个谜一样的集团公司，仿佛一只迅速崛起的金融怪兽，体型庞大，又暗藏危险。

2015年12月8日晚，公安部进驻e租宝，正式开始对其调查。晚上7点左右，e租宝的网站和APP均无法打开，突然袭击来得猝不及防。就在两个小时前，e租宝还在各大媒体上发布软文，试图以此来冲淡多日来浓烈的火药味。投资用户全都慌了，他们集结多个QQ群，每个群都迅速达到2000人上线。如果认为只是e租宝的问题，就想得过于简单了。其实，e租宝的母公司钰诚集团，旗下还有三家互联网金融公司：芝麻金融（又称玖钰财富）、钰申金融、惠仁财富等多家互联网金融公司。在e租宝网站关闭的同时，三家互联网金融公司的网站都无法再打开。可见，火已烧到了钰诚集团。

2015年12月9日上午，钰诚集团位于安徽蚌埠市的总部，开始拆除带钰诚集团字样的标识和招牌。上线505天，吸金747亿元，涉及89万投资用户，仅次于陆金所、网信理财、红岭创投，互联网金融行业的第四大玩家一夜坍塌，整个互联网金融行业都为之震动。

丁宁被抓的消息，在群里引发了轩然大波，大家的情绪从愤怒变成了绝望，很多人一夜无眠，坐等天亮。就在其被查的前一个月，钰诚集团还获得了某媒体颁发的"2015最具责任感企业"奖，集团首席执行官在会上说："互联网＋金融，核心是普惠，然后是安全和信誉。"

张敏，安徽钰诚控股集团董事、总裁，e租宝联合创始人，2001年毕业于法国佩皮尼昂大学（University of Perpignan），获硕士（DESS）学位。在朋友的推荐下，张敏的第一份工作是在三江学院当老师，这是一所位于南京的民办私立大学。然而张敏在三江学院当了不到两年的老师便离开了。根据公开资料，张敏2006年起开始在美国一家名称为"China Agritech Inc."公司先后担任CEO高级助理、常务副总裁、投资者关系总裁等要职，主要负责上市公司的投资者关系运营及融资项目。据调查到的资料，这家公司其中文名字为"艾瑞泰克"，是一家生产肥料的公司，生产地在安徽蚌埠。2011年，这家公司因为在美国遭遇集体诉讼而退市。

随后的三年时间，她的身份屡屡刷新，分别为：北京南洋林德顾问有限公司高级合伙人（2012年）、安徽汇仕达资产管理有限公司总裁（2013年）、安徽钰诚控股集团北京分公司总经理（2014年），直到2014年7月，e租宝推出，张敏担任总裁。

在e租宝推出后短短几个月，e租宝的这位女总裁就开始活跃在各大媒体上。央视的一套、二套，还有新闻频道，北京、安徽卫视再加上高铁、公交等，统统上了个遍。此外，e租宝的宣传片在湖南卫视、浙江卫视、东方卫视等六大卫视几乎全天候都可以看到。张敏还接受了环球人物、央视证券、中网资讯等数十家媒体的专访。

然而，随着e租宝危机的出现，e租宝总裁张敏也就成了网上言论的热点。有网友称这位美女总裁是被包装出来的，根本就不懂金融。有网友还拿张敏的简历来说事儿，更有网友爆料e租宝公司几乎不安排张敏出席太多公众场合，更别提发表演讲了。

网络上曝光了e租宝总裁张敏与实际控制人丁宁关系不纯，表面上为合作关系，实际上却为情人关系。据多个犯罪嫌疑人供述，丁宁与数名集团女高管关系密切，其私生活极其奢侈，大肆挥霍吸来的资金。仅对张敏一人，丁宁除了向其赠送价值1.3亿元的新加坡别墅、价值1200万元的粉钻戒指、豪华轿车、名表等礼物，还先后"奖励"她5.5亿元人民币。

e租宝从高层到员工都是不懂金融的人，尤以美女甚多。其中包括：总裁张敏，党委书记、首席运营官王之焕，钰诚集团助理运营官殷飞，东南亚自贸区管理委员会主席谢洁等。据钰诚公司内部员工说，这些美女高管的工作能力，非常不专业，根本不懂投资理财和金融管理知识，尤其总裁张敏就像是公司里的一个花瓶。

据钰诚公司内部员工说，这些美女高管很多都是丁宁通过ENZO聚会圈认识的。据悉，ENZO聚会圈成立10年多，掌握了国内各大跑车俱乐部、贵族学校、国外留学生等高端资源，同时与各大资源建立了密切的来往，这里聚集了富二代、企业接班人、创二代，会员大多都是非富即贵。经过调查发现，女性除了年龄教育等条件外，对穿衣打扮经验也有要求，还要懂红酒高球会外语能理财，更看重的是："气质"。另外，女士会员入会不是免费的，费用的多少还得根据"二十八项"的综合评估标准来定。

就ENZO聚会圈的"二十八项"的综合评估标准来看，e租宝总裁张敏在内的美女高管团非富即贵，也不乏真才实干的人。然而，e租宝这艘大船沉入大海后，那些美女高管在e租宝辉煌也随之而去。

4.诈骗手段

e租宝就是一个彻头彻尾的庞氏骗局。e租宝对外宣称，其经营模式是由集团下属的融资租赁公司与项目公司签订协议，然后在e租宝平台上以债权转让的形式发标融资。融到资金后，项目公司向租赁公司支付租金，租赁公司则向投资人支付收益和本金。在正常情况下，融资租赁公司赚取项目利差，而平台赚取中介费。然而，e租宝从一开始就是一场空手套白狼的骗局，其所谓的融资租赁项目根本名不副实。

钰诚系多位高管都坦白了公司收买企业，或者注册空壳公司等方式在e租宝平台上虚构项目的事实。丁宁指使专人，用融资金额的1.5%~2%向企业买来信息，之后将这些企业信息填入准备好的合同里，制成虚假的项目在e租宝平台上线。钰诚系通过虚构融资项目，把钱转给承租人，给承租人部分好处费，再把资金转入钰诚系的关联公司的方式，以达到事实挪用的目的。为了让投资人增强投资信心，他们还采用了更改企业注册金等方式包装项目，丁宁前后为此花了8亿多元向项目公司和中间人买资料。对于e租宝占用投资人的资金的事实，公司高管都很清楚。

e租宝上绝大部分的项目都是假的，在目前已查证的207家承租公司中，只有1家与钰诚租赁发生了真实的业务，有部分涉案企业甚至直到案发都被蒙在鼓里。安徽省蚌埠市某企业负责人称，他的公司曾通过钰诚集团旗下的担保公司向银行贷过款，对方因此掌握了公司的营业执照、税务登记证等资料。但直到2015年年底他的企业银行账户被冻结后，他才从公安机关得知自己的公司被e租宝冒名挂到网上融资。

根据中国人民银行等部门出台的《关于促进互联网金融健康发展的指导意见》，网络平台只能进行信息中介服务，不能自设资金池，不提供信用担保。而e租宝将吸收来的资金以借道第三方支付平台的形式进入自设的资金池，相当于把资金从左口袋放到了右口袋。不仅如此，钰诚集团还直接控制了3家担保公司和一家保理公司，为e租宝的项目担保。如果平台引入有关联关系的担保机构，将给债权人带来极大风险。

从2014年7月e租宝上线至2015年12月被查封，钰诚系相关犯罪嫌疑人以高额利息为诱饵，虚构融资租赁项目，持续采用借新还旧、自我担保等方式大量非法吸收公众资金，累计交易发生额达700多亿元。初步查明，e租宝实际吸收资金500余亿元，涉及投资人约90万名。

"1元起投，随时赎回，高收益低风险。"这是e租宝广为宣传的口号。许多投资人就是听信了e租宝保本保息、灵活支取的承诺才上当受骗的。e租宝共推出过6款产品，预期年化收益率在9%~14.6%，远高于一般银行理财产品的收益率。e租宝的推销人员甚至鼓动投资者说:"e租宝产品保本保息,哪怕投资的公司失败了,钱还是照样有。"

对于投资者来说,投资10万元到银行,一年才赚2000多元;放在e租宝的话,它承诺的利率是14.6%,一年就能赚14000多元。还有投资者是被e租宝可以灵活支取的特点吸引了,一般银行的理财产品是不能提前支取的,但e租宝可以提前10天拿出来。实际上最高人民法院在2010年出台的关于非法集资犯罪的司法解释里明确,不能用承诺回报引诱投资者。由于金融行业天然的风险性,承诺保本保息本身就违背客观规律。银监会更是明确要求,各商业银行在销售理财产品时必须进行风险提示。但是,e租宝抓住了部分老百姓对金融知识了解不多的弱点,用虚假的承诺编织了一个陷阱。

"1元起投"的"普惠"模式,确实吸引了不少用户,但这不是吸金关键。铺天盖地的广告,才是e租宝制胜法宝。2015年上半年,e租宝仅电视渠道的投放体量就在1.5亿元左右。央视投放广告费是3102万元、北京卫视2454万元、江苏卫视1440万元、东方卫视1479万元、天津卫视1440万元,总计就是9915万元,如果再加上湖南卫视、浙江卫视、安徽卫视,预估至少每家1500万元,河北卫视也有300万~500万元。反观事后在e租宝的投资人维权群里,很多人称自己当时投资,是因为看到电视上的广告。有不少投资者认为:"央视都能上,还能有什么问题?"

除广告外,e租宝另一推广手段就是极为野蛮的推销方式。e租宝有个特别的岗位,叫"理财师",他们负责拉用户购买,利润颇丰。另外,前来面试的理财师都会被告知——如果你自己也投资或能带单入职,将被优先录取。因此很多理财师都会自己先购买,或者让亲朋购买。e租宝承诺用户是9%~14.6%的年化收益率,加上理财师提成1%,其理财产品成本将高达10%~15%以上。而从目前行业来看,融资租赁债权收益率为7%~8%,e租宝几乎高出行业1倍。

有这样强的营销能力,是因为在高管们的忽悠下,e租宝建立了一支对自身深信不疑的营销队伍。在租宝野蛮生长的时期，e租宝的员工们都相信没有哪家平台比e租宝更高大上，无论是银行存管、ICP证又或者高大上的协会，凭e租宝的公关能力，都能被搞定。2015年，e租宝的广告铺天盖地，高铁、影院、电梯楼宇以及央视，线上线下。而在不少e租宝的员工看来，公司能在央视投放广告，还能在缅甸开银行，公司的高管出国访问等，这都说明了e租宝实力很强。

e租宝给公司业务员的收入，比同行要高出许多。另外，当时e租宝对员工的管理并不严格。由于e租宝全国的业务发展太快，根本管不过来，考核并不严。据员工们回忆，在e租宝工作，只要有业绩，就可以很快晋升。员工们感觉有前途，有特别强烈的欲望和冲动想要加薪升职。而一旦能做到门店经理，即使是在一些边远小城市，一个月也能拿到两三万元。在此背景下，理财经理们都会积极地去拉投资客户。

e租宝的员工大体分为三种：有的发现了有问题，立即撤离；也有的发现了问题，但舍不得放弃高薪。还有一部分员工，金融知识匮乏，压根没有发现问题，甚至始终对e租宝深信不疑。内部，无数员工与高管享受着高薪的红利，对风险睁一只眼闭一只眼；外部，缺乏监管的环境，共同促进着e租宝迅速膨胀。

2015年12月初，e租宝被全面调查。但直到2015年12月中旬，还有e租宝全国各地分公司的员工组织在一起拍照、喊口号："钰诚不倒，我们不跑"。在他们眼中，e租宝是完美的。

"我们在东南亚开了东南亚联合银行，资本雄厚"。这是e租宝的理财师最常用的宣传语。但也有员工自曝，这是钰诚集团和e租宝洗钱的地方。这家缅甸银行，确实存在。据媒体报道，2015年年初，钰诚集团在缅甸第二特区佤邦开设了东南亚联合银行，并在佤邦首府邦康成立了邦康支行。该地区属于缅北，与中国接壤。在大街上能够经常看到扛着枪的佤邦军，因为与缅甸政府关系紧张，近年来佤邦军与缅甸政府军的冲突不断。因为地缘敏感，政治复杂，毒贩横行，导致邦康经济十分落后，本地银行都很少。

一个外国银行的入驻看起来很奇怪，因为在这个地区开银行根本无钱可挣。一家开在随时开火的战区银行，钰诚集团的深意，的确值得揣摩。

二、事件分析

2015年12月8日当晚，北京电视台上e租宝广告还来不及撤下，一如既往地播放。次日晚上，新闻联播前，所有的互联网金融广告全部停播。"互联网金融行业将地震"的推测，甚嚣尘上，又恰在国家即将颁布互联网金融监管细则的关键节点。互联网金融行业协会给北京的互联网金融公司召开了紧急会议，让大家正常经营，不要过分恐慌。但用户却变得越发敏感，并试图将自己投资在其他互联网金融平台的钱尽早提现——没有任何一家互联网金融平台，可以承受如此的挤兑风险，行业一时间风声鹤唳。有投资者质疑称："排行第四的公司，说倒就倒，其他平台如何保障？"

从余额宝出现至今，培养多年才形成用户对互联网金融的信任，如今却面临轰然倒塌的危机。在e租宝投资用户的2000人群里，滚动消息从不间断。一边忧虑万分，一边又自我安慰，每出现一条e租宝新闻，群里就得解读、揣摩、引申许久。他们知道e租宝，大部分人是因为看了广告，小部分是被理财师拉进来；他们有北上广的，但大部分来自二线城市；900万元，500万元，270万元，或者几千元，每个用户的名字后面，都注明他们的投资金额，有些人甚至倾其所有。

根据e租宝案件中已经查明的种种犯罪事实，司法机关认为，犯罪嫌疑人的这些行为已经涉嫌非法吸收公众存款和集资诈骗。根据我国目前现行法律，非法吸收公众存款罪有4个构成要件：第一是未经有关部门批准或者假借合法的经营形式来吸存；第二是以媒介、短信、推荐会等形式公开吸存；第三是通过私募、股权等其他的手段来承诺还本付息或者回报；第四是向社会公众即不特定的人吸存。在本案中，犯罪嫌疑人利用网络平台公开向全国吸存，还对外承诺还本付息，其行为已经涉嫌非法吸收公众存款罪。

有法律专家认为，对于已经构成非法吸收公众存款罪的，如果还存在挥霍性投资或者消耗性支出导致财产不能偿还的情形，就构成了集资诈骗罪。e租宝案的犯罪嫌疑人投资高档车辆和住宅、向员工支付高工资等挥霍行为，体现了他们主观上非法占有投资者资金的目的，这是导致吸收来的资金不能偿还的重要原因之一，也是他们涉嫌集资诈骗罪的主要原因之一。

由于钰诚系的资金交易庞杂，财务管理混乱，其资金流向还在调查之中。目前，公安机关正在与银监会、人民银行等部门通力配合，加快工作进度，全力以赴进行调查取证、追赃、甄别涉案资产等工作，最大限度地挽回投资人的损失。为了便于投资人报案、完善案件处置相关信息，公安部还专门搭建起了投资人信息登记平台，并已在2015年年底挂接在公安部官方网站上启用。目前这一平台上涉及的非法集资案包括：e租宝案、泛亚有色金属交易所案、蓝天格锐案等。讽刺的是，这一平台的建立，正是始于e租宝案。可以说e租宝案还为我国对非法集资、金融诈骗案件的规范化、法制化处理做出了"贡献"。

如今，大厦倾塌，e租宝碎了一地，创始人无期徒刑，111人判刑入狱。虽能给无数损失惨重的投资者出一口恶气，但要拿回本金，恐怕并没那么容易。国家虽然不至于一扣了之，但由于管理层挥霍过度，能退还的金额已经非常有限。据统计，目前，e租宝的资产只剩下约150亿元，加上各种巨额罚款，总共约有200亿元，可以覆盖的待还余额约为40%。但这200亿元不可能全部退给投资者，按照法律规定的破产清算优先级，罚金、银行贷款、债权等将排在前面，真正能退还给投资者的金额大约只有120亿元左右，覆盖率在20%~25%之间。相当于你投入了100元，最多只能拿回25元。

而那些幻想国家保本的人，基本可以醒醒了，国家的钱是纳税人的钱，不可能替你个人的投资承担风险，更不可能替一个企业还钱。

三、投资建议

与其他非法集资和金融诈骗相比，e租宝案有共性也有其自身的个性。例如，为了吸引投资者，e租宝也给出了保本保息的虚假承诺。不过与其他非法集资动辄30%、40%甚至更高的年化收益率相比，e租宝的承诺收益率是9%~14.6%。这一收益率看似很容易实现，因此也忽悠了不少自以为对金融很了解，实际上却一知半解的投资者。

另外，e租宝的营销是非常厉害的，广告打的满天飞。大部分投资者都是通过电视广告得知e租宝的，特别是一些中老年投资者。这些投资者的观念还是非常传统的，认为只要是上了电视台的商品，特别是上了央视的商品，那么一定是没有任何问题了。现实还是给大家上了一课，不过这一课的学费过于昂贵了，不是每个人都能承受得起的。

第一，收益率。目前在我国金融市场中，短期利率可以参考Shibor（上海银行间同业拆解利率），中长期利率可以参考国债收益率。这些收益率都可以从网上非常方便地查到。一般来说，这些利率都是无风险的，而且极少超过5%。金融市场上资产的收益率只要超过这些利率，那就一定有风险，而且收益率越高，风险就越大。当然，并不是说金融市场就一定不存在低风险高收益的情况，但是这种情况是极少的，而且也不会持续多久，很快就消失了。只要是宣传高收益、低风险，或者在较高的预期收益率下还承诺保本保息的金融产品，那就基本可以肯定是金融诈骗了。

非法集资的诈骗分子也清楚地知道这一事实，这么高的收益率是根本无法实现的。可是如果不能在开始的时候支付给投资者承诺的本息，那就无法继续诈骗更多的投资者。但这么高的收益率确实达不到，怎么办呢？只剩下借新还旧一条路了，也就是常说的庞氏骗局。庞氏骗局和正常的投资最大的区别是收益的来源：如果收益的全部来源于本金的投资收益，那么这就是正常合法的投资；如果收益的来源部分源于或者大部分来自后来投资者的本金，那么这就是典型的庞氏骗局了。

第二，广告宣传。目前我国法律体系对于广告宣传的监管还有不少亟待完善的地方，这也给了金融骗子们不少可乘之机。为吸引投资者上钩，他们不惜血本打广告，还拉上一些知名人士来站台。当然了，这些知名人士也不会义务劳动，收取了不菲的辛苦费。这对于投资者也是一大教训，无论是什么平台的广告,无论是谁来站台宣传,假的就是假的。投资者如果由于相信做广告的平台,或者为产品站台的专家名人,进而相信他们宣传的产品,那就太愚蠢了。一旦这些产品出事,这些做广告的平台,站台的名人是不需要负任何法律责任的,反正宣传费用已经到手了。根据目前现行法律,广告平台收取的费用是不需要返还的,最终损失的还是投资者本人。一直有不少人嘲笑现在的年轻人,因为喜欢某个演艺明星就去买他们代言的产品。其实仔细想想,由于信任宣传产品的平台,以及站台的专家名人而去投资这些金融产品,其实和那些追星的年轻人没什么两样。

附:

几家主流媒体对e租宝的宣传

1. 中央电视台财经频道

标题:e租宝登陆央视《投资理财》栏目,创始人张敏深度访谈

2015年5月15日,钰诚集团总裁、e租宝联合创始人张敏女士接受了央视证券资讯频道《投资理财》栏目的专访,与栏目嘉宾、中国著名经济学家温元凯先生畅谈"融资租赁"与"互联网金融"等热点话题。

作为互联网金融细分领域A2P(asset to peer)的突出代表,e租宝在全球率先采用A2P模式,提供以融资租赁债权交易为基础的互联网金融信息服务。为平台用户提供安全、灵活、高收益的投资信息,为融资租赁企业提供高效、便捷、低成本的融资渠道。

访谈过程中,张敏女士提到,e租宝在上线10个月左右的时间里,平台累计投资额突破60亿元,证明传统融资租赁行业与互联网金融在运营模式方面高度契合。在进军互联网金融领域之前,钰诚集团在融资租赁方面已经达到了160亿元的业务规模,用张敏的话来说:"我们不是门外汉创业,也不是一个单纯的没有风控能力的第三方平台。"

她还表示，借着互联网金融这个"风口"，e租宝希望通过实实在在的业绩和追求完美的服务模式，向公众传达"负责任、有担当"的企业形象。当被问及对于普通投资人有什么建议的时候，她以客观理性的立场表达了自己的投资观："投资人都希望用低成本获取高收益，但投资本身是有风险的，因此总体而言有一个原则：保障安全、组合投资。"

e租宝通过线上线下相结合的严密风控体系，致力于为投资者创造更有保障的投资平台。此次登陆央视并通过创始人张敏的深度访谈，再次向公众证明了e租宝的平台实力与美誉度，也让互联网金融行业因为e租宝的存在而更加健康、可信、美好。

人民网 http://nb.people.com.cn/n/2015/0529/c365610-25058236.html

网易 http://news.163.com/15/0529/12/AQPIFM8400014AEE.html

新浪 http://news.sina.com.cn/o/2015-05-29/110331891669.shtml

搜狐 http://www.sohu.com/a/16921062_115052

2.新华网

近日，国研智库论坛·2015创新金融助力中国"一带一路"倡议峰会在北京国家会议中心举行。钰诚集团董事长丁甸为峰会致辞。

以下为致辞内容：

今天我们相聚在这里，参加创新金融助力中国"一带一路"倡议峰会，我谨代表本次论坛承办方钰诚集团、e租宝向各位领导、嘉宾莅临本会表示诚挚感谢。

本次峰会以创新金融助力中国"一带一路"倡议为主题，应时顺势。我们认为，这是各位领导、嘉宾，以及包括钰诚集团在内的国际性企业、e租宝在内的创新金融企业密切关注当前亚洲地区重大战略的责任彰显，审时度势助推当前亚洲地区重大战略落地的态度表达，积极参与当前亚洲地区重大战略执行的意愿诉求。我们相信，本次峰会将成为亚洲地区目前时期最受关注的财经盛宴，本次峰会将会帮助泛亚洲地区企业在这一宏大倡议中找准定位，发挥力量，作出贡献，提供丰硕的智慧成果和切实可行的路径指南。

习近平主席"一带一路"倡议发表后，受到了国内外的强烈关注。让我们感到自豪的是，钰诚集团的发展方向与这一倡议的战略思想是呼应的，与当前亚洲地区所倡导的发展愿景相匹配。钰诚集团今年5月与缅甸第二特区签订协议，成立了钰诚东南亚自由贸易区和东南亚联合银行，成为助推当地发展的重要经济力量和金融支持机构。我们相信，钰诚东南亚自贸区和东南亚联合银行将会在"一带一路"倡议中大有作为。与此同时，钰诚集团深入研究以互联网为核心的新技术对传统行业的深刻影响，充分尊重融资租赁和互联网金融的产业发展规律，创造性地提出了有别于其他互联网金融平台、具有重大创新和引领意义的A2P模式，并以此模式为核心，在中国国内支持成立了全球最大的融资租赁互联网金融平台——e租宝。e租宝日均交易额已经突破2亿元，已经成为互联网金融标杆型的著名品牌。e租宝的成功，为传统金融业如何拥抱互联网提供了可借鉴的创新范本，同时也为创新金融如何服务"一带一路"倡议带来了诸多启发。

金融业作为"一带一路"的引擎，起着引导资源配置、优化投资效果的重要作用，是"一带一路"倡议的基础性支撑。基础设施建设是"一带一路"倡议的优先领域，也是贸易、货币互通互联的基础，但目前不论是"一带一路"沿线国家的财力，还是以世界银行、亚洲开发银行为代表的现有国际金融体系，都难以满足"一带一路"这一经济长廊基础设施建设所需要的巨大融资规模。在此背景下，通过多元化方式，探讨创新金融如何服务于"一带一路"倡议，对于亚洲地区经济实现融合发展，具有重要的现实意义。

我们相信本次峰会将为"一带一路"倡议的实施贡献出多维度的思考、论点。谢谢大家。

http://www.xinhuanet.com/live/2015-07/19/c_128034823.htm

3. 21世纪经济报道（数字报）

标题：e租宝：互联网金融模式创新的样本

在互联网金融大潮下，网贷平台数量呈现爆发式增长，行业问题随之暴露。7月18日，《关于促进互联网金融健康发展的指导意见》发布，明确提出鼓励互联网金融模式创新，激发市场活力。事实上，国内领先的互联网金融平台e租宝，就是凭借创新的A2P模式而跑赢市场，并成为行业痼疾的化解者，给当下的互联网金融行业带来了诸多启发。

在A2P模式下，平台一端对接的是融资租赁公司转让的债权资产，另一端对接的是普通投资者。一个完整的债权转让过程背后，是融资方、投资者、融资租赁公司、装备制造企业和互联网金融平台的五方共赢。

对于中国的融资租赁公司而言，钱从何而来一直是最大问题。融资租赁公司高度依附于商业银行，使整个行业一直发展缓慢。在欧美国家，融资租赁渗透率达20%以上，国内渗透率仅5%左右。这使得融资租赁这种具有多种融资优势，又与实体经济密切相关的融资方式，无法发挥其应有的作用。

如今，A2P模式的出现，为融资租赁企业开拓了资金的活水源头，未来市场空间充满想象。据中国银行业协会估算，截至2014年年底，我国共有融资租赁企业2100家，行业规模3.2万亿元；到2020年我国融资租赁行业预计将达到12万亿元的规模。而其与互联网金融平台的对接，也意味着A2P模式具有广阔的成长前景。

A2P模式一大优势，在于其解决了P2P行业优质资产越来越少的紧迫问题。在互联网金融兴旺的当下，一个好的融资项目一上线，往往就被一抢而空，但平台却越来越难找到更多优质的借款人。在A2P模式下，对接融资租赁公司等于拥有源源不断的优质资产，使平台脱离红海竞争，走上一条可持续发展之路。

从普通投资者的角度，最关心的是投资风险。与P2P模式相比，A2P模式受益于融资租赁业严密的风控流程，而具有天然的风控优势。同时，A2P模式风控体系还包括平台对债权项目的审查、甄别、筛选。在e租宝，一个融资项目要经过两层14个风控程序才能被推到投资者面前，大大降低了投资者的风险。

正是由于模式清晰、优势明显，e租宝的A2P模式目前可谓"叫好又叫座"。截至2015年8月3日，上线刚一年的e租宝累计成交额突破175亿元，日均成交额稳居全行业第二。目前，e租宝的A2P模式已经引来诸多同业的模仿，但e租宝仍是毫无争议的领跑者。实际上e租宝也是全球最大的融资租赁互联网金融平台。以传统的融资租赁向互联网金融的延伸，其发展速度、颠覆程度都超出想象，e租宝也由此为整个互联网金融行业提供了可供借鉴的创新范本。

http://epaper.21jingji.com/html/2015-08/11/content_2490.htm

1.2 东方创投案

2014年7月15日,深圳市罗湖区人民法院对东方创投涉嫌非法吸收公众存款一案进行了一审判决,该P2P网贷平台的合伙人邓亮及李泽明被法院判决非法吸收公众存款罪,分别被判处有期徒刑3年和有期徒刑2年缓行3年。

这家P2P平台从成立至东窗事发仅四个月,但依靠着高达3%~4%的高额月息,其竟然吸引到了1.3亿元资金的投资,而实际上,邓亮则将投资者的资金用于购买物业,根本未用于有实际资金需求的企业。这起曾轰动一时、涉案金额达1.2亿元的网贷维权案件,在历时9个月之久后,终于结案。据了解,这一判例是国内司法体系对P2P平台自融案件的首次裁量。

一、案件始末

东方创投案的发展过程如图1所示。

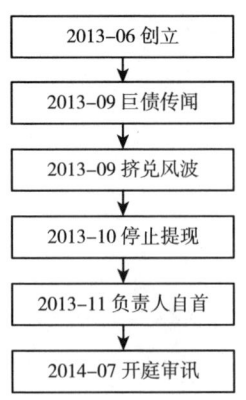

图1 东方创投案的发展过程

2013年6月19日，东方创投在深圳创立，并向社会公众推介了其P2P信贷投资模式，承诺3%~4%月息不等的高额回报，利用网络平台吸收公众存款，最终转入其创始人邓亮的私人账户，并由其进行平台的资金配置管理。

2013年9月底，一则关于东方创投主要负责人邓亮在设立该平台已背负巨债的消息在网上迅速传播，消息称邓亮在创建平台前有多笔在小额贷款公司的未偿还借款。

2013年10月1日起在由负债信息引起的"挤兑"风波下，东方创投不堪压力，平台不得已采取停止提现。

2013年11月2日，邓亮独自前往公安机关进行自首，李泽明紧随其后也选择了自首。自此东方创投"非法集资"事件才正式浮出水面，为各界所知晓。

1.事件经过

东方创投是2013年6月成立于深圳的一家P2P平台，短短4个月后该平台即宣布停止提现。该平台在成立时是由运营总监李泽明通过红岭创投的原同事"在网上花了几十万整体买过来的"，后取名为"东方创投"，2013年6月正式上线。

在实际资金用途为平台自融的情况下，东方创投对投资者长期以"本息保障""资金安全""账户安全"进行公开宣传；实际上，平台募集资金都是投资人直接打款至邓亮的私人账号，或者打款至第三方支付平台后再转到邓亮的私人账号，具体投资款均由邓亮个人支配，投资人本息返还则相反。

东方创投前期有意向将投资款借给融资企业，但实际操作后坏账率超过6%不能按时收回，最终资金转投其私人地产物业。在东方创投投资人资金中，2500万元用于购买深圳布吉中心花园四个街头铺面（总价3680万元），而邓亮把布吉的四个铺面抵押给担保公司又贷出3000万元，2200万元用于购入深圳华强北和记黄埔的"世纪汇广场"18层物业首付款（总价1.05亿元），另外800万元则用于日常返还投资人投资提现需求。3个月后，邓亮资金链断裂，汇款不及时导致投资人体现困难。邓亮、李泽明2013年年底相继自首。

东方创投网站注册人数为2900人左右，真实投资人数1330人，单笔投资为280万~300万元。平台按不同借款期限向投资者承诺付月息：1个月期3.1%，2个月期3.5%，3个月期4%。

2.邓亮、李泽明其人

邓亮，东方创投的主要创始人，负责整个平台的财务和资金支配，毕业于深圳大学计算机专业，后于EAST Anglia大学（英国）进修市场营销专业。家庭背景较好，旗下总归有3家公司（如表1所示），此外，还有一家实际控股的担保公司，名为鹏利达担保有限公司，注册资金1100万元人民币，邓亮在创建东方创投之前从事线下业务就是通过这个公司进行。

表1 邓亮旗下的公司资产状况

公司名称	年营业额	利润率	主要营业范围
深圳青莲居士科技有限公司	7000万元	25%	国际知名品牌3M净水器和汽车贴膜的代理和销售
深圳AIC投资有限公司	3600万元	90%以上	国外企业咨询和投资管理，出国留学，考试，商务，赴美国生孩子，海外置业买房等中介业务
深圳聚众投资有限公司	5000万元	0.5%~1%	从事苹果手机、苹果电脑、台式机、三星手机的销售，主要以企业礼品批发为主，客户多为企事业单位、银行等社会团体部门

资料来源：钟辉，梅亚琪.P2P被判"非法集资"第一案东方创投吸金1.26亿获刑［N］.21世纪经济，2014-08-12.

根据资料显示，邓亮旗下虽然有一家投资公司和一家担保公司，但是这两家公司对金融行业的涉及有限，而且邓亮本身并没有系统地学习过金融知识，所以邓亮对金融风险认识和对互联网金融这一新行业的了解并不足够充实。而他本人又曾表示，利用网络借贷平台为自身下游的优质经销商和关联企业提供资金渠道是其建立东方创投平台的初衷之一。在这样的背景之下，非常容易出现P2P由自融引起的非法集资问题。而后续案例中也确实出现了这样的事情。

运营总监李泽明，曾就读于西北大学经济管理学院，毕业后多年从事金融外汇分析，曾在香港富汇外汇交易公司就职，后进入金融信贷行业，先后就职于中安信业创业投资公司，分别任职部门经理、公司总经理、市场部经理、风控部经理。可见他具有多年的金融信贷、风险控制和企业融资贷款经验，并且为多家大型上市公司或房地产公司设计和操作过投融资方案。

根据这些资料显示，李泽明在金融行业里的个人经验和人脉都是足够胜任其职位的，本人也具有相当强的风险意识和操作经验。但是李泽明并没有将其监管权限使用到位，阻止平台自融的出现。

3.诈骗手段

利用网络借贷平台进行非法集资是较为新颖的。邓亮利用网民喜欢新鲜事物、网络监管制度尚不健全的特点从事非法吸收公众存款活动。一般主要有以下手段：

第一，高息回报，引诱投资。民间资金有很强的逐利性。邓亮成立深圳市某有限公司，以月利息3%~4%的高息为诱饵，通过与集资会员签订"四方共同借款协议"的方式，非法向社会公众吸收资金。短短4个月，共吸收公众存款1.27亿元。

第二，通过个人账户走款，规避财务监督。公司收取投资款都是客户打到邓亮的私人账号，或者是打到第三方支付平台后再转到邓亮的私人账号，对公账户的资金一般用于公司的开支及员工的工资，邓亮私人账号里收取的投资款都是邓某自己在支配，财务无法监管。

第三，虚假宣传，夸大实力。吸引投资者的一个重要因素是邓亮本身的财力,邓亮出示营业执照等证件显示,注册资金有1000万元,且东方创投的办公场所是邓亮的自有物业。邓亮大肆宣传公司业务稳定,利润惊人,将募集资金用于平台自有地产物业投资,最终导致资金链断裂。

第四,虚构项目,募集资金。东方创投最初是有真实标的的,前期公司也是将客户的投资款出借给实际有资金需求的企业,但实际操作后发现坏账会超过6%不能按时收回。因此导致后期没有可续的投资标的,发展到最后,邓亮通过设立大量的虚拟标的以自融。

二、事件分析

东方创投建立运营的数月中,其在网上被曝出的各种暗访调查和内幕泄露可以说层出不穷,不断吸引着监管机构、投资者、市场研究者等多方关注。根据相关资料,可以挖掘出该平台自创立到停止运营后所展现的一些不足之处。

1.平台初创期的隐患

(1)在东方创投案件中,该平台没有对平台发展经营规划定下合理的经营目标和清晰的发展规划,在平台上线之后,东方创投设计的投资回报率如表2所示,当时在同期央行发布的基准存款利率中,3个月的存款的年化收益率才2.85%。很明显,东方创投设计的产品收益率已经超出了基准利率的4倍以上,超出法律保护范围。

表2　　　　　东方创投平台设计的产品收益率

投资期限	月利息(%)	年化收益率(%)
一个月	3.1	37.2
两个月	3.5	42.0
三个月	4.0	48.0

资料来源:钟辉,梅亚琪.P2P被判"非法集资"第一案东方创投吸金1.26亿获刑[N].21世纪经济,2014-08-12.

也正因为这样的高利息设计,能够承受该平台贷款的个人或企业极少。只有高风险项目才会选择这种平台贷款。因此,在实际操作中,东方创投平台难以平衡吸收资金和放款资金,对其扩张速度没有清晰的规划,后期对于凭条放不出去的贷款的沉淀资金就在外部监管放松的情况下另辟了蹊径,逐渐偏离了P2P的正常轨道。

(2)在东方创投案件中,平台并未对可能出现的风险进行分析并做好防范准备。所以当平台陷入周转资金危机时,平台几乎没有缓冲的时间,致使平台从出现资金链危机到停止运营也十分迅速。

作为新型的金融融资模式,P2P行业对于传统金融的严谨性没有全面继承发扬。在P2P行业的问题平台案例中,其平均运营时间才7.51个月,绝大多数都是1年以内的新平台。锐忻投资、盛泰投资、安贷投资和欧亿投资等新平台上线不到一个月即跑路。这些寿命短暂的P2P平台间接说明了其应对风险防范准备在某种程度上是有所欠缺的。

2. 平台运转期的错误

(1)在东方创投案例中,平台的资金流动方式的管理不规范。当前的监管规定对于P2P平台"信息中介"的定位,P2P平台是不能经手资金的,平台资金职能由借贷双方通过平台外部独立的第三方账户托管系统进行交接,且平台贷出的借款人账户不能与平台自身相关联,否则会涉嫌平台资金自融。在东方创投的账户体系中,投资人的资金却直接划入平台,最终更是进入平台实际控制人邓亮的私人账户,已经步入了平台自融的范围。

(2)东方创投对于平台资金使用用途不规范。在创建初期,确实寻找合适的资金需求者放款,但现实中这样的操作下坏账率超过了6%,资金不能按时收回。为了不闲置这些资金,邓亮将平台资金中的大量资金用于购买商业店铺,再以这些店铺抵押从银行贷款,最后从这些部分银行贷款中拨出部分用于平日的投资人提现需求。这种购置物业——通过银行放大——把逃回来的钱还给投资人的融资方式是目前很多不成熟的平台的常见做法。

恰巧当时的案发地深圳地区银行政策普遍偏紧，银行贷款很难通过审核，而邓亮同一时期购置的物业过多，导致预留的流动资金过少，甚至在购买商铺时从担保公司新借了贷款。此外，在平台举办投资人见面会时，多数投资人反映没有充足的借款资料，邓亮没有加以反驳，反而又增租了一间办公用的写字楼，变相增大公司开销。最终，这些自融行为都为后面的案件爆发埋下了伏笔。

（3）在东方创投案例中，资金监管也是显著的问题之一。因为缺乏相应的外部监管，东方创投的一些不合理的资金操作，诸如挪用贷款，P2P自融模式之时，并没有受到监管部门的约束和制止，否则这一模式也不会在邓亮已经购置了几份公司地皮或商铺之后才露出马脚，资金链开始连接不上。

（4）目前P2P行业起步不久，行业并没有约定俗成的平台信息披露制度，导致在平台上各种信息的获取上非常困难。最为明显的是，对投资者而言，仅仅通过国内的P2P平台披露的信息来了解其真实公司财务状况和资金使用情况是十分不易的。

（5）作为新兴行业，涌入P2P行业的从业人员素质良莠不齐，存在较大的差异。其一，东方创投在运营过程中，平台内部并无从业人员及时发现并制止平台的风险漏洞，做出防范；其二，东方创投停止提现后试图寻找的平台收购方作为希望踏进P2P行业的一员，素质极度低下，连基本的社会道德都有所欠缺。

东方创投自创立到停止运营中所展现的平台管理中的一些不足之处，这些欠缺同时也是目前国内不少P2P平台都多少会存在的通病问题，如果能提前避免此类问题的产生或加以防范，将对各家平台的健康发展有很大益处。

三、投资建议

P2P平台涉嫌非法集资的情况主要有三种：资金池模式；发布虚假借款信息向不特定人群募集资金用于其他投资；发布虚假高利借款信息，并通过"借新还旧"短期募集大量资金。东方创投满足上述条件，且发布虚假信息向不特定人群募集资金并用于平台自有地产物业投资，最终导致资金链断裂。

除了资金用途为平台自融外，东方创投的最大问题在于资金监管。"按照监管对P2P'信息中介'的定位，平台是不能经手资金的，资金只能由投资人与借款人通过独立第三方的账户托管系统进行转接，而且借款人账户不能与平台相关联，否则也有自融的嫌疑。"在东方创投的账户体系中，投资人的资金直接进入平台，最终更是进入平台实际控制人个人的账户。"由于P2P平台属于新型金融业务，央行和银监会尚未出台法律法规对其指导，也未设置入行门槛，导致P2P行业内鱼龙混杂。"P2P平台常见的灰色地带包括平台提供空白合同，投资人签署后平台随意确定借款方向；平台先放贷，再向投资人转让；拆分大额债权，向不特定多个投资人转让；挪用贷款，如P2P自融模式，甚至携款潜逃；以及设立资金池操作和平台自身担保。

P2P意为网络借贷，具体运作模式为：由第三方网贷平台作为信息中介平台，借款人在平台发布借款标，投资者进行竞标，向借款者放贷并获取利息收益。

2014年4月21日，银监会处置非法集资部际联席会议办公室主任刘张君在出席"处置非法集资部际联席会议新闻发布会"时表示，在鼓励P2P网贷平台创新发展的同时，应坚持四条底线：一是要明确平台的中介性；二是明确平台本身不得提供担保；三是不得搞资金池；四是不得非法吸收公众存款。

当前P2P平台"跑路"事件频繁，是行业初创期的阵痛。"跑路"的原因包括经营管理不善、资金链中断、对市场的定位不准确，或是某些平台从起初就抱着诈骗的心态，在监管不明朗的情况下钻空子。面对高利诱惑和良莠不齐的P2P平台，投资者在投资前应核实信息，切勿盲目轻信高利率。同时警惕自融平台搞资金池，严防信息造假。尤为重要的是，投资者应该明白P2P平台不能动用客户的资金非法吸存,也不能直接放贷。在投资过程前,投资者应认真查看信息披露程度,尽量选择知名度高、实力雄厚、成立时间较长的平台,避开新平台和利率明显高于行业的平台,做到摆正心态,理性分析,避免上当。

1.3 惠州e速贷案

一、案件始末

2017年8月7日,广东惠州川惠财富发布公告称,根据惠州金融局工作精神,决定即日起对公司业务停业整改,整顿期间投资人每月只能提现账户总额的0.5%。

2017年8月8日,川惠财富再发公告称,当日还款到平台账户的投资人可以提现回款本金总额的2%。

这两则公告正式宣告了川惠财富开启死亡倒计时。实际上,早在2017年3月,网贷天眼就曾对这家平台发出过预警(详见《川惠财富董事长是失信人年化收益率高达21.1%》)。网贷天眼对该平台的运营模式和资产状况进行深入分析后指出,川惠财富信息披露差,没有银行存管,且存在向同一公司超额融资的违规现象,平台标的年化收益高达21.1%,不具有可持续性。此外,平台大股东惠州市惠阳区川惠实业发展有限公司被列入全国失信人名单,信誉度堪忧。这一报道刊出后,仅仅过了5个月,川惠财富就出了问题。

1. 数次修改兑付方案

公开资料显示,川惠财富运营主体是广东川惠投资管理有限公司。工商资料显示,川惠财富成立于2014年4月29日,注册资本1.2亿元人民币,股东是周沛宇、惠州市惠阳区川惠实业发展有限公司(杨坤祥为最大股东,持股为70%,股东朱锦抢持股为30%)。

川惠财富官网显示,平台累计成交额为15.6亿元,注册人数为11518人,待收金额未知。

8月8日,川惠财富董事长兼实控人刘延林公布了一封致投资人的信,他在信中提到,"当初满怀希望、雄心万丈地踏入互联网金融领域,可现实是这个行业充满太多未知,疾风骤雨之后,导致借款人逾期严重,平台资金流动出现问题"。

刘延林强调,虽然暂时没有足够资金及时兑付,但他愿意变卖资产作为还款来源,包括其在广西平果3.8万平方米酒店用房,25亩待开发商住楼土地;惠州惠阳楼4500平方米在开发办公楼,以及四川某地查封的6000万元债权。

然而,据媒体报道,刘延林在信中公布的这些所谓的资产要么已经被法院查封,要么就是烂尾楼,根本不具备变现可能性。

与此同时,网贷天眼注意到,川惠财富发的标额度不大,基本都是10万~20万元,看起来都是小额分散的项目。不过,初步统计后我们发现,川惠财富前10页借款标的中,法人为吴先生的一家钢铁贸易公司借款多达215万元,另一位王先生的锁具厂借款120多万元。这明显违背了去年8月24日出台的"暂行办法"中对于个人和公司借款分别不得超过20万元和100万元的规定。

8月12日,川惠财富发布公告称,平台计划8月24日拟订还款方案,并于当天下午对外发布公告。

川惠财富目前虽然宣布只是"停业整改",并且承诺会公布最新还款方案。然而,从同样是惠州平台的快速贷、e速贷的历史看,川惠财富的停业整改基本等于"停止运营"。

2.快速贷曾短暂"复活"

快速贷于2012年7月6日上线,截至2014年11月25日,快速贷累计成交突破20亿元。

1.3 惠州e速贷案

2014年12月29日,快速贷发布限制提现公告,并强迫投资人到期本息继续投资,否则就不退还本金。期间,快速贷提出"债转股"方案,并组建恒汇控股集团。

2015年12月29日,快速贷召开"周年康复"发布会,宣布"全面恢复正常提现"。

然而,快速贷"复活"以后好景不长。2016年3月28日,有投资人在天眼社区发帖称,快速贷再次限制提现。

网贷天眼注意到,目前快速贷已宣布停业整改,集中精力处理逾期债权问题。

2016年4月12日至2016年5月31日,快速贷先后发了8个公告,其中有提到逾期回款解决方案,包括债转房产、债转股、债权冲抵商品房、债权置换酒、债权置换商铺等。2016年5月31日之后,快速贷再没发过公告。

3. e速贷遭遇"经侦雷"

2016年5月20日,据投资人爆料,e速贷被惠州警方突击调查。网贷天眼数据显示,截至被查当日,e速贷累计待还余额约9.5亿元。

2016年5月31日,惠州警方在其官方微信发布消息称,5月30日,e速贷法人代表简某涉嫌非法吸收公众存款罪被依法执行逮捕。

2016年8月31日,惠州警方通报e速贷案件进展,犯罪嫌疑人郑某(e速贷股东之一)自2014年1月至2016年5月期间,通过e速贷在平台发假标,向投资人募集2600多万元,非法获利400多万元。

虽然惠州警方已查明e速贷曾发布假标,但投资人并不"买账",并认为e速贷在运营稳定的情况下被经侦调查,导致e速贷陷入停止运营的境地,投资人认为e速贷因为经侦调查出问题,因此也称e速贷为"经侦雷"。

2017年5月12日,网上披露一份惠州检察院对e速贷的起诉书,对被告人简某和方某以非法吸收公众存款罪、挪用资金罪、擅自发行股票罪追究刑事责任。2017年11月9日,e速贷案一审开庭,据公诉机关指控,e速贷通过自融、设立资金池、发虚假标的等形式非法吸收公众存款。犯罪嫌疑人郑某从2014年1月至2016年5月期间，利用该公司股东和董事身份，通过"e速贷"平台以发虚假标的非法形式，向投资人募集资金达2600多万元，非法获利数400多万元。起诉书显示，投资人尚未收回资金合计9.16亿元，借款人尚未偿还资金合计9.52亿元。如果能够全部收回未偿还金额，可以覆盖投资人未收回资金。2016年5月31日惠州警方通报了前述案件进展。该公司除了非法吸存和放贷外，基本没有合法营利收入的业务，处于长期亏损状态，公司主要依靠不停吸收新加入投资者本金的方式来维持公司运作。

2018年3月，惠州市中级人民法院在惠州市看守所公开宣判了"e速贷"即被告人简慧星犯非法吸收公众存款罪、擅自发行股票罪，被告人方溪、郑雅芝犯非法吸收公众存款罪一案。

法院认为，被告人简慧星违反金融法律法规，利用"e速贷"网络借贷平台变相吸收公众存款，扰乱金融秩序，数额巨大，其行为已构成非法吸收公众存款罪；被告人方溪无视国法，为简慧星非法吸收公众存款犯罪提供帮助，并且利用"e速贷"网络借贷平台自行发标借款自用，数额巨大，其行为已构成非法吸收公众存款罪；被告人郑雅芝无视国法，为简慧星非法吸收公众存款犯罪提供帮助，其行为已构成非法吸收公众存款罪；被告人简慧星还未经国家有关主管部门批准，变相发行股票，其行为又构成擅自发行股票罪。被告人简慧星一人犯两罪，依法应当数罪并罚。被告人简慧星、方溪、郑雅芝到案后均能如实供述自己的罪行，依法可以从轻处罚。被告人郑雅芝到案后能够积极协助侦查机关调查取证工作，可以酌情从轻处罚。被告人简慧星是本案非法吸收公众存款犯罪组织实施者、主要获利者，在共同犯罪中起主要作用，是主犯，应当按照其参与的全部犯罪处罚；被告人方溪在任职期间参与公司借贷规则、规章制度的制定，并且受简慧星指使，参与个别借款合同签订，利用他人账号在"e速贷"网络借贷平台发标吸收资金用于公司或简慧星个人使用，还以借款人身份在"e速贷"网络借贷平台吸收资金供自己使用，成立共同犯罪，但相比简慧星，其地位、作用要小，在共同犯罪中起次要、辅助作用，是从犯，依法可以从轻处罚；被告人郑雅芝身为汇融公司财务，对简慧星实施非法吸收公众存款犯罪提供了资金归集、提取方面的支持，成立共同犯罪，但并不实际占有涉案款项，在共同犯罪中起次要、辅助作用，是从犯，依法可以减轻处罚。

上午10时，惠州市中级人民法院对该案件进行了公开宣判。被告人简慧星犯非法吸收公众存款罪，判处有期徒刑九年，并处罚金人民币五十万元；犯擅自发行股票罪，判处有期徒刑一年，并处罚金人民币一百万元。总和刑期十年，罚金人民币一百五十万元，决定执行有期徒刑九年六个月，并处罚金人民币一百五十万元。被告人方溪犯非法吸收公众存款罪，判处有期徒刑四年六个月，并处罚金人民币五万元。被告人郑雅芝犯非法吸收公众存款罪，判处有期徒刑二年六个月，缓刑三年，并处罚金人民币二万元。

二、事件分析

多数P2P平台"暴雷"，多是因为平台因虚假标的、庞氏骗局等问题导致资金链断裂，大量投资人报警而导致案发。惠州e速贷案则不同，该案是经侦主动介入调查立案。该案的案值相对年度其他案件并不惊人，但是此案从立案侦查到审判历时一年多，e速贷作为一家运营多年的P2P平台，大量投资人在此平台获得较平稳的收益，及案发时，其并未出现严重的兑付危机，也并未给出明显高于其承受能力的还本付息承诺，从感性上，其问题并未有震惊全国的e租宝和中晋理财案严重，但是其存在的自融和虚假标的等经营问题却依然被公诉机关指控为非法吸收公众存款罪，是网络借贷、非法吸收公众存款性质的，以自融、设立资金池、发虚假标的等形式进行非法吸收公众存款行为。

非法吸收公众存款案件有以下特点：

（1）危害具有隐蔽性。非法吸收公众存款犯罪活动在实施过程中，不法分子为获取公众钱款，多租有办公场所，以注册公司名义聘请有专业资质的会计人员和业务营销人员，工商执照、税务登记、司法公证样样俱全，为其从事的经济违法活动披上"合法"的外衣，有的甚至以金融机构名义误导群众的判断，骗取群众的信任，具有很强的隐蔽性。在正规公司和高额利率的掩盖下，人们很难看清它的危害，只有当存款无法兑付的损害后果发生时，人们才能真正看清和了解它的真面目。

（2）后果具有严重性。非法吸收公众存款犯罪案件受害群众多，涉案金额巨大，社会影响面广，造成的经济损失严重。非法吸收公众存款个案的涉案金额少则上百万元，多则超过亿元；参与集资的群众少则几十人，多则数千人，且以工薪阶层、中老年人居多。多数人拿出的是辛辛苦苦积攒下来的血汗钱，一旦资金不能收回，便会使生活陷入困境，甚至亲友反目，导致上访事件屡有发生，造成社会不安定因素。非法吸收公众存款案件不仅侵犯国家的金融管理秩序，影响金融机构正常的存储业务，而且，集资款或是被犯罪嫌疑人用于生产经营或是被其投资转贷，返还集资人的高额利率和经营者的管理不善，以及挥霍浪费，致使案发后大部分资金难以追回，给集资人的经济利益造成重大的损失，从而构成社会不安定因素，导致群体事件时有发生。因此，这种非法集资行为造成的后果很严重。这些非法吸收公众存款案件的涉案金额巨大，集资人情绪反应激烈，并且寄希望于司法机关追回损失，各级党委、政府、公安、检察院、法院进行群体性信访的事件频繁发生。

（3）手段具有欺骗性。犯罪嫌疑人为非法吸收公众存款，往往采用隐瞒经营权限、夸大经济实力和效益等手段，无一例外均以高于银行几倍的回报率为诱饵，诱惑和煽动公众参与集资活动。在集资初期，犯罪嫌疑人通常会按照约定支付高额利息，坚定被害人的投资信心，一部分先期集资者得到了好处后一方面加大自己的投资量，另一方面动员亲朋好友加入集资者行列，从而不法分子往往在很短的时间内就能够聚敛呈几何倍增长的非法集资款。之后就会找各种借口拖延利息的支付和退回本金的要求。手段上的欺骗性，使群众很难看清它的危害，以至于报案不及时。

（4）过程具有复杂性。在非法吸收公众存款犯罪中，聚敛资金是一个循序渐进的过程，要达到犯罪目的需要一定的时间；另外，其犯罪危害在一个个民事"借款合同、投资合同"的掩盖下，完全暴露也有一个时间过程；在犯罪过程中涉案人员众多、身份复杂、周期长，甚至有些案件资金流向不清、案中有案、民刑交织、个人公司交织，导致案发后调查难、取证难、追赃难。

三、投资建议

对于网络借贷以及非法吸收存款等行为，我们需要提出以下的防范以及投资建议：

（1）加强引导，提高社会公众理性投资意识。近年来，社会上的闲置资金相对较多，而银行储蓄利率偏低，其他投资渠道又比较单一，无法满足社会公众的理财需求。我国对吸收存款的金融机构有严格规定，只能是银行、信用社、邮政储蓄，除此之外，都不能向社会公众吸收存款。因此，政府相关部门和金融机构应加强政策的宣传和金融、理财方面知识的普及，增强社会公众的投资信息，告诫社会公众要增强自我防范和自我保护意识，树立正确的投资理财观念，对以各种名义进行的集资活动要认真分析研究，对高回报投资项目的真实性和可靠性进行认真思考，减少投资行为盲目性，避免经济利益受到损害。

（2）推出多层次多形式的金融产品，扩大社会公众理财渠道。集资人受"高利率、低风险、回报快"的吸引，忽视了投资风险，特别是在投资前期尝到回报甜头时，更是头脑发热地进入不法分子所编织好的圈套之中。鉴于当前投资渠道单一，政府银监部门应因势利导，顺应民间资本投资活跃的潮流，指导金融部门瞄准市场需求，开辟新的金融产品和业务项目，推动个人理财服务业的发展。

（3）依法打击，加强监管，遏制此类犯罪高发态势。政府应成立协调机构，整合打击和预防犯罪资源。公检法机关应加强协作配合，做好证据的收集工作，积极追赃，尽可能地降低受害人的经济损失，减少社会的不稳定因素；鉴于大部分的资金交易都会通过银行进行，金融部门有必要对频繁进行大额资金流动的账户加强监控，以达到从根源上遏制非法吸收公众存款的行为。

1.4 钱宝网案

2017年12月26日，钱宝网实际控制人张小雷来到南京市公安局写下一纸声明，向警方投案自首。他终于从无法填补的巨大庞氏骗局中解脱了，却把追随他的"宝粉"们推向了深渊。12月27日，平安南京发布微博称，钱宝网实际控制人张小雷因涉嫌违法犯罪，于2017年12月26日，向南京公安机关投案自首，目前南京市公安机关正在展开调查。钱宝网官方数据显示，截至2017年9月，平台流水超过500亿元，注册用户数超过2亿。如果数据真实，这将是继e租宝之后第二大非法集资平台。

在钱宝网声名显赫时，张小雷曾多次与"宝粉"聚餐，并将此称为"雷的盛宴"。如今"盛宴"黯然落幕，背后的真面目也逐步显露出来。

一、案件始末

2017年12月26日，钱宝网发布公告称，"为了优化宝粉在钱宝网的购物体验，加强微商平台对商品质量的管控，将于2018年1月1日终止与企业卖家的合作、清退企业卖家。并将在2017年12月29日退还1月1日以后未发货部分商品的金额，具体以到账时间为准。"

2017年12月26日，曾在无数人看来是摇钱树的"钱宝网"，公司实际控制人张小雷却投案自首，"钱宝网"真相开始水落石出。12月27日，钱旺集团首页发布了张小雷投案自首的消息。消息一出，引发了互联网金融市场的巨震。

公安机关初步查明，张小雷等人依托钱宝网，对外宣传"交押金、看广告、做任务、赚外快"，以高额收益为诱饵，向社会公众大量非法吸收资金，涉嫌非法集资犯罪。该案涉及的集资参与人遍布全国，截至案发，未兑付集资参与人的本金数额约300亿元。

1.事件经过

工商资料显示，钱宝网原先属于江苏钱旺智能系统有限公司，成立于2010年，注册资本为5000万元人民币，张小雷为法定代表人，股东是张小雷（持股94.6%）、张宏（持股0.6%）、黄希妍（持股4.8%）。钱旺曾对外宣传称，钱旺1.0在2010年10月正式上线，其互联网产品有钱宝网、悟空浏览器等。2016年，钱宝网被变更至成都钱坤智能系统有限公司名下。

截至2016年2月20日，钱宝网自称会员规模已达7600万，日均交易额峰值最高突破7000万元，2015年全年现金流量达到220亿元。截至2016年9月，钱宝网宣传称会员数突破1亿，入驻商家50万余，日活跃用户超过1000万。

2008年南京进入旧城改造高峰期，很多人获得大批拆迁补偿款，但同期的股市低迷，银行利息也较低，南京因此涌现了一批资金池，不少人开办了理财公司。钱宝网刚成立时即开展过投资100万元、年回报率100%的项目。据知情者称，"当时在南京地区大部分人都不相信，少部分投了资的人甚至每天去钱宝网上班，就是为了防止公司跑路。"

10年前正值民间融资亟待规范的时期，资金盘很多但倒得也很快，在大浪淘沙中活下来的资金盘越来越受信赖，资金也越来越集中，钱宝网也在那时开始兴起。为了防止挤兑，张小雷通过注册会员送现金的形式聚合人气，快速组成了另一个资金池，形成了线上与线下两个资金池。由于此时钱宝网的运作尚不成熟，被不少投机客利用规则上的漏洞"薅羊毛"，但钱宝网也凭此"一炮而红"。在发现钱宝网被刷走大量资金后还"屹立不倒"，一些人抱着试探心理开始尝试投入，钱宝网的资金池开始逐渐形成规模，线上与线下的两个资金池得以相互调用。

据钱宝网的宣传资料介绍，当用户注册成为钱宝网会员并缴纳一定数额的保证金后，便成了"宝粉"，能够到"任务大厅"中领取诸如观看广告、填写问卷、试玩游戏等任务，完成任务后可以获得一定收益。钱宝网里的流通货币并非电子化人民币，而是一种名为"钱宝币"的虚拟货币，与人民币的兑换比例是100∶1。2016年钱宝网推出的新年任务，即须提前缴纳保证金5200万钱宝币作为押金，折合人民币52万元，完成任务能得到107.7万钱宝币，折合人民币1.07万元。

根据钱宝网相关案例，如果用户能够缴纳10万元保证金，并保证每日完成一定量的"看广告"任务，每月可获最低4000元、最高过万元的收益。换算成月收益率为4%~10%，年化收益率高达60%~214%。

钱宝网的收益组成包括任务收益、签到收益、推广收益等。其中，任务收益和推广收益占了整体收益的大头（占30%~40%），而获取任务收益的前提则需要缴纳100元至50万元不等的保证金，如果要即时提现还要收取一定的佣金费用。以钱宝网的一个任务产品玄融社为例，该产品鹰眼监测&楼宇"智能眼"的任务需要缴纳33.15万元保证金，周期为75天，完成观看《雷声》上中下三集后，可以获得特定收益3.54万元，换算成年化收益率为52.08%；未完成观看也可获得收益2.94万元，换算成年化收益率为43.24%。

钱宝网所谓"看广告""玩游戏"等收益，基本上都在月息2分（年化收益率36%）左右，加上每日签到万分之五的收益，钱宝网给用户的综合收益高达每月3分5厘（年化收益率42%），算上复利超过50%，形同高利贷。在高额收益诱惑下，大量逐利者将真金白银投入该网站。钱宝网此前称，截至2017年9月，注册用户数超过2亿，平台流水超过500亿元。

此后，钱宝网不断演化，从以前的单纯缴纳押金看广告做任务获得高收益的平台，逐渐转变成为以微商、股权投资为主的高额回报承诺的"P2P+微商"平台。除前述玩法外，还有一系列微商平台功能，通过"宝粉"购买商品和开微店进行套利，还有股权投资、项目投资等内容。

2015年，钱宝网升级后植入社交、购物、分享等功能，宣称转型做微商平台。在业内人士看来，钱宝网这么做，一是为了洗白；二是带来一些现金流维持平台运转（店家入驻钱宝网要缴2万元的抵押金）；三是为了建立分销体系。

与微商业务相比，钱宝网最重要的业务是分销起投额为100万元的"QBII"项目。钱宝网公布的合同范本显示，这个看似是分销产品的"QBII"，实际上是钱宝网与投资人签订的一份股权投资协议，可以通过标的公司获得分红收益，收益率最高可达300%。钱宝网官方微信2017年8月18日发布的消息称，截至2017年8月，钱宝网旗下有关艺术品投资的钱宝合格投资人的意向书共收到3.5万份。张小雷当时称，公司所做的"QBII"，就是用公司来承载某一位艺术家的一件作品，然后由不超过50位的股东共同分享这件艺术品的保值增值。

不过签约"QBII"项目后，投资者的身份将转变为股东，即从"出资人"转变为"权益人"。通过投资入股钱宝旗下的空壳公司，将多年高额回报导致用户复投所产生的数百亿元的提现压力化解，同时还能牢牢绑定用户为平台继续拉新和续投。因为用户买的是股权，公司没有义务归还投资款，用户只可以卖给下家。

此外，"股权融资"也成为张小雷的选择。2015年年初，张小雷通过股权受让方式收购总部位于济南的新三板公司泡宝网。泡宝网此前发布的一则公告称，在钱宝网"宝购"频道中，曾经发布"钱宝应用市场和游戏发行业务新三板股权申购确权项目"，向投资者以21394.09元/份发行7741份"钱宝份额"，募集资金1.65亿元。按照项目介绍，"钱宝份额"于2016年4月折换为泡宝网股票。

按照钱宝网公告，该次发行股票数量不超过400万股计算，泡宝网在钱宝网上募集资金的价格为41元/股，远高于其发行价2.1元/股。由于股权融资项目存在诸多问题，最终该项目存在承诺融资可用于购买挂牌企业股份的行为，违反了《非上市公众公司监督管理办法》规定，并涉嫌构成非法发行证券，被山东省证监局叫停，出售的份额由泡宝网以27630元/份赎回。

一般大型非法集资集团基本两年就崩了，但张小雷凭借自己丰富的诈骗经验，使钱宝网坚持了快六年，最终资金规模高达500亿元。钱宝网能坚持这么多年，关键在于有很多固定理财项目。例如2014年11月设置的一个项目就较为典型，投资20万元3年后可得144万元。这种大手笔投入的资金3年后才兑现，使得很多保证金被冻结，推迟了兑现的时间，也推迟了风险爆发的时间。

2017年8月钱宝网上海总部人去楼空的消息传出后，曾引发许多"宝粉"恐慌，导致一些大资金出逃，加之此前20万元变144万元的3年期项目到期和春节来临前提现高峰到来，2017年11月和12月，已经出现提现迟疑情况，虽然引起一些大额用户的警觉，但大多数人并未离场。这是因为张小雷设立或收购了大量或真或假的关联公司，设计出了一个庞大的实业网络假象，并紧踩政策舆论热点，营造出一个巨大的商业帝国幻象，对投资人进行洗脑。

2. 张小雷其人

张小雷，49岁，天津人。自2010年起他分别注册成立了江苏钱旺智能系统有限公司、南京钱宝信息传媒有限公司等系列钱宝系企业。2012年，依托钱旺、钱宝公司的"钱宝网"上线运行，以高额收益为诱饵，持续采用吸收新用户资金、用于兑付老用户本金及收益等方式，利用众多第三方支付平台和网银，向不特定社会公众大量吸收资金，集资参与人遍布全国各省区市。

1969年生于天津的张小雷，从小就表现出了"野心"。在1987年高中毕业后开始了一次又一次的创业历程。做过证券、签证移民、足球俱乐部等。十年闯荡后，1997年，时年不满30岁的张小雷已经完成了从普通人到千万富豪的人生逆转。然而好运并不总是随叫随到，张小雷很快从"坐拥千万"被打回到原形，一无所有。操办第一场彻头彻尾的骗局，第一次锒铛入狱。

该起诈骗案即泛美亚事件，大致经过是张小雷在出任泛美亚公司CEO时，在海南扩建了足球训练基地，大肆宣传，广泛招生。以向海外输送足球学员的名义，先后将50多名小球员送到南美留学，并利用向小球员收取费用和向外界融资两条途径，总计获取资金1000多万元，但实际上这是一场惊天骗局。

泛美亚在智利的合伙人弗朗西斯科是通过原中国国家足球队主教练米卢认识的，此人早年在智利西班牙联盟俱乐部踢球。与泛美亚合作办学实际是假借与智利西班牙联盟合作之名，托管给弗朗西斯科自己的足球学校。小球员们除了训练是在西班牙联盟训练场地的边角上一块满是石子的球场上进行以外，其他活动与西班牙联盟俱乐部再无关系。据报道，弗朗西斯科聘用的青训教练是当地20多岁的青年小伙，组织的比赛也是和不知名的球队对阵，但谎称是参加智利联赛。后来被媒体披露，不仅在训练合作方上存在欺诈，张小雷所收费用也没有完全投入培训之中。由于长期收不到款项，智利房东无奈停水、停电，西班牙联盟俱乐部也禁止小球员踏入训练场地。更严重的是，小球员的伙食因资金问题受到很大影响。2003年5月，泛美亚转战乌拉圭，称"乌拉圭接待能力强、足球水平高"，虽然更换了合作伙伴，但不久就出现了"1000万元资金不知去向""中国少年球员生活拮据，落难乌拉圭"的局面。

实际上当时泛美亚有证通公司的巨额注资，又收了球员家长高额费用，活动资金本来不应该如此拮据。之所以出现上述局面，完全是张小雷挪用资金造成的。张小雷用公司的钱给老婆购买了房子，后又在海南给情人买了房子，自己还出手大方，挥霍无度，应酬打点费用高昂，结果公司坐吃山空。泛美亚事件轰动一时，张小雷及其事业也因此跌入低谷，其自身因诈骗罪，锒铛入狱。

出狱之后的张小雷选择了再次创业。2012年，钱宝网横空出世。当时有媒体评论："互联网行业风起云涌的时代，张小雷又颠覆了一次。这次他毅然踏入互联网领域，成立钱旺集团，创立微商（基于社交化的移动电商）

平台钱宝网。""张小雷建立了以微商为核心,辐射生物科技、现代农业、产业孵化等相关产业的企业生态圈。经过多年发展,钱旺已是拥有30家控股、参股及关联子公司的企业集团。"

有报告显示,2017年12月27日张小雷共在53家企业担任法定代表人,投资了47家企业,任职55家企业。这些企业全部集中在软件和信息技术服务业行业。在这些企业中,最重要、最核心的无疑是钱宝网。

钱宝网官网自称是一家微商平台。张小雷自称期待用"消费者想要什么,商家就卖什么"这种反向订制消费模式,宣称"要与马云们在下一个电商时代一决高下"。2015年12月,张小雷在新三板一口气买了4个壳,分别是汇能科技(831843)、雅格股份(831748)、泡泡网(832983)、弘祥隆(430112)。张小雷买壳的原因很简单,他自称有大量的公司资产要注入,他要帮助不盈利的企业实现盈利。看不起新三板公司的张小雷声称,钱宝旗下的产业覆盖了游戏、微商、票务、O2O、新能源、环保和无人机等领域。

以游戏公司为例,张小雷宣称钱宝游戏2015年利润15亿元。换句话说,单个钱宝游戏就相当于25个中青宝,3个游族,1/4个网易。但游戏行业的很多人实际上并不知道这家公司的存在。

2017年8月就有投资人发现钱宝网无法提现。有媒体报道称,钱宝网上海总部空无一人,疑似"跑路"。但是此后张小雷在微信公众号录了视频,强硬威胁发布报道的记者,声称要"人肉"该记者,还要保护自己的"宝粉"。话音未落,2017年12月27日,"钱宝网实控人张小雷投案自首"的消息就传遍并且轰动了整个金融圈。

纵观张小雷的微博及此前在公开渠道的发声,此人时常语出惊人。在公司内部,张小雷多次强调伞兵文化,向员工灌输"纷飞的雪花如伞兵落下,正义终将战胜邪恶,我们伞兵就该被包围"的思想。2013年圣诞节前,张小雷在给员工们的内部培训上说:"你们服务的公司是一个伟大的公司,它的伟大之处就在于它即将成为一个显赫的公司,而它现在恰恰还不是,这就是它的伟大之处。我2014年的目标就是驯服二马(马云、马化腾)。"

为了管理公司,张小雷设计了一套特有的机制。公司的最高决策机构为"投资管理委员会"(下称"投委会"),并设有"投资管理监督委员会"(下称"监委会")和"选举委员会"(下称"选委会")。前两者由公司员工组成,后者由宝粉组成。"选委会"选举出"监委会"成员,再由"监委会"选举"投委会"成员。张小雷说,这套机制参考的是美国参议院、众议院的美国国会制度。张小雷称,上述做法是"标准的领袖配置"。他喜欢用"民选总统"比喻自己,用"国家"来比喻钱宝,用"打仗"来比喻所面临的各种挑战。

钱宝网公司大门口,有一面特别的展示墙,墙上印着一些公司名称,它们曾改变世界,现在却已经消失。其中包括雷曼兄弟、柯达、贝尔实验室,而钱宝网就在这堵墙的最中心。展示墙的另一面,是张小雷写的一段话:"那一天终将到来,那一天钱旺终将死亡,死在前往未来的路上。未来是我们的故乡,魂归来兮,是那些伟大名字的吟唱。"张小雷常常谈起企业的死亡,他希望钱宝网员工有"每天都是最后一天"的紧迫感。

钱宝网的员工们怎么也不会想到"死亡"这一天降临的毫无征兆。2017年12月27日这一天,员工们正常打卡,准点上班,还在群里竭力安抚和自己一样躁动不安的钱宝网投资人。此时他们还不知道,张小雷已经提前一天主动去公安局投案自首了。

张小雷的自首书上清楚写着:"因违反国家相关规定,采取借新还旧的方式向投资人吸收资金,目前已无法兑付本金利息。"犯罪嫌疑人张小雷说,触犯了国家法律,首先要承担法律责任,所以选择投案自首。张小雷说,他感觉到现在这种模式,已经没有办法再维持下去,想用这种到公安机关来主动投案自首的方式来结束他的钱宝网的运行。"我为这一天已经准备了三年。"在看守所的高墙内,张小雷坦言。

3.诈骗手段

"交押金、看广告、做任务、赚外快",这个颇具诱惑力的宣传语,是钱宝网短短数年间快速崛起的秘诀。钱宝网承诺注册成为会员后，只要缴纳一定数额的押金就能领取任务。只要在规定的期限内完成任务，就能获取丰厚回报。钱宝网所谓的任务就是点击收看广告，不同的任务需要交纳数额不等的"保证金"，"保证金"越多则收益越高。在普通投资者看来，这个任务非常简单、只要看得懂会操作就能顺利完成。相比任务的简单性，回报就显得尤为丰厚。12万元的投入，一个多月就能拿回7000多元收益，年化收益率近50%，高于银行理财产品约10倍。对于这种收入，钱宝网称其为"工资"。

这样高的投入产出比不仅牢牢拴住了老用户，也不断吸引着新用户的参与。张小雷声称设置看广告的任务是为了吸引关注，提高点击率，形成高流量从而招来广告商的加盟投放。但事实上，几年来钱宝网几乎没有招来任何广告投入。曾任公司战略发展研究中心主任的杨某说，那些网上给参与人做任务的广告几乎都是钱宝系企业的自我宣传。很多"宝粉"一家的吃穿用度全是通过钱宝赚来的，这种"赚钱效应"聚集了众多的投资者。通过这样的方式，钱宝网上汇集的保证金越积越多、越滚越大，形成了一个资金池。在"宝粉"看来，钱宝网强大之处在于，它能让绝大部分人赚了钱不走，相信并忠实信守这个平台，甚至将利润和增量资金再行投入，以期获得更大的回报。

按照钱宝网的规定，参与人要在线绑定个人银行卡，开通充值和提现功能。张小雷等人在银行设立资金池账户，通过众多第三方支付平台和网银直接收取参与人的保证金。在做任务期间，保证金不能取回，只有完成任务后，保证金才随着"工资报酬"一起返回参与人账户。

如果保证金是用于支付前面的本金或者利息，而不是用来担保后面合同的履行，那么这个保证金只是披着保证金"外衣"的吸储的一种手段。非法集资最大的风险就是兑付风险，覆盖这种风险有两个办法：一是用利润覆盖，二是不断用新增加的现金流去覆盖过去的风险。钱宝网显然无法靠利润去覆盖，只能靠不断增加新的融资，来兑付过去产生的本息。

钱宝网之所以维持了很长时间，靠的就是不断兑现高利息，用赚钱效应来吸引投资。赚到钱的不走，还不断拉人。从目前来看，扔进去的钱想再回来很难，先来的拿走了，留下的都是"背锅侠"。

二、事件分析

截至案发时，钱宝网日活跃用户达百万之多，如此规模的用户意味着一笔巨额利息开支。为了维持"高息支付"的链条，钱宝网需要吸引更多的资金支持。张小雷通过精心炮制了一个"钱宝系"产业帝国的假象，来吸引更多的集资参与人。

在钱宝网铺天盖地的广告宣传中，钱宝系企业有70余家，涵盖电商、地产、足球、甘油、共享单车等不同领域。但警方调查显示，钱宝网有实际经营的公司只有20余家，产生的利润远不足以覆盖所需的高额本息。但即使这20多家有实际经营的企业，其中大部分也是为了扩大宣传而设立。其中，负责为钱宝网收付资金的成都商肃公司对外宣称年利润达10亿元。除了把内部交易当成旗下公司收益对外宣传外，张小雷还将他所购置的一些房地产项目包装成前景广阔的"优质资产"大肆炒作。

张小雷为拉拢宝粉经常请客吃饭，称为"雷的盛宴"。张小雷在给宝粉洗脑打气时，常常把旗下的几个实体企业挂在嘴边。例如，他收购的江苏吉信甘油科技有限公司，原本一家地处淮安默默无闻的化工厂，却摇身一变成了"亚洲第一、年利润逾2亿元"的顶尖企业。

实际上该厂年设计生产能力为10万吨，但2017年的实际生产量为4.8万吨，2017年该厂账面利润仅有1600万元。张小雷钱宝网的宣传虚假，吸引了更多参与人真金白银的投入，直到今天还有众多投资者的本金和利息裹挟在钱宝网里。

钱宝网承诺给投资者的收益率达到了40%，远远超过了实体经济的正常收益率。金融投资的根基在于实体经济，实体经济的收益水平一般不超过10%。如果投资年化收益率达到40%，那么这种投资收益是没有支撑的，是难以为继的。据自首后的张小雷本人供述，他自己也承认是借新款还旧款。随着钱宝网规模越来越庞大，他需要背负的资金缺口也越来越大，他自己也清楚总有一天资金链会断裂。

该案涉及的集资参与人遍布全国，截至案发时，未兑付集资参与人的本金数额达300亿元。据警方初步调查，钱宝系企业的资产已远远无法填补未兑付的本金缺口。据悉，目前南京公安机关正在加快案件侦办进度，全力以赴开展追赃挽损工作，最大限度地挽回集资参与人的损失。借旧还新、虚假宣传，应该说钱宝网资金链条的断裂是一个必然结局。

2017年全球首富是微软公司创始人比尔·盖茨，个人财富860亿美元，折合人民币5504亿元。2017年中国全年GDP总额约83万亿元人民币，位居世界第二位，仅次于美国。钱宝网的"保本保息50%年化收益率"意味着，只要你在钱宝网投资10万元，之后把获得的收入循环投放，50年以后的本息和是63万亿元。相当于11个比尔·盖茨，相当于中国GDP总额的76%，这可真是富可敌国了。

这么简单的骗局，这么大的涉案金额，这么多的投资参与人员，难道有关部门就没有采取任何措施吗？实际上这种案件在产生不良结果之前和有关部门是没什么关系的。就算有关部门知道涉嫌骗局，但投资人不报案，也是无法介入的。如果有关部门在没有投资人报案的情况下介入企业经营，那就彻底违反了"市场在资源配置中发挥决定性作用"的社会主义市场经济原则。这就形成了一种有意思的悖论：这类金融诈骗或者说非法集资在未造成不良后果之前，即使有关部门已经确认是非法集资，也不可能轻举妄动。就像公安机关怀疑某人有杀人动机，但还未实施杀人行为之前，也不太可能对其采取实质性措施，最多只是提前警告被害人。在非法集资后果发生后，有关部门才能真正采取措施，不过此时的损失已经造成了。讽刺的是，在公安局官方账号都已经发文确认，大量投钱在里面的人还不信这是事实，还在投资群里互相安慰。

实际上早在2015年，南京市政府就对钱宝等类似金融风险加以防范。

2015年11月底,在南京国际马拉松赛上,作为几大赞助商之一的钱宝,其LOGO被主办方用白纸挡住。2015年12月,媒体报道称,南京当地媒体接到相关部门发来的"封杀令",从即日起将取消和钱宝网、钱旺公司合作的宣传、投资、商务项目。2016年,江宁经济开发区管委会为了提醒投资者,在钱宝网位于南京江宁区办公地点的大门外,拉起4个横幅,写着"提高风险防范意识,警惕非法融资陷阱,谨防上当受骗,抵制高薪集资诱惑,理性选择投资渠道"。

当然,钱宝网中也有极少数幸运的投资人,他们早几个月跑出来了,获得的收益率高得惊人。不过几百万的投资者,最终的幸运儿也只是屈指可数的几个。这些幸运儿还在网上各种嘲讽那数百万血本无归的投资者,充分享受大赢家的喜悦感。不过,还有很多投资者没有灰心,他们一边喊着维权,让有关部门负责,再一边寻找下一个诈骗项目。可笑的是这些人痛恨和后悔的并不是进入这样的非法集资项目,而是他们进入和退出的太晚了。所以他们现在要尽快找下一个新的诈骗项目,要成为第一批进入的人。

三、投资建议

简单来说,钱宝网就是一个披着各种外衣的金融传销平台。最近几年网络金融传销层出不穷,变着花样坑人,但万变不离其宗的就是两大特征。

(1)收益率高,年化收益率高得惊人还自称保本保息。如钱宝,号称年化收益40%~70%,投资者看到如此之高的收益率,想着买房的压力、养老的压力、子女教育的压力、买墓地的压力,当然还有不少天天渴望一夜暴富、渴望不劳而获、渴望躺着也能天上掉馅饼的人,也就不再考虑风险的问题,一个接一个义无反顾地冲进去了。

(2)鼓励发展下线,每发展一条下线奖励一笔钱。这两条任意一条还不能把话说死,但同时符合两条的一定是有问题的。因为支付率过高不可能支付得起,这就要求必须忽悠新人进来,借新还旧。

1.4 钱宝网案

一次又一次血的教训都在告诫我们：君子爱财，取之有道，不要为了蝇头小利就冲昏了脑袋。这个世界，不承受较大幅度波动，而能够取得10%以上年化率的资产，其实是很少的。即使是股神巴菲特，年化收益率也就25%左右，那已经是顶天了。你贪的可能是人家给的高息，但人家要的是你的本金。无论打着什么美妙的旗号，什么互联网+、什么AI+，什么XX币，投资要取得高收益，背后一定是高风险、高波动。对那些承诺高收益而低风险的投资，一定要瞪大眼睛，更不能指望有天上掉馅饼的好事。

在梦想取得高额回报之前，首先看住你自己辛辛苦苦赚来的本金。金融的力量，不在于短期高回报，而在于基于时间之上的复利。利令智昏，孤注一掷，最后的结果往往是赔了夫人又折兵，人财两空。永远不要以为自己比别人高明，能够逃过击鼓传花的最后一棒。即使你在前100次都侥幸脱险，但第101次的陷落，你就将永劫不复。只有清醒地认识到自己和别人一样无知，你才真正走上了智慧之路。

当然，也有一些投资者，他们并不痛恨骗子，只恨自己来晚了，下一次就有熟悉规则和抢先进场的优势，就可以让后来人接盘。被骗的人求骗子再骗一次，只因为想找替死鬼来解救自己，甚至想借机从中谋取一把私利，不自觉成为骗子帮凶。这与中国水鬼的故事非常像，这些人就是人世间的水鬼，一个个溺死的水鬼自己的戾气要下一个死者来释放。这就是人性，可怜之人，多有可恨之处。

金融不是谁都可以玩的游戏，对金融必须保持敬畏。现在，国家已经出台了对投资者因非法集资造成的损失"不兜底"的条款，更是进一步警示普通投资者：在日常生活中一定提高警惕，远离非法集资。投机死于贪婪。提高防范意识，不被高利诱惑，自觉抵制博傻游戏和金融骗局。

1.5 善林金融案

2018年4月24日,上海市公安局官方微博"警民直通车——上海"通报,善林(上海)金融信息服务有限公司(以下简称"善林金融")涉嫌非法吸收公众存款,涉案金额逾600亿元。法定代表人周伯云、执行总裁田景升、"幸福钱庄"负责人陶剑勇等8人因涉嫌非法吸收公众存款罪已经被浦东新区人民检察院批准执行逮捕。警方通报指出,"善林金融"通过借新还旧的方式偿还前期投资人到期本息,系典型的庞氏骗局。

一、案件始末

1.事件经过

2018年4月10日,善林金融总部被曝遭上海警方突击检查,高管被控制,员工被解散。4月11日,上海市公安局浦东分局官微曾通报:"4月9日,善林金融法定代表人周伯云因涉嫌违法犯罪,向公安机关投案自首,上海市公安局浦东分局已依法立案侦查。周伯云等犯罪嫌疑人已被采取刑事强制措施。"

通报称,4月9日周伯云向上海市公安局浦东分局自首,称公司在全国范围内向社会不特定公众非法吸收公众存款,已产生巨大资金缺口致使无法兑付投资人本息。公安机关随即开展调查。

善林金融注册于上海自贸区,注册资本12亿元,实缴资本未知,为周伯云个人独资企业。善林金融旗下拥有善林资产、善林技术、善林商务咨询等多家子公司,专业从事互联网金融信息分享、咨询服务、出借咨询服务等金融业务，在北上广深等国内一二线城市设有分支机构，服务范围遍及全国。

2015年前后，互联网金融在全国风生水起，善林金融开始赶上这趟班车。善林金融分别于2015年3月、2015年6月、2016年5月上线了三家互联网金融平台：善林宝、幸福钱庄（亿宝贷）、善林财富。自2015年2月起，犯罪嫌疑人周伯云在互联网上开设"善林财富""善林宝""幸福钱庄""广群金融"等线上理财平台，对外大肆销售非法理财产品，涉案金额600余亿元。

截至目前，"善林金融"法定代表人周伯云、执行总裁田景升、"幸福钱庄"负责人陶剑勇等8人因涉嫌非法吸收公众存款罪已经浦东新区人民检察院批准被执行逮捕。截至案发，善林财富待还余额201793.38万元，待收投资人数41941人，待还借款人数66885人；善林宝待还余额19242.81万元，待收投资人数2947人，待还借款人数4295人；幸福钱庄（亿宝贷）待还余额51943.48万元，待收投资人数12523人，待还借款人数18088人。

2.诈骗手段

善林金融采用传统的门店推销与互联网营销相结合的线上线下交易模式非法吸收公众存款。自2013年10月起，犯罪嫌疑人周伯云在未经批准的情况下，在全国开设1000余家线下门店，招聘员工并进行培训后，通过广告宣传、电话推销及群众口口相传等方式，以允诺年化收益5.4%~15%的高额利息为饵，向社会不特定公众销售所谓的"鑫月盈""鑫季丰""鑫年丰""政信通"等债权转让理财产品。

善林金融除善林财富、善林宝之外，周伯云还对外参与了多个互联网金融平台的投资。天眼查资料显示，其作为法人的注册公司有12家。周伯云担任法定代表人的意真（上海）金融信息服务有限公司，推出了"指尖贷"APP。其中，善林金融关联公司主要为高通盛融财富投资集团有限公司（下称"高通盛融"），两家公司都为周伯云控股公司。

高通盛融旗下设置了多个有限合伙企业从事新能源等领域的产业投资，较有名的是参与安源客车项目的投资。同时，高通盛融对外投资了28家公司，旗下尚有多个平台，如鑫隆创投、微美贷（已停业）等，此外还有一个众筹平台点赞网。另外，其作为第一大股东的上海广群互联网金融信息服务有限公司，旗下有喵喵客互联网理财产品、速速融互联网消费信贷产品，还有广群创投、广群财富管理等。

善林金融通过推出各种不同期限、不同收益率的理财产品，吸收社会大众资金形成资金池，供周伯云等人任意使用。为了使善林金融这家公司看起来家大业大，更是不惜花费公众巨额资金，大规模开设线下门店，支付员工高额工资和高额提成，同时做足包装宣传，在民众中营造大而不倒的公司形象，骗取投资者的信任。

善林金融法定代表人为周伯云，据悉，周伯云于2006年起涉足地产和建筑行业，先后创办了佳伦地产和隆盛地产等公司。2008年周伯云进入金融业，在北京创立了高通盛融基金公司，后开始布局小额贷款公司等金融领域，2013年创立善林金融。

2016年1月，善林金融正式宣布与中国女排携手合作，并举行了盛大的签约仪式，多位女排名将到场。善林金融董事长周伯云在接受媒体采访时提及，善林金融在践行普惠金融的过程中，尝试了多种创新方式，此次携手中国女排，将互联网金融与体育跨界结合，相信这种创新模式能为双方未来的发展带来更多助力。

善林金融还在央视黄金段、全国各大卫视甚至纽约的时代广场、伦敦的希思罗机场投放广告，同时参与发起了各类公益活动，这些成为善林金融对外的标签。巨大的曝光量为善林金融带来品牌知名度，也迷惑了大量的投资者。周伯云也获得了不同机构颁发的名目繁多的奖项，俨然已成为热衷公益的实干民营企业家。

与此同时，善林金融的门店开到了全国各地。为吸引投资者上门，其装修可谓豪华。有知情者称，善林金融光是装修一个前台就花了200多万元，不是自己的钱还真是不心疼。善林金融在花钱包装自己上从不吝啬，这与之前的e租宝、钱宝网何其相似。同样喜欢高调打广告，同样喜欢包装自己，给自己贴上各种高大上的标签。

一方面，做足广告的包装宣传；另一方面通过支付员工高额工资和高额提成，给员工们极大的激励。为了拉顾客员工陷入疯狂，不仅将自己的钱投入，甚至拉上亲戚朋友等，善林金融相当一部分的投资者来自其工作人员、工作人员的亲属和朋友等。

从e租宝到现在的钱宝网、善林金融，一个变化是增信渠道变得更加多元，像e租宝当年在主流媒体投放大量广告，即可吸引大客投资者参与。而e租宝倒下后，主流媒体已不再接受任何这类新金融投资的广告，于是这些投资更广泛的来源各类网络媒体等。

除了搭互联网金融这班车外，善林金融还蹭起了PPP这个社会大热门。自2016年起，国家开始大力推广PPP模式（政府与社会资本合作模式），而善林金融及周伯云开始看中PPP的社会效应。PPP和互联网金融都是新生事物，有些模式还在探索中。周伯云借着这两股热潮对外宣称，非常看好互联网金融与PPP模式，宣称"我国经济发展根本上需要将实体经济搞活，通过互联网把资金与实体经济结合是一个非常好的途径。尤其是在相对比较落后的中部、西部地区，完全靠政府推动效率可能会低一些，民间也推一把，政府和企业通过PPP结合，这样的效率才是最高的。"

当国家发布第三批PPP示范项目时，善林金融紧跟着发布宣传称"PPP又快又实的推进。"其后善林金融又放出声音"PPP成为互联网金融投资的新选项。"但事实上，PPP作为政府项目，收益率一般不超过8%，而善林金融给投资者对接的资金往往有10%以上。

善林金融多次公开称自2016年起开始积极布局贵州和西部一些省市的PPP项目。根据投资者的合同书，一家名为中耀华建的公司闯入视野。这家公司官网公开资料显示，中耀华建与多家企业建立了战略合作伙伴关系，其中就包括善林（上海）金融信息有限公司、高通盛融财富投资集团有限公司这两家金融战略合作单位。2016年,善林金融宣称参与投资总规模达30亿元的贵州兴义道路施工项目,由其旗下的高通盛融财富投资集团有限公司为贵州中耀华建建筑股份有限公司提供回购担保。依据这一项目,善林金融曾推出政信通产品,以由贵阳市政府做保障、中耀华建承建、高通盛融投资公司作担保等信息作为宣传点,用收益高、资金稳健等特点吸引投资者投资。

然而,根据全国企业信用信息系统公示,善林金融并没有投入资金参与该项目,这一信息属于虚假宣传。2015年7月13日,上海市工商行政管理局监察总队对善林金融做出了罚款55万元的处罚通知。处罚书显示,善林金融在宣传资料上称,"善林公司在积极参与市政建设贵州兴义道路施工项目中,目前公司已参与规模达10亿元,预计项目总规模为30亿元"等内容。事实上,当事人并未投入资金参与上述项目,该宣传内容与事实情况不符。

善林金融采用传统的门店推销与互联网营销相结合的线上、线下交易模式非法吸收公众存款。对于善林金融而言,要让公众相信其所宣传,除了在民众中营造大而不倒的公司形象,还离不开庞大的宣传推销团队。工作人员推荐金融产品的主要依据则来自善林金融的那些夸张的宣传。

善林的钱去哪了?除了显示其在理财平台"庞氏骗局"敛财之外,善林金融还涉足了一个遍布新零售、房地产、汽车制造业等诸多资金密集型的投资大局。有些钱可能投入了房地产开发。善林金融实控人周伯云就曾从事房地产开发,于2006年11月注册了"天津佳伦宏业房地产有限公司",至今周伯云仍持股99.5%绝对控股。不过,这家公司目前被诉讼缠身,曾10次被法院列为失信被执行人名单(老赖),主要原因是房子未完成无法交房以及拖欠工程款等,因商品房销售合同纠纷被诉30余起,被质疑项目投资烂尾棘手。

另外,邻家便利与善林金融之间也有着千丝万缕的关联。据官网信息,邻家便利店隶属于邻里家(北京)商贸有限公司,公司成立于2015年5月5

日。查询邻里家工商资料不难发现，担任这家公司监事一职的项建安还是北京万卓智汇商贸有限公司的大股东，占股40%，持有另外60%股份的是高通盛融财富投资集团有限公司，而高通盛融恰恰是善林金融创始人周伯云投资的公司之一。

2017年8月21日，邻家便利店在北京的门店突破100家，当时邻家便利的微信公众号发文称，善林（上海）金融信息服务有限公司超商事业部总经理刘靓、善林金融商超事业部运营中心总监金和、善林金融的子公司高通盛融投资基金管理有限公司总裁陈骏等善林系管理人员参与了该店的剪彩仪式，随后刘靓还代表善林金融做了开业致辞。

根据爆料称，在善林金融内部，邻家便利被视为兄弟企业是众所周知的，甚至善林金融的员工拓展客户时，都会以"老板不只做金融，还投资邻家便利店等实体经济"来为平台背景加分。

二、事件分析

善林金融对外宣称的投资项目并无盈利能力，其通过借新还旧的方式偿还前期投资人到期本息，随着时间推移，资金缺口越来越大，最终导致崩盘。据此，善林金融系典型的庞氏骗局，已涉嫌非法吸收公众存款罪。

这几年投资领域的一个变化是，由于社会普遍缺乏一个强有力的投资公信力平台，投资者的投资决策大量来源于微信社群、新媒体等，还有线下的熟人介绍。这与传统熟人社会契合，一个简单的投资收益图，通过熟人朋友等朋友圈模式传播。在熟人的站台背书下，一个很简单的骗局也难以识破，更何况善林金融已经在线上线下两个层次进行了狂轰滥炸式的洗脑。

在善林金融的整个发变过程中，曾有地方监管机构曾警示，但从整体上看，监管还存在一定的缺位，致使这个庞氏做了3年，规模膨胀到600多亿元。

三、投资建议

一波未平，一波又起。中晋、泛亚系的丧钟还在长鸣，e租宝的余音还在缭绕，钱宝网的牢底尚未坐穿，又一家大型互联网金融平台突然被查，轰然倒塌。创始人周伯云自首，善林金融被封，令投资者猝不及防。

与张小雷自首时被宝粉们疯狂掩耳盗铃，无脑拥护不同，投资者们这次长了教训。消息一经传出，无数投资者纷纷挤破头，欲要索回本金，只可惜为时晚矣。当天，善林官网已经无法登陆，APP显示"服务器异常"，微信公众号更是连菜单都废了。无数做着美梦的投资者们，顿时哭倒在地。

谁能想到，累计聚集资金超过100亿元，涉及分支机构多达658家，线下门店超过1000家，对外投资超过14起的善林金融，竟然毫无征兆，突然间崩塌了。多少人倾家荡产，多少人血本无归，多少人欲哭无泪。这是怎样一个无奈的时代，怎样一个猖獗的骗局，实在令人触目惊心。

庞氏骗局，换汤不换药。从中晋系、泛亚系到e租宝、钱宝网，再到善林金融，骗子们的手法几乎毫无新意。无不是疯狂的打广告，讲故事，引资金，借新还旧，累计巨额资金盘，最后漏洞越来越大，一朝轰然倒塌。

成立于2013年，起家于线下理财业务的善林金融，借着互联网金融的东风和年利息高达14%的诱惑，一路吸引了大批投资者入驻。之后广告打到央视，赞助中国女排，甚至不惜血本打到了纽约时代广场、伦敦希斯罗机场。很多人感到奇怪，善林金融并无国际业务，广告打到国外有效果吗？实际上，善林金融醉翁之意不在酒，广告根本就不是给国外人看的，只是为了给故事增添色彩。因为与中晋系、e租宝们集中于线上不同，善林金融同时兼具线上线下，并有着1000多家线下理财门店。因此，善林金融把用户目标可耻地锁定了中老年客户。把广告打到国外，不是为了发展国际业务，而是为了更方便向大爷大妈们吹嘘。而为了骗取大爷大妈们更大的信任，善林金融还热衷于讲慈善故事，号称"善念、善心、善行、善为"，实在无耻之极。

1.5 善林金融案

这还不够,在2018年金融监管一片趋严的情况下,善林金融甚至又宣布进军区块链。披着国际化、高科技、高回报、慈善的外衣,故事一个接着一个,吸引了大批投资者的疯狂涌入。然而,疯狂的广告和高额的利息,骗得了投资者,却骗不了自己。为此,善林金融每年要向投资者支付高达8亿元的利息,广告费更是高达22亿元左右,一年融资成本高达30亿元。

如此高昂的成本,善林金融虽然号称拥有658家分支机构,业务广泛,却无实质盈利,其贷款业务风控更是几乎为零,还被前员工举报,存在自融行为。另外还有公司客户资金未入对公账户,竟然直接打到公司唯一股东周伯云的个人账户了,这意味着老板可以随时卷着资金跑路。说白了,这就是一场庞氏骗局,玩的不过是借新债还旧债的老把戏。很多人闯进来,想褥平台羊毛,最后却被平台褥了本金,令人一声哀叹。

有人调侃道,现在的互联网金融领域里傻子太多,骗子都不够用了。如果说没有一个人知道善林金融有问题,根本不可能。善林金融早已劣迹斑斑,2015年就曾两次被上海工商部门处罚,2016年更是被前员工举报"借新还旧",2017年再次因涉嫌违法被当地监管部门调查。甚至有旗下子公司被列为"老赖",而不断改名躲避网友们的口诛笔伐。

早在2015年,就已经有网友分析善林金融不安全,几乎与诈骗平台无二致,甚至有人立帖为证:善林金融就是第二个e租宝。然而,有些人却明知山有虎,却偏向虎山行,想要博傻,褥平台羊毛。甚至有人还给出了神逻辑:一切的投资、消费都是有风险的,说到底,哪个不是骗子在骗傻子?就看你被骗的是不是心甘情愿。乍一看,貌似很有道理,实际上完全不是一回事。基于未来不确定性的风险和欺诈带来的风险是一样的吗?就像正常遵纪守法,小心开车和酒驾,是一样的吗?小心开车出车祸的概率要低得多,而酒驾几乎等于找死。

对于投资人来说,有的风险是可控的,而欺诈是100%的完全不可控风险。有些人想要博傻,自己捞一笔就走,褥平台羊毛,让别人当傻子。实际上有多少人能够捞一笔就走的,更何况,你根本不知道庞氏骗局到底能坚持多久。而且根据人的本性，越是尝到甜头，越是不肯走，而你绝不会例外。当然，无论宣传多少遍，企图博傻而被骗的人，依然不会少。而善林金融目前可查的最大投资人待收金额高达436.7万元，实在令人触目惊心。

当然，如果把所有的责任都推给受害者，未免不公平。尤其是很多对金融骗局几乎一无所知的大爷大妈们，不仅不公平，甚至荒谬。要知道，环境影响人，尤其是金钱贬值，财富缩水的恐慌蔓延着整个社会，而国内小额理财产品却严重匮乏。互联网金融刚好填补了这一空缺。为了鼓励互联网金融创新发展，国家采取了相对宽松的观望政策，催生了一大批如支付宝、微信支付等优秀互联网金融企业，使中国成为世界上互联网金融最活跃发达的国家。但凡事有利必有弊，国家的本意是好的，但无奈骗子们可不这样想。个个利欲熏心，鼓足了劲钻漏洞，大搞"庞氏骗局""非法集资"创新，让监管和无数民众猝不及防。从泛亚、中晋系，到e租宝、钱宝网、蛙宝网，再到如今的善林金融，莫不如此。

互联网金融鼓励创新的同时，也必须警惕不法分子借机钻漏洞，变戏法。要知道，任何一种新事物的创新，往往都不是完美的，既有向阳的光芒，也有背阴的黑暗。而紧盯着背阴的黑暗，打击不法分子恶意歪曲，加强监管，无疑才是保持良性创新，指引行业发展的关键。

互联网金融作为一个新事物，想抓住自然没错，但每一个新事物都既有它的风口，也有它难以看见的陷阱，在没看懂之前，盲目追入，无疑是等于盲人骑车，受伤的只能是自己。听到别人说得天花乱坠，看到央媒广告，经济学家、大咖站台，自己似懂非懂，就盲目蜂拥入局，以为可以借机发家致富。就像泛亚系，受众无限，等到倒台时，全国围堵郎咸平，受害者屡次上访云南市政府，依然无法全部拿回自己的本金，而能拿到一定比例本金的，就已经非常不错了。

而面对善林金融的突然轰塌，不知有多少资金窟窿难以填补，最后董事长竟主动向公安机关自首。未来，就算把善林金融的人全部抓去监狱，投资者恐怕也难以拿回全部本金。而我们唯一能做的，就是吃一堑长一智。除了事后积极追赃之外，更重要的是防患于未然。一方面，希望我们的金融监管体系越来越健全，越来越完善；另一方面，我们更多地要依靠自己，不贪心，不博傻，为自己负责。

1.6 盛融在线案

一、案件始末

盛融在线隶属于广州志科电子商务有限公司，成立于2010年，曾是广州最大的P2P网贷平台，总成交量曾高达126亿元。如此庞大的平台在2015年年初轰然倒塌，违规自融是其致命的伤。

2015年，春节前夕，盛融在线提现困难的消息在坊间流传。2月11日，盛融在线在官网发布公告，限制2000元以上金额提现，此消息将盛融在线资金告急推向了高潮。短时间内，大量投资人要求提现，金额高达4.3亿元，无能为力的盛融在线无奈关闭整顿。

盛融在线负责人刘志军在解释资金去向时表示，江苏省的一个高科技园项目借走了盛融在线的大笔资金是导致盛融在线因挤兑而倒闭的关键原因。实际上刘志军口中的这个项目，就是位于江苏省宿迁市泗阳县江苏联炬智慧城，2014年11月8日正式落户，同时更让人吃惊地发现是这个项目的运营公司江苏联炬高新技术创业公司（以下简称江苏联炬）居然是刘志军的关联公司，刘志军一直担任该公司的董事长，直到盛融在线东窗事发，才紧急卸任。毫无疑问，盛融在线借款给江苏联炬就是刘志军个人赤裸裸的自融。

早在2012年7月，某知名P2P公司高层在网上爆料指责"盛融在线成立以来，刘志军就是最大的借款人"。根据某知名第三方信息平台调查，仅用tonyliu一个账号，刘志军就在自家平台上总共借款了1.89亿元；更有业内人士称，刘志军拥有的账号远不止这一个。目前盛融在线涉嫌非法吸收

1.6 盛融在线案

公众存款案已被刑事立案。

1. 3000万元坏账引发兑付危机

盛融在线于2010年10月在广州正式上线，属于广州成立最早且规模最大的老牌平台，其成交量曾在全国排名第一。公司实际注册名称为志科电子商务有限公司，注册资金为1000万元，法人为刘志军。

2012年5月至2015年2月，盛融在线控制人刘志军、李某君在未取得国家银监会批准的情况下，利用其经营管理的志科公司架设的"盛融在线"网贷平台，通过网络宣传、注册会员、充值投资标的项目等方式，采取高息（约年利息20%）回报的手段非法吸收社会民众等大量不特定对象的款项，并投入了房地产、借贷等高风险行业，自2015年起致使大量民众投入的款项未能返还。经审计，志科公司通过"盛融在线"网贷平台吸收的款项达23亿余元。

早在2015年春节前夕，有消息传出盛融在线存在3000万元的坏账并且出现提现困难。恐慌情绪在投资人中迅速蔓延，导致大量投资人提现，金额高达4.3亿元。由于平台投入的项目未到期，资金暂时无法收回，并且盛融在线一直采取平台兜底的模式，在如此短的时间内平台无法承受巨大的资金压力。于是兑付危机终于在2015年2月11日爆发了，盛融在线曾在官网发布公告称，因为"近期新系统上线集中出现较多展期，且年关大量提现，造成平台资金紧张。"

兑付危机越演越烈，平台不得不宣布停业。这家成交规模曾逾百亿元的平台暴雷，顿时引起了业内关注。

2. 盛融在线涉嫌自融、违规担保

多位业内人士指出盛融在线出问题的真正原因是逾越了私设资金池、假标自融、违规担保等多条红线。

早在2012年7月，第一财经日报《财商》就援引一家P2P网贷公司高

层的消息称,"自(盛融在线)P2P网贷公司成立以来,其负责人刘志军就是最大的借款人。"为了消除大众的质疑,2015年2月刘志军在公开信中承认:早年平台上的绝大多数资金是借给了关联公司广州联炬科技企业孵化器内的高科技企业,但表示现在已经退出关联公司。从媒体的报道来看,刘志军曾担任联炬科技企业孵化器公司总经理。盛融在线是否真的涉嫌自融,刘志军是否在欲盖弥彰,需要法院后续的审判结果才能揭晓。

业内人士爆料:从平台上线开始至停业,盛融在线的担保就一直涉嫌违规。2012年根据网站显示,盛融在线的担保公司为刘志军担任总经理的广东盛融融资担保公司。2012年6月该公司推出名为广州志科电子商务公司,此后相当长一段时间,盛融在线的借款项目存在由自己公司即广州志科电子商务有限公司担保的现象。

3.以短标高息和营造个人声誉作为法宝

有业内人士表示:"短标高息自融的模式、刻意营造的个人声誉是刘志军的两大法宝。"通过短标快速做大成交量,2015年2月根据数据显示,盛融在线待收本息共计达9.21亿元,平均借款期限1.45个月,综合收益率18.93%,如此高的利率对投资人自然是有很大诱惑的。

据悉刘志军有多个社会头衔,将其刻意展示出来,以增加平台信誉砝码。事实上,对于盛融在线的那些"猫腻"很多投资人都知道,但存在侥幸心理,认为即便平台存在自融,但是老板信誉好,应该不会"跑路",只要保证还本付息就好。

2015年4月,盛融在线的运营方广州志科电子商务有限公司涉嫌非法吸收公众存款案被刑事立案。在2017年3月15日,广州法院发出公告称,"本院受理的(2016)粤0111刑初1987号被告人刘志军、李慧君犯非法吸收公众存款罪一案,经我院决定,被告人刘志军已于2017年3月10日被执行逮捕。

2017年12月14日该案公开宣判。法院经审理认为,被告人行为已构成非法吸收公众存款罪,但二人犯罪后有自首情节,可从轻或减轻处罚。法院判决:"被告人刘志军犯非法吸收公众存款罪,判处有期徒刑九年三个月,并处罚金五十万元;被告人李慧君犯非法吸收公众存款罪,判处有期徒刑三年,并处罚金十万元;追缴被告人违法所得、财物,追缴不足部分责令上述两被告人退赔,并按各投资人未收回金额比例发还各投资人"。

二、事件分析

该案件判定为以利用P2P平台"盛融在线"公开宣传,虚构融资方,自融资金、吸收公众存款投资高风险行业投入房地产、借贷等领域方式的网络借贷,非法吸收公众存款性质的案件。

被告人刘志军控制的盛融在线成立于2010年,此前是广州最早成立、规模最大的P2P,媒体报道其原本仅有3000万元规模坏账,相对于如此体量的平台而言,3000万元的坏账完全可以覆盖,但此事却导致投资者恐慌,突然涌现大量投资人提现,提现要求达到4.3亿元。而平台投入项目的资金尚未到期,无法收回。而按照当时的惯例,都是平台兜底,平台无法筹集到这么多资金,只能宣布限制投资者提款额度,刘志军还在给投资者的《致歉信》中承诺,3月争取完成签署4.5亿元还款担保,尽快完成债转股、线上债权转让等工作。此后刘志军等高管试图从外部引入投资者重组,但因为股权分配问题未成功。

以上事项,都仅仅是一个P2P平台因为挤兑引发的平台流动性风险问题,笔者认为无法让刘志军入罪。

真正让刘志军堕入犯罪深渊的,应该是其承诺以20%的高息,在自己的P2P平台注册"马甲",虚构借款人信息,涉嫌自融资金,投向高利贷、房地产等高风险领域。

关于刘志军等涉嫌非法吸收公众存款的数额,应该做严格区分:在平台数据库中显示的总融资额度23亿元,应该不能一并算作非法吸收公众存款的全部数额,盛融在线作为一家老牌P2P平台,是否有合法经营的业务?如果有,哪些是纯粹的信息中介业务导致的资金流动(合法),哪些是涉嫌自融、虚构项目信息的业务(非法吸存),这些都会在相关裁判文书公开后一一解答。在非法集资类案件中,如果认定相关单位、人员构成非法吸收公众存款罪的相关证据已确实、充分的情况下,为了让被告人获得相对较轻处罚,实务中可以采用促使公诉方以单位犯罪追究相关责任人员责任的辩护策略。因为根据相关司法解释规定,个人犯罪与单位犯罪之下的直接负责的主管人员和其他直接责任人员在较高档的量刑幅度相差不大,但涉案金额却有所差别,如非法吸收公众存款罪"数额巨大"个人的犯罪数额起点是100万元,单位则是500万元。因此应根据具体案件数额考虑是否使用本策略(这也是为何一定要重视具体的案件数额),认定是否应以单位犯罪追究刑事责任,应关注涉案单位成立过程、主营业务以及案发时非法吸存行为在该单位营业数额中所占比例等情况。

从目前的判决结果来看,该案并没有将盛融在线这一单位作为被告起诉,而是仅仅起诉了两名实际控制人,如果是以单位犯罪起诉,作为单位实际控制人的刘志军等在量刑方面肯定有所不同,具体案情和缘由还需要等待判决文书公开之后才能知晓。

与此类似,典型的案例就是轰动一时的美贷网涉嫌非法吸存案。该案中,美贷网财务总监王景称,美贷公司实际上是自融,没有真实的融资方。据她所知,只有一笔60万元人民币的借款是真的,其他的"标"都是平台老板负责发布的。公司通过P2P网络融资平台融到的投资款,美贷网老板用于投入香港、河源的项目,还有一部分用于公司的日常开支、管理费、房租、发工资等,一部分用于到期返还客户的利息。美贷网案与盛融在线案相关案情类似,但在诸多细节上,还有大量不同。

P2P平台应该严格遵循业务本质——信息中介,项目一一对应,不能建立资金池,不能动用投资者的资金,不能超出信息中介的角色定位,不能变成借款人向P2P平台借款,更不能变成自融自投,这是监管层反复强调的红线。

三、投资建议

盛融在线案件的最新进展引起了社会的广泛关注,曾经有许多的P2P平台贴着"大规模平台""老平台""成交量名列前茅"等标签,最终却出乎意料地暴雷了。因此投资人不要过于迷信P2P平台的这些标签,对于已经暴雷的平台更不要存在侥幸心理。

一般来讲,非法集资在P2P网贷中常与自融一起谈论。因为犯罪嫌疑人非法筹集的资金一般都是用于自己或与自己有利益关系的事项。自融已经是网贷圈一个古老的话题了,随着行业加速成熟,敢自融或者是能成功自融的平台的确是越来越少见,可是"道高一尺,魔高一丈",自融的"幽灵"一直在变换自己的外衣,行业因此并未完全"免疫"于自融的风险。

自融现象的出现与无明确的法律监管有直接的关联。7月的互金指导意见征求稿虽然没有明确提出关于P2P网贷企业自融的相关规定,但是在已有的金融法律层面,平台自融属于违法行为已经是不可否认的事实,同时据接近监管层人士表示,P2P网贷的最终监管条例肯定会有关于禁止自融的相关规定。

过去的8年,P2P网贷圈中发生了许多自融"跑路"的平台,下面梳理了自融的主要形式和三家具有代表性自融倒闭平台以及一些如何鉴别自融平台的方法。

1.自融形式有以下方式

第一,集资诈骗"跑路"。集资诈骗是自融最恶劣的动因。这些平台打着网贷的名义,发布虚假标的汇集投资人的钱,当汇聚到一大笔钱,在标的逾期被发现之前卷款"跑路"。如恒金贷,上午刚刚开业,下午即"跑路"。

第二,借旧还新的庞氏骗局。当平台因为经营不善或者风控做得不好导致平台出现大量坏账时,为了继续经营下去,平台隐瞒坏账的事实,同时发布虚假标的筹集新的资金垫付给先前的投资人，企图通过以新还旧的方式渡过难关。

第三，投资其他高利润行业。经营P2P平台是一件既费时又费精力的事情，有的平台创始人为了不劳而获、贪图利润而铤而走险，发布虚假的标的骗取投资人的钱，然后挪用投资人的钱去投资其他暴利或非法行业，如高利贷、赌博、毒品，然后企图将获得的利润分一部分给投资人，自己留取一部分。这种做法是严重违法，同时风险也是极高的。

第四，为自己的关联企业服务。P2P平台发布的标的是平台老板自己的投资项目或者是与自己关联的企业项目，这是自融中最典型的表现形式。如浙江温州女老板开设P2P平台"德赛财富"融资，大部分资金用于自家企业。

2.识别自融平台的方法大致有如下几种

第一，是否存在资金存管制度。对于P2P平台来说，银行资金存管将是监管层的硬性要求，不过在正式监管文件出台之前，有的平台仍然不选择资金存管或选择第三方支付机构进行资金存管。不管是银行还是第三方支付，存管的目的就是将投资者的钱与P2P平台的钱分开，杜绝平台自融和挪用用户资金的可能，是保障用户资金安全的有效措施。如果尚存在无资金存管的P2P平台，那么自融"跑路"的可能性相对较高，投资人需谨慎。

第二，对标的的分析。通常来讲，自融的标的为虚假标的，利息高、期限短，同时标的信息不透明或者相对简单和彼此雷同。对于短时间内发布大量大额标的或频繁地发布等额小标的都可能是自融的主要征兆。

第三，借款人分析。自融平台一般借款人数量比较少，借款人信息雷同，或者同一借款人多次成功借标，同时值得一提的是，如果借款人是企业法人，那么需要查询了解清楚其是否为关联企业。

第四，平台信息查询。查询平台是否有完整的工商登记手续，平台团队信息是否真实。通过与知名平台进行比较，其网页设计、内容布局或信息完整度是否可靠等。

随着行业的自我完善，P2P平台的自我美化手段也越来越多，是否存在自融嫌疑越来越难判断了，但是其造成的风险确实是实实在在的。除了直接给自己融资以外，其他的间接自融因为多层次的关联而导致其游走在法律的灰色地带而不易被察觉。自融就是P2P网贷行业的一种风险，故意自融的平台虽必定作死，但投资人需要擦亮眼睛。

除了一般的普通投资者外，企业如果要投资或合作，也应该注意就是如何识别并加强法律风险防范，可以从几个方面来考虑：

第一，就是核实工商登记，通过企业征信系统可以查到企业的相关的资料，是不是合法的。

第二，是看他的投资回报，可以参照银行的贷款利率和普通金融产品的回报率。如果远远地高于这样的一个数字，那是不正常的。而且，太高的投资回报率，有可能就是一个投资陷阱。按照法律规定，民间借贷的年利率超过24%的，是不受法律保护的。

第三，就是核查相关的信息。特别是未经政府相关部门批准的一些所谓的上市公司是不能发行公司股票债券的，也不是国家规定的合法的股权交易场所，这些都不具备发行相关产品的资格的。不具备这样的资质的公司发行这样的东西，它就是涉嫌非法集资，这也是很简单的道理。

第四，是看他的操作是不是透明阳光。很多种非法集资都具有隐蔽性，他是通过亲戚朋友介绍，然后发展下线，形成了一个吸收资金的网络，不签正式的合同，也没有任何凭证。同时，要注意了解投资资金的去向，正规的投资项目都能够很清楚地讲清筹集资金的用途，投资者也能够知道这用到哪里了。但非法集资者拿到这些钱之后，干了什么，基本上是遮遮掩掩，不会给出一个清晰的去向，这个也是你值得注意的。

还有，就是密切关注和查询这个企业相关的媒体报道，一些影响比较大的非法集资犯罪，通过媒体和互联网一般可以查得出来，然后一个比较关键的方法就是咨询法律相关专业人士。

1.7 沃客理财案

2018年2月9日，晋江市人民法院就"沃客"理财传销案做出一审判决：该案的主要被告人王良妙犯组织、领导传销活动罪，被依法判处有期徒刑13年，其余30名被告人分别被判处1年至7年不等的有期徒刑，受到了法律严厉的惩处。

一、案件始末

1.事件经过

沃客理财项目老板王良妙等人自2015年开始，设立"沃客理财"网络平台，制订游戏规则，发行虚拟货币，通过拉人头缴费注册会员等形式，在全国范围内发展大量会员，并以层级形式进行排列，形成传销组织网络。

2015年王良妙通过另一嫌犯，找到从事网站开发的程序员——26岁的河南人史某，花费1万余元，开发了"DEMWK"会员系统，搭建了"WK"理财网站，发行虚拟货币，大肆行骗。投资者最低投资额为700元，上不封顶。根据投资金额，投资者被划分为一星到六星会员。

"沃客理财"的投资平台实际上并未注册。为披上合法外衣，2016年9月15日，王良妙用获利的资金注册了一家"福建沃客理财生活信息科技有限公司"，自己担任法人代表，还租用了高档写字楼，接待全国各地来晋江考察理财项目的投资者。

"沃客理财"靠着"投资90天，可赚30%，继续投利滚利，一年收益可达10倍"等宣传口号，吸引投资者。王良妙首先发展的是身边的亲朋好友,这些人获利后,就开始全力吸收、发展会员。他们通过微信、QQ群等方式,发展各自团队。起初,"沃客理财"的推广速度并不理想,但后来的发展速度远远超过了王良妙的想象。"沃客理财"在全国范围内发展了大量会员,创始人各自有数万名下线。人多以后,他们就以层级形式进行排列,形成传销组织网络。这种层层发展下线的模式,最终居然发展到了309层的层级关系,会员涉及全国31个省区市及菲律宾、新加坡等个别东南亚国家,共计35万人,涉案总金额达50亿元人民币。

"沃客理财"被查前,已经面临无法兑付利息的窘境。王良妙通过延长虚拟币拆分的周期的方式,试图延长利息支付周期。检方称王良妙有多个银行账户,单是其中一个银行账号,正反面打印的流水单就有2000多页。被查时,王良妙账户上被冻结的资金高达6亿元。王良妙自称知道"沃客理财"的经营模式是非法的。但他辩称,再过几个月,他原本打算将赚到的钱投入实体经济中,做电商。不过经查,他名下的两家公司都是空壳公司,并无实际投资项目。

其实早在2016年4月21日,海峡都市报就曾发表文章,质疑沃克理财涉嫌传销,但之后该平台仍在运营,直到被晋江公安查封。在沃客理财宣传中,为证明其"不会崩盘",自称"公司有不少实业,与阿里巴巴有战略合作"。其中,宣传里提到的"沃客精品酒店",位于山东济南。后经据海峡都市报证实,山东这家酒店与"沃客理财"没有任何关系。阿里巴巴集团法务和旗下蚂蚁金融法务,在调查了各业务团队对外合作情况后,明确回复"阿里巴巴集团、蚂蚁金服集团与沃客生活不存在任何形式的战略合作""公司将密切关注,并保留追究其法律责任的权利"。

此外,王良妙旗下还有福建沃克生活信息科技有限公司、福建沃克生活电子商务有限公司和福建沃克生活汽车贸易等公司,注册资金显示,少则1000万元,多则5000万元。王良妙注册的福建沃客理财生活信息科技有限公司旗下的沃克生活馆刚装修好不久,东南亚和中国澳门的各位股东正来此开股东大会时,他就被抓了。

目前在网上仍能看到不少"沃客理财"的软文,宣传其来自新加坡,"沃客双平台采用了全球最先进,最独特的复利拆分理财模式,它不是保险,也不是银行,也不是股市,更不是直销。但它有保险的保障功能。银行的现金流功能,股市资本复利膨胀的功能,哈佛市场倍增学功能"。

2. 王良妙其人

"沃客理财"的"首骗"王良妙是福建省晋江市金井镇人,家庭条件一般,只有小学文化。他很早就进入社会,开过摩的、"黑车",搞过"私借",也做过"六合彩"小庄家,还做过电商。在村民看来王良妙就是个爱财的小混混。小混混消失了七八年,2014年再出现时已经开着车牌4个9的宾利。据说他消失这段时间去广东干了传销,传销的经历锻炼了王良妙的口才和传销技巧,成为他狂揽巨资的武器。为做"沃客理财",他还专门做了三四百页的研究笔记。

还有李某端等4人,作为王良妙的直接下线,号称"沃客理财"的"四大金刚"。他们大都有传销背景,口才好,煽动性很强。李某端是"沃客理财"网站授课讲师之一,授课视频煽动性极强。

3. 诈骗手段

初始获利后,王良妙买了宾利等豪车,还在厦门买了豪宅,并投资了几千万元购买理财产品。李某端等4人在获利数百万元至1700万元不等后,购买了奔驰、保时捷卡宴、宝马等豪车,吸引投资者。4人通过微信、QQ群等方式,发展了各自的团队,各自有数万名下线。"沃客理财"创始人买了奔驰、保时捷卡宴、宝马等豪车,让投资者对他们的实力深信不疑。当这些豪车出现在投资者面前时,很多本来心存疑惑的投资者,一下子就服了,然后就放心地掏出钱来。

该理财项目根据投资金额设定不同等级会员,"沃客理财"项目根据投资者的投资金额(最低700元),分为一星到六星会员。一星会员须缴纳

700元，二星会员1400元，三星会员3500元，四星会员7000元，五星会员14000元，六星会员35000元。不同星级会员将获得50~3000个不等的电子币，会员使用电子币购买"沃客理财"系统发行的虚拟电子货币"CPM"，而CPM币被宣称只涨不跌、永不增发。系统按照投资自动换成电子币，后自动拆分，45天一个周期，后电子币自动翻倍，拆分三次后必须卖。挂到交易大厅的电子币都是翻倍得到的，然后自己标价出售，一直循环。投资35000元人民币折合成5000美元，购买得3000电子币，45天后变成6000个，拆分三次后变成24000个电子币，半年时间可得到价值28万的电子币。这些被"沃客理财"称为"静态收益"。

除此之外，还有三位的"动态收益"。动态收益是发展"下线"奖励：发展会员数量多、投资金额大的会员有5%的"商务中心奖"。投资者推荐会员，根据不同会员等级领取5%~10%不等的"直推奖"。直推的会员再各自发展会员就会产生"对碰奖"。另有"见点奖"和"领导奖"，也是根据发展新会员设定。"沃客理财"网站的宣传广告提到，平台做动态推广的会员非常多，保守估计最少占比40%。"投入3.5万元，一年秒变47万元"。2016年2月初，有投资者经朋友推荐投资3.5万元，期待着一年后暴富，如今那钱款也不知在何方，不过朋友作为上线，从中至少获得1750元的"拉人头"奖金。

实际上"沃客理财"的规则简单来说，就是设计了一款"CPM币"。如果每币2美元，每天上涨0.06美元。当这个币涨到4美元时，就可拆分成两个币出售，每币还是2美元。如果投资者花20美元购买10个"CPM币"，拆分一次（变成20个币）后卖给其他投资者，可赚20美元。如何保证币价一直涨呢？也只能靠不断吸纳新的投资者进来接盘。当你手拿一堆币而无法发展下线时，这个游戏就结束了。

他们给会员的盈利从哪里来？与泛亚、e租宝、中晋、钱宝一样，"沃客理财"也是靠"借新债还旧债"、击鼓传花的形式维持着。利用下一个人的资金补足上一个人的收益，甚至利用亲杀亲、熟杀熟的套路，把一波波心怀暴富梦的人们坑进来。直到晋江公安官方微博发布公告，警示"沃克理财"存在网络传销，仍有不少投资人留言，要求"还沃克清白"。贪婪是魔鬼，自己做的孽最终只能自己扛。这种故事最终的结局都是：一旦击鼓传花传不下去了，庞氏骗局的链条会忽然断裂，那么所有的钱都会打了水漂，崩盘只是早晚的问题。

为了混淆视听，"沃客理财"传销者们无所不用其极。王良妙在明知公司会被处治的情况下继续经营，并已经办理出国手续，在毫无根据的情况下放出"沃客理财"第8次拆分的利好消息，刺激市场，妄图套取广大投资者最后的钱财。

二、事件分析

小学文化的混混，到50亿元传销骗局的始作俑者，抬着王良妙往上爬，以及使他跌落的，都是人们的贪欲。道理说起来容易，但面对放在眼前的巨大诱惑，谁都会有侥幸心理。雪崩到来时，每一片雪花都觉得自己没有责任。庞氏骗局崩盘，因为贪婪陷入其中的人们都觉得自己是受害者，而没有说出口的是，自己怎么不是最早那批发横财的人。低学历人群被骗可能有金融知识缺乏的原因，但近年来高学历群体受困传销骗局的事情也屡见不鲜。

有别于传统传销模式，金融传销沿袭了庞氏骗局"以新还旧"的核心，也就是利用新投资人的钱向老投资者支付利息、奖励和短期回报，以制造赚钱假象，承诺高收益，靠投资人去发展新的投资人。"沃客理财"正是打着"金融互助"的旗号，通过造假和洗脑，包装出"实力强大"的经营假象，设置宣称只涨不跌的"CPM币"，引诱投资人加入以及发展下线，编织起金融传销网，实现他们的暴富神话。

因为它膨胀起来的速度，实在太惊人了。那种一夜暴富的感觉，那种纸醉金迷的幻想，刚好迎合了很多人浮躁的暴富梦。"沃客理财"从无到有，到席卷50亿元，到最后被警方抓住、轰然倒塌，也就仅仅用了2年时间。

按照常理来说，这种莫名其妙的虚拟货币是没有任何用处的，但是经不起高回报的承诺，让无数人一下子贪欲勃发。骗子们说了：公司的产品会像股票一样涨跌，但只要投资者买了产品，就会有专业人员帮其低买高卖，稳赚不赔。参与其中的市民，少则投资了几百元，多则高达数十万元乃至更多。这样夸张的收益，会有人相信吗？传销组织会告诉你：收益就是要越夸张越好。金钱的气息，哪怕是虚幻的气息，也让很多人为之癫狂。

其实，这些庞氏骗局的画皮并不那么别致，只是每月翻一两倍的暴利，吸引了一些明知是骗局却自作聪明的人进来侥幸玩火。他们往往心存博傻的侥幸，希望有比自己更傻的，在高位接自己的盘。有些被骗的甚至成了帮凶，跪求骗子再骗一次，以便找"替死鬼"来解救自己。有些甚至想借机从中牟取一把私利，不自觉成为骗子的帮凶。

如果多一个人听到这些忠告，可能就会减少一个家破人亡的悲剧。凡是打着"暴利"标签的，很可能是骗局，不要被空头支票冲昏了脑袋。这个世界，不承受较大风险，而能够取得10%以上年化率的资产，其实是很少的。即使是巴菲特这样的投资"大牛"，年化率25%左右，已经是顶天了。

三、投资建议

很多人说都明白投资陷阱是什么，但真正识别起来却有困难。实际上，只要弄清楚不靠谱的投资产品都有哪些共性就可以很容易地识别陷阱。

不靠谱的投资一般都有以下几点共性：

第一，一般承诺固定收益。不管这些不靠谱的投资品具体形式如何，销售人员在向投资者推销过程中一般会强调不会亏损，保证固定收益。但这只是理想化的，资产的安全性和收益性是无法兼顾的，有收益必定有风险，预期收益越高风险就越大。市场上是不会长期存在高收益低风险的资产的。在我国目前已经实现利率市场化的情况下，短期基准利率是Shibor，中长期基准利率是国债收益率。这些利率才是市场上的无风险（信用风险）收益率。只要超过了这些利率，就一定存在风险，收益率越高，风险就越大。

风险越大,收益的不确定性就越大,也就不可能存在超过这些利率同时还能确保收益率的资产。

第二,收益率一般偏高。越不靠谱的投资品收益率越是高得惊人,在当前各类资产市场整体回报率较低的情况下,是不可能存在长期较高收益率的。即使存在,也会由于投资者的疯狂涌入而很快消失。甚至可以说,承诺超过10%收益率的短期产品基本上都是骗局。即便是收益率最低的国债都是有风险的(市场风险),更何况是这些来路不明的机构发行的资产,如表1所示。

表1　　　　　　近10年不同资产收益率及波动率情况

资产	指标	2008年12月31日价格	2018年4月20日价格	年化收益率(%)	近250周波动率(%)
股票	上证综指	1820.81	3071.54	5.76	23.11
	深证综指	6485.51	10408.91	5.20	26.37
	上证50	1384.91	2647.38	7.19	24.73
	沪深300	1817.72	3760.85	8.10	23.05
债券	上证国债	121.3	163.96	3.28	0.72
	中证公司债	114.6	184.77	5.25	0.91
商品	中正商品CFI	100	130.20	2.98	11.57
房地产	全国住宅平均销售价格	3576	7203.00	7.79	—
美元	美元兑人民币汇率	6.83	6.29	−0.88	27.26

资料来源:wind金融终端、如是金融研究院。

第三,底层资产不清晰。任何一种金融产品,不管包装得多复杂,也一定有一个底层的实体资产,否则这个产品就是无源之水。底层资产,或者说是标的资产,是任何一种投资产品收益的最终来源。如银行的贷款利率,直接来源于接受贷款企业的收益的一部分。如果贷款企业的资产收益率比银行贷款利率还要低，那么这家企业就会赔钱，甚至可能出现资不抵债而破产倒闭。当然也存在"上层"资产的收益率高于底层资产的情况，一般是由于资产本身存在较高的杠杆，衍生品就是这种情况，如期货、期权等。还有更加复杂的衍生品，衍生品的基础之上再衍生出资产来。不过再复杂的衍生品，其底层资产（标的资产）也是简单清晰的，不存在只有衍生品而没有底层资产的情况。如果底层资产不清楚，资产就会非常脆弱，随时都会坍塌。

其实，骗局的画皮并不那么别致，只是每月翻一两倍的暴利。参与骗局的很大一部分投资者明知是骗局却自作聪明地进来侥幸玩火。他们往往心存博傻的侥幸，希望有比自己更傻的，在高位来接自己的盘。这些投资者自以为比别人高明和幸运，能够逃过击鼓传花的最后一棒。当鼓声停止之时，庞氏骗局的链条会瞬间断裂，即使你在前100次都侥幸脱险，但第101次的陷落，也将搭上全部身家。

金融，或者说投资，真的不是谁都可以随意参与的游戏，对金融还是应该保持最基本的敬畏。投资者在投资时一定要注意以下几点：

第一，选择银行、保险、证券等合法金融机构进行投资。银行、证券、保险，简称"银证保"，是最传统同时也是相对最规范的金融机构。"银证保"提供的投资产品，收益率往往都不太高。但是与其他金融机构相比，"银证保"的投资产品无疑是风险最小的。实际上，与"银证保"相比，目前新兴的各类金融机构的投资产品只是在营销方式上进行了所谓的创新，但是在资金运用方面与传统的"银证保"没有任何区别。多年的积累和运营使"银证保"类金融机构无论是投资经验还是风险管控都是非常稳健的。新兴金融机构在各方面都是无法与之匹敌的，于是只能剑走偏锋，如投资于各类非主流的资产。这种行为的风险性是非常大的，一旦风险爆发结果将是毁灭性的，不仅利率无法兑现，有时本金也无法收回。

第二，投资要理性。在投资过程中，要了解机构或个人吸收资金行为是否符合金融管理法律规定，还要考察机构或个人真实的资产、运营状况，分析其承诺的收益是否合理。不要被"耀眼的招牌、诱人的项目、高额的收益"等表象所迷惑而盲目投资。贪婪的情绪人人都有,只要将这种情绪控制在合理范围内,明确"天上不会掉馅饼",那么绝大部分金融诈骗都是可以被过滤掉的。

第三,增强风险意识。高收益往往伴随着高风险,非法金融活动更是蕴藏着巨大的风险。投资者首要考虑资金安全,不要受高息的诱惑而动心,避免"赚了利息、丢了本金"。从根本上来看,金融投资的所有收益都来源于实体经济。实体经济的发展无论多快,其速度都是有限的。以实体经济为基础的金融投资的收益率,即使在存在杠杆的情况下,其收益率仍然不可能超过一定限度,且风险会随着杠杆的增加而急剧增长。

1.8 中晋系案

一、公司介绍

根据工商注册资料显示，中晋资产管理（上海）有限公司成立于2013年2月，注册资本为1亿元人民币，法定代表人为郭亮。对外投资企业63家，国太投资控股（集团）有限公司是其唯一的股东。其投资企业多数为2015年前后成立的空壳公司。这些公司涉及各行各业，地产、金融、黄金、餐饮、科技、旅行社、保洁、航空设备、汽车租赁、服装设计、洗浴中心、游艇等几乎无所不包。而对外投资控股企业中，往往又投资设立了大量企业，以上海中晋一期股权投资基金有限公司为例，中晋一期股权基金注册于2013年12月3日，法人代表为汤骏，其对外投资企业高达149家。其中包括上海中晋基复投资合伙企业（有限合伙）（以下简称"中晋基复"）、中晋基卿、中晋基凝、中晋基茂、中晋基瑜、中晋基彤、中晋基漾、中晋基壤、中晋基晶、中晋太尚、中晋财赢、中晋嘉歆、中晋彩祥、中晋国琦、中晋国端、中晋国尚、中晋诺太、中晋庆霖、中晋盛开、中晋凯同、中晋泰欣、中晋泰町、中晋佳洪等。国太投资控股（集团）有限公司则成立于2013年5月，注册资本为1.95亿元，法定代表人是陈佳菁。据其官网介绍，国太控股目前控股上市公司3家，非上市公司120家，集团共设有七大事业部，分别投资交通运输、建筑、房地产、金融、批发零售、商业服务、信息技术等多方面领域。其对外投资控股企业与中晋资产管理（上海）有限公司有多个重合之处。也就是说，这100多家关联企业的最终幕后就是国太投资控股（集团）有限公司，而中晋资产则更多充当资本运作平台的角色。

中晋资产管理（上海）有限公司的内部组织形式，在实质上与传销组织的内部形式有很大的相似之处，级别与业绩是根据发展的下线数量以及客户金额的保有量来定的，保有量越多，则等级越高。当员工的等级达到四五级时就可以升职为组长。中晋资产管理（上海）有限公司中的正式员工每月到手的工资一般约7000元，除此之外，如果员工每拉进80万元的理财资金进入公司账户，则该员工每月的工资可增加3500元，由此使得员工之间形成了竞争、攀比之风。另外，在业绩考核方面，中晋资产实行了十分严格的淘汰制度，"如果业绩不达标，则该员工只能被淘汰，直接走人，不会有任何的试用期。"在如此压力和奖励的双重刺激下，中晋资产中大部分的内部员工也会购买公司的产品。并且，很多员工都开始在微信朋友圈进行对公司产品介绍的狂轰滥炸，甚至拉上亲戚朋友一起开始投资。在中晋资产的所有客户中，该公司内部员工的家属占了很大一部分的比例。

二、事件发生

自2012年7月起，以徐勤为实际控制人的"中晋系"公司先后在本市及外省市投资注册50余家子公司，并控制100余家有限合伙企业，租赁高档商务楼和雇佣大量业务员，通过网上宣传、线下推广等方式，利用虚假业务、关联交易、虚增业绩等手段骗取投资人信任，并以"中晋合伙人计划"的名义，变相承诺高额年化收益，向不特定公众大肆非法吸收资金。

1. 违规成立220余家有限合伙企业

为快速获得更多资金，徐勤经常性举办各种理财促销活动，为了募集资金，成立了近220余家有限合伙企业，徐勤向办案民警解释，成立这么多私募基金公司的目的就是扩充投资者的数量。

根据《私募投资基金监督管理暂行办法》，有限合伙企业的合伙人限定为50人，为了不受该规定的限制，可以向更多社会公众募集资金，徐勤成立了220余个有限合伙企业。

按照私募基金管理办法，正规的私募基金应该对特定的公众开放投资产品，投资资金为100万元以上，每个投资者须通过资格审查，此外，基金必须有特定的投资项目，并且不可公开宣传。而中晋系的私募基金，一一违反了上述规定，他们通过公开宣传，对社会不特定的公众开放，投资资金的门槛低到了5万元，徐勤也承认，对投资者的审查并不严格，从来不排除不合格的投资者，而投资的项目，实则就是中晋系的关联公司，或是虚假的项目。

经过公安机关核实，其中只有一家私募基金管理公司在证监部门做过报备。

中晋系的快速发展，离不开其几千名理财经理的业务发展。徐勤介绍，在招聘时，非常注重员工此前积累的客户资源。理财经理入职后，大多在朋友圈发一些超高年化收益率的理财产品，以吸引自己的亲朋好友。

2.口头承诺年化率甚至高于12%

根据《私募基金管理办法》，在合同中不可承诺具体收益，因此，中晋系的投资者都会签订4份协议，并且得到基金经理的口头承诺。"没有回报承诺，肯定没有人投资"徐勤很清楚这其中的关键。

"我给基金经理12%的年化率，我也不清楚他们给客户承诺多少，有的经理为了冲业绩，甚至会给出高于12%的承诺。"徐勤说。私募基金投资的项目，实则为中晋系的关联公司。为了让投资者有信心，徐勤投入了约1.48亿元包装私募基金的项目。

据办案民警介绍，中晋系通过母公司给关联公司买单的方式，为关联公司增加营业额。以徐勤控制的国太控股名下的羽泰信息为例，为了增加羽泰信息的营业额，发动业务员在外面找到可以合作的第三方公司，通过购买羽泰开发的软件的方式，提高营业额。

例如，第三方公司支付100万元购买羽泰信息开发的软件。随后，国太集团会支付110万元再购买这家公司的产品，作为第三方公司赚了10万元，羽泰信息增加了100万元的营业额。整个过程中，软件的开发成本为0元，利润为100万元。而达成这单业务的业务员也可以拿到不菲的提成。徐勤供述，自己想通过这个方法来让相关子公司上市，但是一直没有成功过。

国太集团作为母公司，不断为其关联子公司输血，而投资者就是造血机器。"因为集中包装一个公司容易引起注意，所以都是分散投资。"徐勤解释，中晋系一共包装了近10个关联子公司，而这样的关联公司共有120余个。

3.危机：每月支出超1.5亿元

租借大量大面积的高档商务楼、外滩的中晋1824博物馆、陆家嘴的航空展馆、陈列豪华跑车等方式向外展现公司有雄厚实力的假象，并以中晋合伙人名义冠名赞助上海高收视率电视节目，每年的冠名费为700多万元；聘请著名台球运动员作为中晋公司形象代言人，支付代言费900万元。

高频次出现在公众视野中，让国太控股、中晋系公司树立起高大上的形象，保持了一定的影响力和良好形象。

据徐勤供述，整个国太控股和中晋系公司，包括220余家私募基金公司、120余家子公司，每天的经营成本支出达300万元，包括办公场地租金、员工工资奖金、佣金、经营日常开销等，另外，支付给投资人的利息每天支出也有200万元左右，每个月的支出超过1.5亿元。

上述种种行为，都是"为了让投资者觉得我们资金雄厚，有背景"，徐勤解释。而实际上，国太投资控股集团对外宣传可以进行民用航空器驾照培训，直至徐勤被捕，无人在此考出驾照。同样的，除了投资者不断供血外，中晋系的相关子公司几乎没有实体业务，毫无造血功能。

4.尚未兑付金额达52.6亿元

4月4日，在上海浦东国际机场，正准备出境的徐勤等人被公安机关截获，其余30多名公司高管核心成员也陆续被抓获。

上海市公安局经侦总队七支队支队长陈琪表示，公安机关在接到匿名举报后开展了侦查工作，因为发现徐勤已经在香港购买了港股，有向海外转移资产的条件，并且发现他想动身出境。为了减少投资者的损失，专案组选择在中晋系资金链看起来还未断裂的情况下开展了行动。

截至案发，中晋系累计向2.5万名投资者非法吸收金额累计近399亿余元，未兑付金额52亿余元，涉及投资者1.28万余名，其中近90%的投资人在上海。据徐勤供述，目前，尚未兑付的资金有52.6亿元，其中，投资金额小于100万元的投资人大约有1.26万人，投资金额大约在40亿元。

通过公安部门调查，上述资金主要用于：（1）支付利息、业务员佣金；（2）公司员工的工资、奖金；（3）房租物业费用；（4）为虚增业务收入，额外支付贸易补贴及奖励；（5）支付广告费用；（6）徐某个人挥霍近5亿元，包括购买豪车1.48亿余元、豪宅3亿余元、游艇1390万元、包机豪华旅游2300万余元；（7）购买香港上市公司股权2.5亿余元，这几支股票均为"仙股"。上述费用支出均来源于投资者的巨额投资资金。

2016年4月5日上海市政府官网发布《本市进一步做好防范和处置非法集资工作的实施意见》的第二天，中晋资产管理（上海）有限公司（以下简称"中晋"）于4月6日被宣告正式倒下。上海市公安局经侦总队同日通过微博指出其已对涉嫌非法吸收公众存款和非法集资诈骗犯罪的"中晋系"相关公司进行了查处："经查，自2012年7月起，以徐勤为实际控制人的'中晋系'公司雇佣大量业务员，通过网上宣传、线下推广等方式，利用虚假业务、关联交易、虚增业绩等手段骗取投资人信任，并以'中晋合伙人计划'的名义，变相承诺高额年化收益，向不特定公众大肆非法吸收资金。"种种迹象显示，中晋倒下与其业务模式涉嫌非法集资密切关联。

上海市公安局经侦总队根据群众举报在本市浦东、黄浦、静安等地对涉嫌非法吸收公众存款和非法集资诈骗犯罪的国太投资控股（集团）有限公司、中晋股权投资基金管理（上海）有限公司、上海中晋一期股权投资基金有限公司等，与"中晋系"相关联的公司进行了查封处置，实际控制人徐勤等人在准备逃离出境时被公安人员当场在机场截获，其余20余名核心组织成员在4月5日也被全部抓获。

三、事件定性

"中晋系"相关事件最终定性为私募资金、非法集资。

2016年4月6日，上海市公安局通过其官方微博发布消息称，上海公安查处涉嫌非法吸收公众存款和非法集资诈骗犯罪的"中晋系"相关联的公司，其中包括国太控股(集团)有限公司、中晋股权投资基金管理（上海）有限公司、上海中晋一期股权投资基金有限公司等。"中晋系"相关事件只是互联网金融监管下被揪出来的非法集资，并非是P2P平台"跑路"事件，并且中晋自身也从未宣称自己为P2P平台。

4月9日，人民日报刊文《卷款跑路没那么容易了（政策解读·聚焦）》为P2P正名。文章指出，真正的P2P平台，只是借钱人和投资人的信息中介平台，不做资金收付和集中投资业务，即资金池业务。因此，不是所有互联网金融公司都是P2P平台，不具备上述特点，特别是涉足资金池业务，就不能称其为P2P平台。4月19日，习近平在网信工作座谈会上发表讲话，提到了e租宝和中晋系事件，指出它们是打着"网络金融"的旗号进行非法集资。4月28日，人民日报再次刊文指出，随着互联网金融行业监管升级，有观点认为，互联网金融行业或将"步入冬天"，这一观点是错误的，政府对这一行业的整治不是所谓的"打压"，而是规范。《政府工作报告》中提到互联网金融，核心词就是"规范发展"。规范，就是为了更好地发展，规范是前提，发展是根本。

抛开这桩诈骗案件本身，我们发现中晋的业务模式并不能称得上规范：中晋公司利用合法经营的形式，通向社会公开宣传，承诺在一定期限内还本付息，以委托理财的方式向社会公众吸收资金，依照我国《刑法》及相关司法解释规定，其行为确实已涉嫌非法集资类犯罪——非法集资犯罪不是一个独立的罪名，而是一系列罪名的总称。依照最高人民法院的认定，纯正的非法集资类犯罪是指我国《刑法》第176条规定的非法吸收公众存款罪与第192条规定的集资诈骗罪。当然，行为人为了实施非法吸收公众存款罪、集资诈骗罪，通过互联网所犯的虚假广告罪（我国《刑法》第222条）、组织领导传销活动罪（我国《刑法》第224条）、非法经营罪（我国《刑法》第225条）等罪名可以被认定为非法集资犯罪的周边罪名。

四、事件影响

1. 加强整个行业的监管

2016年4月14日，国务院组织14个部委召开电视会议，将在全国范围内启动有关互联网金融领域的专项整治，为期一年。当日，国务院批复并印发与整治工作配套的相关文件。据悉，文件由央行牵头、十余个部委参与起草。在这份统领性文件之下，按照"谁家孩子谁抱走"的原则，共有七个分项整治子方案，涉及多个部委，其中央行、银监会、证监会、保监会将分别发布网络支付、网络借贷、股权众筹和互联网保险等领域的专项整治细则，个别部委负责两个分项整治方案。由于此次整治涉及打击非法集资等各类违法犯罪活动，公安机关将密切配合参与其中。

2. 行业进一步洗牌

截至2016年4月底，网贷行业正常运营平台数量为2431家，相比上月底减少了30家，环比下降了1.2%。值得关注的是，2015年12月，P2P平台数量的增速出现了近2年以来的首次负增长。至今，这一负增长的态势已延续了5个月。此外，根据网贷之家统计的最新数据显示，由于不少地区包含"金融"相关字样的互联网企业暂停注册，2016年4月，新上线P2P平台数量为45家，而2015年同期新上线的平台数量高达143家，同比下降了近69%。

3. P2P平台名声受损严重

从e租宝到大大集团、快鹿投资、中晋系等一批"跑路"的财富管理公司所发生的时间来看,足以让整个互联网金融行业人心惶惶。几位互联网金融公司的创始人,再三强调:"别叫我们P2P,我们是一家互联网金融平台,一听P2P,别人还以为我们是骗子公司,拿了钱就随时准备'跑路'呢。"

五、事件启示

1. 正规P2P平台是不会"跑路"的

正规的P2P平台不会存在"跑路"现象,所以"跑路"的P2P平台最典型的特征是非规范化。

2. 非法集资常见手法

(1)没有明确标的虚拟理财。"月收益30%""1万元一年变23万元""满15天即可提现",此类的虚拟理财居多,以"互助""慈善""复利"等活动为噱头,没有任何实体项目的支撑,没有明确的投资标的,没有任何实体的机构,通常以高收益、低门槛、快回报作为宣传诱饵,仅仅依靠不断发展新的投资者来实现虚高利润,宣传推广、资金运转等活动完全依托网络进行。

(2)平台编造项目融资。通过虚构投资项目,采用"借新还旧"的庞氏骗局模式,为平台母公司或相关联企业进行融资;先归集资金、再寻找借款对象,私设资金池,非法吸收公众存款;一些平台私自设立资金池,违规自融自担,宣称风险备用金由银行监管但却未充分披露相关的监管信息,并且以高利息作为诱饵,进行非法集资和诈骗。

(3)打"养老"旗号诱导老年人。不少投融资中介打着"养老"的旗号进行非法集资,有的以投资养老公寓、异地联合安养为名,以高额回报、提供养老服务为诱饵，引诱老年群众参与"加盟投资"；有的则通过举办所谓的养生讲座、免费体检、免费旅游、发放小礼品等方式，引诱老年人群体投入资金。

（4）号称内购VIP，实则房企变相融资。有的购房人还在为获得"内部认购"的限购资格或者优惠资格而感到欢欣鼓舞，其实可能已经在不知不觉中落入了骗子的圈套。一些房地产企业在项目未取得商品房的预售许可证之前，有的甚至是项目还没进行开发建设前，以内部限量认购、发放VIP卡等形式，变相地进行非法的销售融资，有的甚至还存在"一房多卖"的现象。

（5）非法股权众筹，买卖原始股。这类骗术则往往会打着"境外投资、高新科技开发"的旗号，假冒或者虚构国际知名公司设立一个假网站，并在网上发布一些销售境外基金、原始股、境外上市、开发高新技术等信息，虚构股权上市的巨额增值前景或者许诺会有高额预期回报等，诱骗群众向指定的个人账户汇入资金，然后关闭网站，携款逃匿。

（6）假借"互助计划"收取小额捐助费用，类似于保险。

3. 如何选择P2P平台投资

不贪心，避开过高收益率产品。基于以下几点判断：股东是否有实力、高管是否稳定、资金流向是否真实。人均借款金额不能太高。风险分散加分项：有担保机构、有第三方专业审计介入。前提：我们在此选择的前提是真正的P2P平台，也就是至少资金为第三方银行托管。

4. 加强监管迫在眉睫

设立行业准入制度，实施牌照管理。对企业能力进行审核，设置发展业务规则。加深日常监管，防范业务异化。防范银行化倾向，杜绝"资金池"，并强化资金托管、信息披露等监管措施。尽快推出个人征信业务，发放个人征信牌照，为P2P提供更有效的信用数据。同时，还须加强投资者教育,加强金融知识普及,提升防范意识与能力。

5.互联网金融发展形势有待优化

中晋公司非法集资事件为互联网金融的发展敲响了警钟。虽然中晋公司不是互联网金融公司,但是多数的互联网金融公司却与中晋公司一样以"线下推广"作为业务发展形式。诚然,线下推广在获客方面具有极大的优势,但该种形式却极大地削弱了互联网金融公司的平台属性,将互金公司推向了涉嫌非法集资的边缘。以网贷行业为例,《网络借贷信息中介机构业务活动管理暂行办法(征求意见稿)》第十六条规定:"除信用信息采集、核实、贷后跟踪、抵质押管理等风险管理及网络借贷有关监管规定明确的部分必要经营环节外,网络借贷信息中介机构不得在互联网、固定电话、移动电话及其他电子渠道以外的物理场所开展业务。"本条规定的目的在于维持网贷平台的中介属性,防止网贷平台陷入"卖方"困境。

中晋公司创造的所谓"盛景"俨然落幕,互联网金融行业却需要通过借鉴失败的教训走向繁荣。希望互联网金融从业者能从自身做起,自伊始就不要沾染原罪,不要让互联网金融结出"毒树之果"。

1.9 中融民信案

一、公司介绍

工商资料显示，中融民信由中融民信资本管理有限公司运营，公司成立于2012年1月，注册资金为1亿元。控股股东为自然人付东海，系民信公司董事长。法定代表人为李榕，实缴资本1亿元。股东分别是付东海、天津金企联科技有限公司、中富民信金融信息服务（上海）有限公司。上述股东出资比例分别是32%、10.1%、57.9%。公开信息显示，付东海在中融民信担任董事长、常务副总裁等职务。中融民信通过线下门店以及分公司职场对不特定人群销售固定收益的理财产品。据线下分公司业务人员介绍，民信集团旗下划分了九家分公司，中融民信是资产端，民信金服、民信阿里是财富端。

2017年11月2日，中融民信曾因公示企业信息隐瞒真实情况、弄虚作假的原因被北京市工商管理局朝阳分局列入经营异常名录，同年11月16日已从经营异常名单中去除。

二、事件经过

1.线上平台待偿超5亿元

线上平台"民信贷"平台运营主体中融民信资本管理有限公司，一直开展线下理财业务。线上网贷平台包括民信贷、Me金融，线下财富端则是民信金服。

梳理线上平台民信贷和Me金融的信息可知，民信贷于2014年1月上线，截至目前，累计交易金额达到68.3亿元，累计出借人数量达到34万人，累计交易笔数108万笔。

Me金融于2016年2月上线，在2017年7月停止发标，业务与民信贷合并。截至2017年6月1日，Me金融累计成交额约为10.5亿元，借贷余额3.2万元，总借款人数4736人，累计交易笔数1.8万笔。

民信贷和Me金融的累计交易总额共78.8亿元，两家平台官网都表示，"上线了江西银行资金存管"。

据中国互联网金融协会信息披露系统显示，截至2018年2月28日，民信贷平台待偿金额达2.28亿元；Me金融待偿金额为3.22亿元。

目前对于中融民信线下门店售卖定期理财是否为非法集资，尚未定性，但是线上平台民信贷，存在借款企业超出网贷限额标准的情况。

借款企业西藏豪业资产管理有限公司、中融盛国际融资租赁(天津)有限公司，通过民信贷和Me金融平台借款额度都超过千万元，且部分资金流向三四线房地产企业。

2.线下理财端规模或超线上

除在线上累计超5亿元待偿之外，通过线下民信金服募集的资金规模可能超过线上平台的募集规模。

公开信息显示，"其先后在北京、上海、南京、福州、洛阳、郑州、西安、重庆等20多个城市创建了多家分公司和营业机构，服务网点达40余个"。

中融民信的官网显示，线下理财端成立于2012年1月，到2013年时，当时的中融民信总经理助理赵世君就表示，"成立两年时间，在北京、天津、上海等地有分支机构，全国员工达3000人，月放款额已经达到7000万元"。

到2016年年初，当时的中融民信副总裁翟丹斌公开表示，民信旗下资产端门店获得债权通过网贷平台民信贷销售，同时线下理财门店也承担大部分资金来源。民信旗下资金端财富管理门店共计39家。

1.9 中融民信案

对于线下的资金规模，2016年年初翟丹斌表示，"线上线下累计成交规模102亿元，其中线上平台资金规模为30亿元，财富中心资金流入为70亿元左右。"

线下可能有销售私募基金等产品，公司产品有月满盈（一个月），单季鑫（三个月），拿一年期的产品举例，一年收益10%，50万元以下，存10万元，一年到期拿11万元回家；50万元到100万元之间，收益10.5%，存10万元，利息10500元；100万元，收益11.2%，到期111.2万元。最高收益3年期，利息13%。线下的民信金服与客户签订的《个人出借与咨询服务协议》是三方协议，甲方为出借人，乙方为中融民信资本管理有限公司，丙方为民信阿里信息咨询（北京）有限公司，进行定期理财产品的销售，最终资金流向中融民信的资金账户。中融民信的线下分公司同样使用富友支付提供的POS机刷卡来吸收投资人资金，POS机小票显示商户名称均为中融民信管理有限公司。中融民信利用线下门店及分公司对不特定人群吸收资金并签订固定收益的理财协议，资金流向该公司。

与此同时，中融民信还早已经就陷入了巨额亏损的漩涡。据互联网金融协会的互联网金融登记披露服务平台数据显示，中融民信线上平台民信贷累计交易总额约为68亿元，Me金融累计交易总额约为10亿元，两者合计共78亿元。中融民信2016年营收3.15亿元，但由于销售和管理费用等支出较高，2016年净亏损达2.76亿元。比2015年时的净亏损2.45亿元进一步扩大。2017年的数据目前还未披露，业绩情况尚不得而知，但在互联网金融行业进入严格监管的大形势之下，加之高企的逾期，其业绩恐怕更是不容乐观。业内相关资深人透露表示，线下财富公司的高成本运营、缺乏合格投资人设置、信息披露的不透明、监管的不可操作性等一系列的原因，如同定时炸弹一样危险，对于还涉嫌线下理财的P2P，建议投资者远离。

2018年4月，民信贷官网疑似已经存在兑付危机，出现提现困难、投资人已然恐慌的问题。投资人已开始到北京总部"讨债"，工作人员解释说，正常到期的客户没有得到兑现，都在排队，公司资金回流出现问题，最近的一笔1.5亿元的资金现在没收回来，这1.5亿元拿回来起码能把3月份的客户兑付掉，但现在确实拿不回来。在民信贷官方论坛，亦有投资人发帖质问有3月份提现至今没有到账。2018年3月6日，账户名称为139****6417的投资人发出质疑："为什么3月1日提现，至今没有到账"等。

然而相关调查显示，中融民信在兑付危机期间，其线下公司仍在不停地推广加息活动，疯狂"吸金"。4月14日上午，中融民信线南京分公司在中心大酒店举办名为"四月客户加息方案"的大型活动，来参加活动的人有两百多人，大部分客户都以中老年人为主，会上主持人向大家介绍三个月的产品加息0.15%、六个月的产品加息0.3%、一年的产品加息0.6%、二年的产品加息1%、三年的产品加息1.2%，方案适用范围是到期客户本月续投及新增客户，并以客户砸金蛋送礼品的形式让客户现场加单，奖品有蜂蜜礼盒、足浴盆、血压仪、豆浆机和50元到200元不等的苏果购物卡。每位客户只要继续加投5万元就能再次获得砸一次金蛋的机会，当场就先后有几十位客户参加了砸金蛋活动。

三、事件发生

5月7日，位于北京朝阳区凯富大厦的"民信总部"被查封，高管团队被带走，仅留下一张落款为"三里屯派出所"的字条上写着"禁止入门，有事联系"的字条。

5月8日下午，民信总部的大门关闭，办公室无人办公，查封的封条已被重新调整为，"北京市公安局朝阳分局经济犯罪侦查支队封"。

早在其总部被经侦查封之前，就有投资人爆料中融民信回款不正常，到期资金也出现了逾期。值得一提的是，中融民信线上平台民信贷还曾被质疑发假标、半存管。

1.线下门店：两年前流入资金近70亿

有投资人获悉，中融民信资金链出现问题的导火索是被其他公司拖欠了1.5亿元的借款。但也有投资人指出,中融民信不良资产的实际资金数额不止1.5亿元,线上线下加起来可能6亿多元。

事实上,之前就有人爆料称中融民信回款不正常。对此,中融民信在4月下发了回款方案通知,并称由于部分借款人未及时还款,导致近期部分到期资金出现逾期情况,针对未能及时回款的客户,从2018年5月起,每月25日进行回款操作,分六次结清。

据中融民信线上平台民信贷网站信息披露,平台累计交易金额为68.26亿元,累计交易笔数108.62万笔,待偿金额2.28亿元。不过,除了线上平台,中融民信在天津、福州、沈阳、乌鲁木齐、上海、温州等地均有线下门店,也有部分投资人表示自己是通过线下门店的业务员购买的理财产品。

两年前,当时的中融民信高管曾公开表示,"线上线下累计成交规模102亿元,其中线上平台资金规模为30亿元,财富中心资金流入为70亿元左右"。他还表示,民信旗下资金端财富管理门店共计39家,未来将以财富管理业务为主,主要集中在一二线城市。

据此前媒体报道,中融民信分公司与客户签订的《个人出借与咨询服务协议》是三方协议,甲方为出借人,乙方为中融民信,丙方为民信阿里信息咨询(北京)有限公司(以下简称"民信阿里"),并通过POS机刷卡来吸收投资人资金。在济南,这两家公司实为一家,前者负责筹措资金,后者负责对外放款。

有线下门店业务员表示,不仅自己投了自家公司,家人、朋友也投了不少,还有投五六百万元的客户;另一名投资人表示,他朋友也在这家公司投了一百多万元。以此看来,中融民信线下资产规模并不少,但具体数额目前还不得而知。

2.线上平台:被质疑发假标、半存管

值得一提的是,中融民信线上平台还曾被质疑发假标。5月9日,民信网站页面一直显示密码错误,即使重置密码,仍然出现相同的提示。

但根据此前爆料，有投资标披露的信息竟然显示该借款人月收入仅为100元。还有披露信息为：借款人年龄为51岁，但工作时间为480个月（40年）。

有已离职的民信贷员工表示，平台发假标、半存管，出事是早晚的事。对于半存管的问题，民信贷之前曾回应媒体称，在旧账户、银行存管这两个充值通道中，"旧账户"是为了在备案前完成所有存量的消化。

自3月初就已经有投资者陆续公开表示提现未到账、延期兑付等问题。4月26日，中融民信向客户及服务中心发布通知称，因部分借款人未及时还款，针对到期资金逾期未能归还的问题，中融民信将分6次结清客户到期款项。

自此将中融民信的兑付危机推到前台。

中融民信暴雷其实早有预兆的，之前问题就有很多了，只是外人很难看出来，在查封前，中融民信就被曝回款不正常，线上平台也曾被质疑发假标（类似找拖）、半存管（主要是利用旧账户），导致最终资金链断裂。

四、事件定性

《最高人民法院关于审理非法集资刑事案件具体应用法律若干问题的解释》第一条，违反国家金融管理法律规定，向社会公众（包括单位和个人）吸收资金的行为，同时具备下列四个条件的，除刑法另有规定的以外，应当认定为刑法第一百七十六条规定的非法吸收公众存款或者变相吸收公众存款：

（一）未经有关部门依法批准或者借用合法经营的形式吸收资金；

（二）通过媒体、推介会、手机短信等途径向社会公开宣传；

（三）承诺在一定期限内以货币、实物、股权等方式还本付息或者给付回报；

（四）向社会公众即社会不特定对象吸收资金。

中融民信利用线下门店及分公司对不特定人群吸收资金并签订固定收益的理财协议，资金流向该公司，这种行为显然已涉嫌非法集资。

《网络借贷信息中介机构业务活动管理暂行办法》其第十七条明确规

定,网络借贷金额应当以小额为主,并对借款额度作出了限制。其中,个人和企业在同一平台借款上限分别为20万元和100万元,而在不同平台借款上限应分别不超过100万元和500万元。而中融民信向一个公司一笔就是1.5亿元的借款,这已明显违规,如果平台风控没做好,一旦出现坏账,平台的资金流将会面临极大考验,即便能撑过去一波,下一波谁也无法预料。

五、启示和建议

近几年的许多P2P平台出现了各种问题,这些问题平台的特征包括:地域广、维权难、进入门槛低。

第一,地域广。全国30个省区市都出现了问题平台,在个别发达的省份,问题平台都达到了2/3。2016年前半年收集数据过程非常困难,问题平台中只有1/4能够找到交易规模的数据,仅这部分平台的交易规模就超过了1800亿元人民币。针对这1800亿元人民币,相应的参与投资者人数超过1000万元,所以规模非常大,危害也非常广。

第二,维权难。由于网络的隐蔽性,问题平台有近80%处于失联状态。这也是为什么我们把问题平台统称为"跑路平台"非常重要的原因。出现问题以后,平台网站也会停止运营,投资人往往难以提供证据。所以对于投资人来说,一旦发生损失维权还是非常困难的。在不完全统计下,P2P问题平台的立案比例仅占6%,法院判决数量只有19项。

第三,进入门槛低。在问题平台中,49%的平台注册资本金在1000万元以下,84%的在5000万元以下。在问题平台中,仅有23%披露了创始人的信息。而在这些披露了创始人信息的平台中,绝大多数创始团队没有金融背景。这可能导致风险认知的偏差,可能也会对平台的运营带来一些问题。

这些问题平台的标的都有以下一些共同特征:

第一,借款标的期限短。短标是其中一个明显的特征。据统计8个省市的580个问题平台,这些问题平台的大部分标的期限都在半年以内很少有超过6个月的。而为什么会出现短标的情况？短标使得投资者可以在比较短的时间内拿到回报，这是庞氏骗局的一个非常重要的特征。先用大量的短标吸引投资，在进一步大额投资之后，就会出现"跑路"失联的情况。

第二，收益率比较高。问题平台的收益率是随机的呈现，大部分在16%~20%。据万得统计，整个行业的综合利率基本接近12%以下，但这些问题平台依然提供了16%~20%甚至更高的收益率。

第三，虚假标和刷单。例如，存在通过秒标吸引投资者注册、进行大额投资以后就出现问题的情况。

与此同时，这些问题平台的网站特征有以下几个方面：

第一，冒充其他公司。例如，直接模仿行业内知名平台的域名，给投资人错误认识。

第二，虚假信息披露、所披露信息自相矛盾。包括虚假域名备案，虚假运营地址，虚假担保，虚假宣传等。例如，大量没有担保资质的机构进行担保，包括个人对这个标的进行担保；上传了抵押车照片，但是照片是另一个品牌的车。

第三，未注明资金托管。绝大部分问题平台不注明资金托管的情况。

第四，运营时间较短。2000多家问题平台，平均寿命只有8个月左右。有将近四五十家存在存活期只有1天的情况。

第五，客服缺位，网站简陋粗糙。问题平台里，很大部分的客服电话是无效的，网站建设也十分简陋粗糙。

第六，创始人背景特征存在问题。部分问题平台的创始人可以在网上查到涉及到法律纠纷。当一个创始人涉及到经济纠纷时再做一个网贷平台，动机就非常容易让人怀疑。另外，创始人学历、工作经历造假、更换法人代表。这些都是问题平台的创始人背景特征。

而对于众多P2P平台出现"跑路"现象，其大量发生的背后的大概原因可以分成三类：经营不善、涉嫌诈骗和涉嫌自融。

第一类就是经营不善。平台经营动机不存在问题，但是由于风控没有做好、运营没有做好，平台出现问题了。大量的是第二类和第三类，为涉嫌诈骗和涉嫌自融。从目前的情况看有2/3都是非法运营的，涉嫌诈骗和非法吸收公众存款。它们并不是真正意义上的金融科技公司或者互联网金融公司。这些占到问题平台的2/3，应该说这很值得我们深思。

根据这些情况，针对问题平台"跑路"现象可以总结出简单的监管建议：

第一，市场准入。包括资本金的要求、资金的安全性、数据的安全性等。

第二，根据美国的监管经验和其他一些发达国家的监管经验，信息披露在网贷运营平台中非常重要。披露内容包括团队情况、财务状况、每笔成交情况、资金流向、违约数据以及利息支付信息等。

第三，资金要严格监管，实现资金托管或存管。

第四，投资人分层，要做投资者适当性的安排。

总的来说，从2013年开始，网贷平台在过去三年内在我国快速发展，同时也出现了大量问题平台。我们估计，今后在相当长一段时间内，问题平台还会继续出现。这个时候就要求我们：监管到位、行业自律、投资者也要充分认识到这些风险，才能保证我们国家网贷平台行业的顺利发展。

1.10　ICO案

曾造出一夜暴富神话的首次代币发行（ICO），正式被官方定性为"非法集资"。2017年9月4日，中国人民银行等7部委联合发布《关于防范代币发行融资风险的公告》（以下简称《公告》），明确指出代币发行融资本质上是一种未经批准非法公开融资的行为，涉嫌非法发售代币票券、非法发行证券以及非法集资、金融诈骗、传销等违法犯罪活动。并要求自《公告》发布之日起，各类代币发行融资活动应当立即停止，已完成代币发行融资的组织和个人应当做出清退等安排。

2008年以区块链为技术支撑的比特币（BitCoin）由日本人中本聪（化名，真实身份目前仍未知）提出。与大多数货币不同，比特币不依靠特定货币机构发行，它依据特定算法，通过大量的计算产生。比特币经济使用整个P2P网络中众多节点构成的分布式数据库来确认并记录所有的交易行为，并使用密码学的设计来确保货币流通各个环节安全性。从2009年开始，比特币在全球范围内崛起，交易量迅速攀升，"挖矿"风靡世界。除比特币外，其他类似的虚拟货币也开始发展起来，如目前交易量比较大的以太币等。虚拟货币交易的繁荣，离不开中国市场的活跃交易。因此，在虚拟货币行情上，世界看中国，中国看监管。而随着中国监管部门对ICO的全面摸排，全球主要虚拟货币全线跳水。三天之内，比特币从32500元人民币的高位跌至27000元左右，跌幅达到17%；以太币的跌幅则达25%。

借虚拟货币和区块链热潮，ICO顺势兴起并火爆异常。据国家互联网金融安全技术专家委员会发布的《2017上半年国内ICO发展情况报告》，2017年上半年国内已完成的ICO项目共计65个，累计融资规模26.16亿元，累计参与人次达10.5万。但监管一纸禁令，刺破了泡沫日益膨胀的ICO，让这场资本狂欢走向幻灭。这个仅在两三年时间里迅速壮大的金融怪兽终于将"尘归尘、土归土"。

ICO（Initial Coin Offering），首次代币发行，源自股票市场的首次公开发行（IPO）概念，是区块链项目首次发行代币，募集比特币、以太坊等通用数字货币的行为。《公告》对虚拟货币和ICO做出了定性，并对从事ICO活动的主体做出明确规定：

（1）ICO定性：非法融资行为。《公告》称，ICO本质上是一种未经批准非法公开融资的行为，涉嫌非法发售代币票券、非法发行证券以及非法集资、金融诈骗、传销等违法犯罪活动。有关部门将严格执法，坚决治理市场乱象。发现涉嫌犯罪问题，将移送司法机关。

（2）虚拟货币定性：不具有与货币等同的法律地位。《公告》称，代币发行融资中使用的代币或"虚拟货币"不由货币当局发行，不具有法偿性与强制性等货币属性，不具有与货币等同的法律地位，不能也不应作为货币在市场上流通使用。

（3）ICO活动全面叫停。《公告》表示，自《公告》发布之日起，各类代币发行融资活动应当立即停止。已完成代币发行融资的组织和个人应当做出清退等安排。有关部门将依法严肃查处拒不停止的代币发行融资活动以及已完成的代币发行融资项目中的违法违规行为。在《公告》发布前，就已有ICO项目向投资者清退资金。有个别ICO项目已发公告称，经过与平台的沟通，每位用户的资产原路退回，具体的退币时间和流程需要留意各平台公告。

（4）明确两类机构禁做业务。监管部门要求，自《公告》发布之日起，任何所谓的代币融资交易平台要三"不得"：不得从事法定货币与代币、"虚拟货币"相互之间的兑换业务，不得买卖或作为中央对手方买卖代币或"虚拟货币"，不得为代币或"虚拟货币"提供定价、信息中介等服务。对于存在违法违规问题的代币融资交易平台，金融管理部门将提请电信主管部门依法关闭其网站平台及移动APP，提请网信部门对移动APP在应用商店做下架处置，并提请工商管理部门依法吊销其营业执照。各金融机构和非银行支付机构有两"不得"：不得直接或间接为代币发行融资和"虚拟货币"提供账户开立、登记、交易、清算、结算等产品或服务，不得承保与代币和"虚拟货币"相关的保险业务或将代币和"虚拟货币"纳入保险责任范围。

（5）提示公众谨防上当受骗。《公告》表示，代币发行融资与交易存在多重风险，包括虚假资产风险、经营失败风险、投资炒作风险等，投资者须自行承担投资风险，希望广大投资者谨防上当受骗。对各类使用"币"的名称开展的非法金融活动，社会公众应当强化风险防范意识和识别能力，及时举报相关违法违规线索。值得注意的是，ICO既然被定性为非法集资，而根据银监会公布的《处置非法集资条例（征求意见稿）》，非法集资参与人应当自行承担因参与非法集资受到的损失。

《公告》的出台，算是官方祭出的"终极大招"，但实际上，早在这之前，监管部门已对ICO进行过全面研究和摸底。据财新报道，央行相关人士研究了大量的ICO白皮书，得出的结论是："90%的ICO项目涉嫌非法集资和主观故意诈骗，真正募集资金用作项目投资的ICO，其实连1%都不到。"

2017年8月30日，中国互联网金融协会发布警告称，国内外部分机构采用各类误导性宣传手段，以ICO名义从事融资活动，相关金融活动未取得任何许可，其中涉嫌诈骗、非法证券、非法集资等行为。

2017年9月2日，国家互联网金融风险专项整治工作领导小组办公室发布《关于代币发行融资开展清理整顿工作的通知》（整治办函［2017］99号文），要求对ICO项目进行全面摸底排查，各省的互联网金融风险专项整治办随即开展辖区内的ICO摸排工作；并要求积极稳妥做好辖内代币发行平台的清理整顿工作，落实对代币发行平台高管约谈及其账户监控等措施，保护投资者利益，预防群体性事件，切实防范化解金融风险。

与此同时，国家互联网金融风险专项整治工作领导小组办公室提供了一份ICO平台名单供各地参考，要求各地整治办在此基础上进一步详尽摸排，确保不遗漏，没有发现代币发行平台的地方，也要"零报告"。

可以看出，作为ICO利益链条中的重要一环，交易平台是监管的一大重点对象。据业内人士介绍，目前很多交易平台各方面都很不规范，有些平台的服务器甚至都在国外，有卷钱"跑路"的风险。一方面可赚取项目把关的"入场费"；另一方面，更有甚者，与庄家联合操纵价格"割韭菜"。

受上述监管动作影响，一周以来，整个虚拟货币市场都笼罩在监管的阴云下。有数据显示，目前市值排名前20的虚拟货币中，近七日跌幅多在1%~20%之间，跌幅最高者为Hshare，达66.59%。

央行文件发出后，各数字资产更是全线跳水。不仅ICO币种价格瀑布般下滑，几大主流数字资产价格也受到了较大影响。聚币网数据显示，截至9月4日20:00，该网站主交易区的币种当日跌幅在5%~35%，创新试验区跌幅在10%~55%，创新实验区交易的区块链资产多为创立时间较短，价格波动较大，或具有较高的风险的项目。

对此，有分析师表示，监管办法是针对ICO代币市场的，很多没有实质性产品的项目代币价格可能发生大跌，但对比特币、莱特币、以太坊等数字加密代币市场的直接影响不大，即使有，也是短期影响。长期看，比特币的价格受共识价值的影响。

此外，央行下发文件中要求，加强代币融资交易平台的管理，禁止平台提供代币与人民币的充提以及币币交易。截至目前，国内前三大平台均已暂停ICO业务。

早期的ICO只是区块链技术圈内的一种融资手段，2017年以来，随着几个项目收益的暴涨，ICO开始走进大众视线。而随着ICO的持续升温，近期"大妈"等风险识别能力和承受能力弱的投资者也纷纷入场，为这个野蛮生长的市场积聚了更多风险。在当前ICO市场上，大致有三类项目：第一类是纯粹的诈骗，就是通过传销不断地让后者前赴后继地往里面放钱，是去骗钱的；第二类是想来圈钱的，看到市场一片火热跟风投钱，有项目背景，只是项目本身并没有那么值钱；第三类项目是真正想要做事情的，最后能存活下来的只有这少数的真打实干的人。

当前ICO市场中存在诸多乱象：一是规范程度差，核心技术存疑。目前很多项目并无创新点可言，喊的都是"去中心化"等老生常谈的口号，所发布的新链大多是基于开源的比特币、以太坊源码进行的简单修改，基本没有什么应用前景。

二是信披堪忧，资金去向存疑。较之IPO动辄几百页的招股书，大部分ICO项目上线时只有一个简陋的官网和白皮书（通常是简单的PDF文档），资金用途和审核机制等实际内容表述含糊甚至缺乏。而这些ICO项目动辄筹集数千万元甚至上亿元人民币（以比特币或以太坊折合人民币计算），但从业内估算来看，白皮书宣称要做的事情无需如此规模的资金。因为项目上线缺乏有效审核，透明度极低，所筹资金有很大嫌疑进了私人腰包。

三是ICO因为缺乏监管，透明度较低。部分行业知名人士在未对项目前景认真分析的情况下就到处给项目站台，甚至相互捧场合作站台。部分交易平台鼓吹推动ICO项目的代币上线交易，而平台方和这些ICO项目方有密切关联，甚至有重合的投资团队，疑似存在"坐庄"现象。

四是从投资者层面来看，普遍盲目投资。一方面，投资者轻信"暴富神话"，在看不懂项目的情况下就匆忙入场。现在的白皮书都是没数据、没引用、没模型的"三无"说明书，代码、论文、演示都不重要，用户也不看，项目方想骗钱很容易。另一方面，大部分新入场的投资者风险识别和承受能力弱，对价格过于敏感，加重了该市场的波动。

除我国外，国外监管部门也在行动。从国际上看，各国也开始关注这一新融资方式，美国证监会发布了对ICO的风险警告，新加坡金融管理局也表示该国数字代币的提供与发行或将由其监管，英国则推出了监管"沙盒"为各种创新容错。近期，美国金融委员会已经成立了一个由金融技术专家组成的小组，旨在为ICO发行证书，并且评估未来ICO的优点。这一独立的部门已经被任命为ICO认证委员会（ICC），将会根据一系列尚未公开的条件来评估ICO。

  此外，值得注意的是，ICO与比特币、区块链并非同一概念。目前ICO的不健康发展和泡沫化严重的现象，让不了解行业的投资者混淆了区块链技术、加密数字代币、ICO代币的区别，也给投资者带来认知和投资误区。监管机构对于ICO的监管以及引导其健康有序的发展有利于区块链行业以及虚拟货币行业更好发展。

  ICO发行与比特币发行有本质区别，ICO发行有强中心化属性，募资规模等完全取决于发起平台，而比特币发行的重要属性便是去中心化。"不能因为90%的ICO项目不靠谱，就得出比特币和区块链技术不靠谱的结论。事实上，加密代币和技术本身都是中性的。"邓建鹏说。

1.11 Mt.Gox破产案

一、Mt.Gox简介

Mt.Gox是位于日本东京的一家比特币交易所,原本它只是一个魔法风云会线上买卖交易平台,由Jed McCaleb所创设,其命名源于魔法风云会英文名称(Magic: The Gathering Online eXchange)的首字母略缩字。后来McCaleb将其转变为一个比特币交易平台,并于2011年将其卖给了Mark Karpeles。Mt.Gox于2010年开展比特币交易业务,是最早参与这项业务的平台之一,由于其参与时间早,竞争对手少,成为世界上最大的比特币交易所,承担全球超过80%的比特币交易,很多中国的比特币用户最早也都在MT.Gox上面做交易。

二、比特币简介

(一)比特币的运作原理

比特币,也称"比特金",是一种由开源的P2P软件产生的电子数字货币,是一种网络虚拟货币。由中本聪于2008年设计开发,通过特定算法大量计算产生,俗称"做矿工挖矿"。所谓"挖矿"本质上是用计算机程序去解决一项复杂的数学问题,互联网会自动调整数学问题的难度,让整个互联网大约每10分钟得出一个正确答案。随后,比特币网络会产生一定量的比特币作为赏金,发放给得出正确答案的人。在2009年比特币诞生初期,每笔赏金为50个比特币,随后比特币总量大约以每10分钟50个的速度匀速增长。当比特币总量达到1050万个时,每笔赏金减半为25个,当总量达到1575万个时,赏金再次减半为12.5个。比特币初创的前4年间,有1000万个比特币被制造出来,而根据它的设计原理,预计将在2140年,比特币将被全部开采出来,总量大约2100万个。

(二)比特币的特征

1. 全球性

比特币是全球的货币,而不专属一国或多国,它源自网络,算法公开,是全球网络发展的产物,不管身在何处,都可以进行挖掘、收购。全球范围内,它可以在任意一台电脑上进行管理,可以随网络延伸至任何国家,每一个掌握计算的人都可以成为比特币的造币人。

2. 去中心化

比特币没有任何中央发行机构或管制单位,发行没有国家信用背书和抵押物,不受任何中央银行的控制。它以一套编码系统为基础,依据一个加密算法通过复杂计算产生,人人都可以通过特定软件参与其"制造"。比特币的支付没有中央控制中心,货币转账是由网络节点进行集体管理,用电子签名的方式去实现流通。流通性完全仰赖持有者间的信赖。

3. 匿名、免税、免监管

比特币在交易过程中可以完全不透露交易者的身份,其私钥技术保证了只有用户本人可以获取个人交易信息,在交易信息中的细节未经用户许可不得泄露,所以很难被他人查到,外界只能看到交易产生的一串随机的数字,无法辨别个人信息。然而,其匿名性也制约着政府的征税能力。目前国际上的税收系统基本建立在实名制之上,如果资金实现匿名化,那么征税就会更为艰难。此外,比特币交易是直接输入数字地址,点一下鼠标,大量的资金就过去了,不经过任何监管部门,也不会留下任何跨境交易记录。

4.健壮性

比特币完全依赖于P2P网络,没有发行中心,所以外部无法关闭它。比特币的价格会出现波动、崩盘,尽管有些国家宣布比特币是非法货币,但比特币和它庞大的P2P网络却不会消失。

(三)交易方式

用户可以在互联网上直接购买比特币,比特币的交易方式略复杂于普通的电子货币。类似于电子邮件中的电子货币,交易的双方都需要拥有类似电子邮箱的"比特币钱包"或者与电邮地址一样的"比特币地址"。与收发邮件一样,汇款方通过电脑或者智能手机,将比特币直接汇入对方邮箱或者地址。比特币地址和私钥是对应的,它们的关系类似于银行卡和密码,比特币地址可以记录你拥有的比特币,你也可以随时生成一个新的比特币地址来存放比特币。每个比特币地址被生成时,都会有一个相对应的私钥,这个私钥可以证明你对这个比特币的所有权。目前,获取比特币的方法主要有挖矿、收取转账手续费和交易三种,交易是相对最快捷的方法。交易的方式有两种:一是双方直接交换,二是双方通过第三方平台间接交换。由于客观条件限制以及在履约、价格等方面存在风险,因此前者并不普及,而后者由于引入了中立的第三方,成为目前比特币交易的主流方式。

(四)价格走势

比特币被人熟知的主要原因是价格的暴涨。从2009年中本聪挖出首个比特币到2017年,比特币的价格达到19414.1美元,短短几年内,这种去中心化的虚拟数字资产已引起了人们的极大追捧和热议,当然比特币的发展同股市一样,并不是一帆风顺,同样会经历涨涨跌跌。比特币在诞生之后的很长时间内分文不值,但从2011年年初开始,价格从几美分逐渐上涨至几美元；2013年，比特币价格迎来疯狂行情，4月时，价格就已经突破200美元，此后平稳维持到10月，到了11月，由于大量资金的涌入，价格从200美元蹿升到1000美元，最高曾达到1150美元，虽然在随后的时间里，一些利空消息让年终价格出现回落，但依旧在700美元以上。2014年至2016年5月，比特币的价格也是一直在波动，但波动幅度都较小，如图1所示。从2016年6月起，比特币价格开始急剧上涨，一直到2017年12月17日达到巅峰。此后，比特币价格又呈现波动状态，到2018年5月23日，比特币价格为7936.79美元，如图2所示。

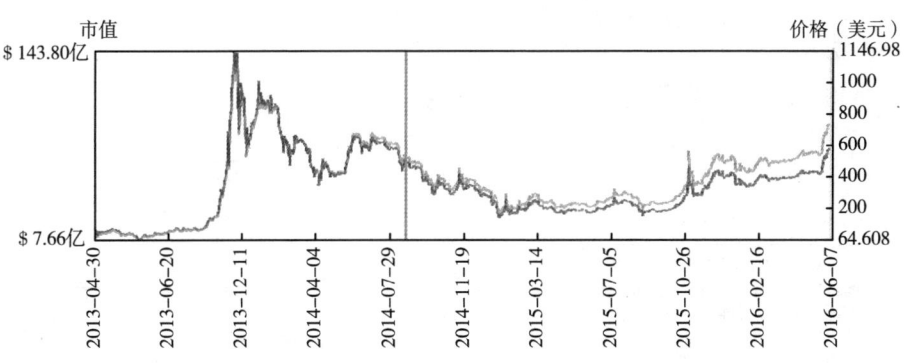

图1　2013年4月至2016年5月比特币价格走势

资料来源：比特社区。

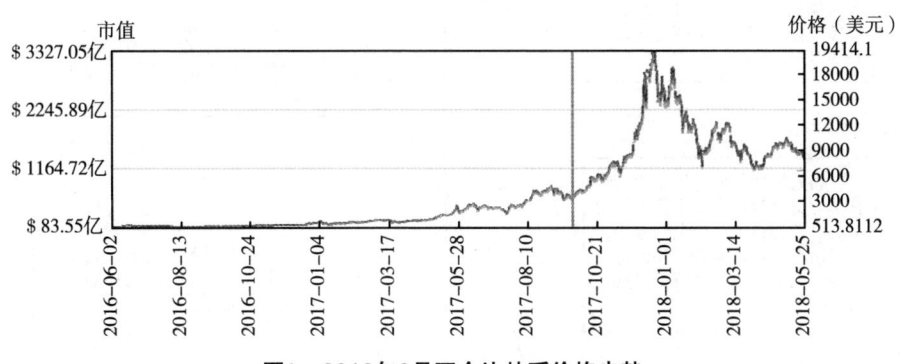

图2　2016年6月至今比特币价格走势

资料来源：比特社区。

总体而言，随着比特币在全球范围内越来越普及，机构投资者以及个人投资者对其兴趣和需求将会越来越大，但由于比特币的总供应量是有限的，而且，它的年产量在急剧下降，随着需求的增加，根据供需理论，币价的上涨似乎不难理解。通过历史交易数据，可以发现比特币价格完全由市场决定，是暴涨和暴跌并存的，所以在这种情况下，比特币投资风险是相对较大的。

三、事件经过

（一）Mt.Gox破产发展过程

Mt.Gox破产发展过程如图3所示。

2014.2.7	因遭到黑客攻击，世界最大规模的比特币交易所运营商Mt.Gox临时停止比特币提取业务。
2014.2.24	Mt.Gox的CEO，Karpeles在博客中宣布退出比特币基金会，随即访问Mt.Gox只返回一个空白页面。
2014.2.25	用户无法登陆Mt.Gox交易平台，网站首页随后贴出"告顾客书"，暂停所有交易。
2014.2.28	Mt.Gox向东京地方法院正式申请破产保护，称公司网络遭遇大规模的黑客攻击，10万枚自有比特币以及75万枚属于客户的比特币被窃。
2014.03	Mt.Go又在美国申请破产保护，旨在保护公司剩余资产。
2014.03	Mt.Gox在官网上发布了一则日英双语公告：在日本设立呼叫中心，并提供了一个电话号码，接受所有用户任何关于Mt.Gox问题的询问，应付比特币投资者的问责。
2014.4.16	已经申请破产保护的比特币交易所Mt.Gox放弃重组计划，向东京一家法院申请破产清算。

图3　Mt.Gox破产发展过程

从 Mt.Gox 视角来看，2014 年 2 月 7 日发现系统漏洞，强行暂停了所有比特币提现业务；24 日，Mt.Gox 的 CEO 宣布退出比特币基金会，随即访问 Mt.Gox 只返回一个空白页面。25 日晚，Mt.Gox 官方网站张贴一则简短申明，称"鉴于最近的新闻报道，以及可能对 Mt.Gox 运营和市场带来潜在影响，决定暂时关闭所有交易，以保护自身和我们的用户。我们将密切关注事态发展，并做出相应的反应"。28 日，Mt.Gox 向东京地方法院正式申请破产保护，称公司网络遭遇大规模的黑客攻击，10 万枚自有比特币以及 75 万枚属于客户的比特币被窃，根据当日的交易行情，损失估计约 4.67 亿美元。据公司财报显示，Mt.Gox 总资产为 38.4 亿日元（约合 3760 万美元），而流动负债为 65 亿日元（约合 6360 万美元）。申请破产之后，Mt.Gox 给客户发邮件称，截至 2015 年 7 月 29 日 12 时（日本时间），都可以申请成为破产债权人，要求 Mt.Gox 以日元形式归还曾存放在平台上的比特币资产。

（二）Mt.Gox 被盗比特币的流向

东京比特币安全公司 WizSec 认为，Mt.Gox 事件的重大嫌疑人就是被 FBI 查封的 BTC-e 交易所的 Alexander Vinnik。从 2011 年开始，在比特币钱包秘钥还没有 PIN 保护时，Alexander Vinnik 就盗窃了 Mt.Gox 管理员的钱包秘钥，而后利用此漏洞渐渐盗走比特币。但是由于比特币的匿名性，让这一切还停留在调查阶段。Vinnik 被逮捕的理由之一是给 Mt.Gox 失窃的比特币"洗钱"，但并没有说明他就是 Mt.Gox 事件的黑客。

WizSec 经过追踪调查发现，Mt.Gox 交易平台被盗取的近 85 万枚比特币四散周转到 Vinnik 的钱包之后，大部分以一种独特的方式转移到 BTC-e 平台。转移到 BTC-e 的失窃比特币并不是直接流向用户的交易地址，而是进入了"第二层钱包"——BTC-e 的内部钱包架构之中。具体流向如图 4 所示。

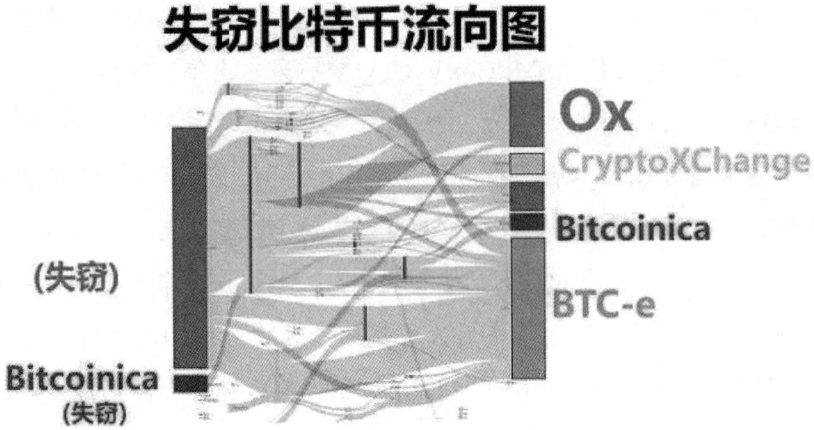

图4 失窃比特币流向图

（三）Mt.Gox破产后的不良影响

Mt.Gox破产事件发生后，比特币价格应声跳水，同时，大量用户开始了艰辛的维权之路，他们去Mt.Gox门口投诉，去东京法院门口告状，但依然无法拿回属于他们的币或者获得相应的赔偿。而此次事件影响最大的则当属比特币和区块链的整个生态，一时间，人们对于比特币和交易所的信任降至冰点，对区块链宣传的去中心化概念产生怀疑，整个行业阴云密布。

区块链的核心理念在于分布式去中心化，但同时，市面上的交易平台又多为中心化交易平台，包括Mt.Gox，有过数字货币提币经验的人都知道，币的转移是由一个钱包地址转向另外一个钱包地址的过程，你在交易平台注册之后，平台会自动分配一个钱包地址给你，但是当你买到币之后你会发现你的账户显示有币，但是地址上面并没有币，你需要向平台发起提币请求，币才会进入你的地址。什么意思呢？虽然你用美元或者人民币买到了数字货币，但是此时，币还是在平台的钱包里面。这个时候，如果平台恶意提币或者钱包被黑客攻击造成钱包里面的币大量流失，那么，你的币自然也就丢失了。当然这样的方式也有其好处，不用每笔交易都上链确认，可以提高交易效率，但是这种机制最大的风险就是发生类似Mt.Gox的事件，而且中心化平台从理论上，无法从根本上杜绝此类现象的发生。在Mt.Gox破产之后，又接连发生过多起比特币失窃事件，如Bitfinex盗币事件。

DEx的英文全称为Decentralized Exchange，即去中心化交易所，DEx是基于以太坊和RSK区块链的去中心化远期合约交易所。为什么我们要做这样一个去中心化项目？安全性。我们坚信：安全性是一切金融交易行为的基础。常常看到用户在说赚得多不如亏得少，可以看出在大家心中资金的安全与保本是投资时非常非常重要的一个考量。那DEx如何做到绝对的安全呢？如何保证不会发生像其他平台一样的失窃事件呢？

上述内容有提到币的转移其实是从一个钱包地址转移到另一个钱包地址的过程，在DEx上面交易，你需要先有自己的以太坊钱包地址（以太坊钱包有很多，如Mist、Metamask、imtoken等），凭借这个地址即可以在DEx进行交易，并且，每一笔交易都需要以太坊区块链的确认，而不是像其他平台交易不上链，你买币的时候币其实还在平台钱包，所以每一笔交易中币的进出完全是通过您的钱包，DEx只是作为一个撮合平台为买卖双方进行撮合。因此，即使平台被黑客攻击，因为用户的币只存在于各自的钱包里面，当然也就不会发生Mt.Gox破产事件了。

四、事件原因

根据相关资料，可以发现Mt.Gox在运营期间存在很多问题，而正是由于这些问题导致Mt.Gox破产，下面将从内部和外部两个方面来对Mt.Gox破产进行原因分析，以期对其他平台、投资者和监管部门起到借鉴警醒之用。

（一）交易平台内部问题

1.平台安全防护缺乏

据美国媒体报道，Mt.Gox关闭实际上是受到黑客攻击并导致大量比特币失窃所致的，盗取行为持续几年却未被察觉。也就是说，在Mt.Gox破产之前就有比特币失窃，Mt.Gox本身对当时比特币的流失是否知情还未查明，但之后Mt.Gox是通过一部分比特币储备继续运作的，尽管Mt.Gox没有直接回应类似报道的真实性，但市场对Mt.Gox存在的经营异常现象早已给予关注。据一位软件开发人员透露，Mt.Gox在它们的交易平台上的软件根本没有经过测试就投产上线，Mt.Gox把从未测试过的软件直接推送给进行比特币交易的客户使用，这种情况，在任何一家专业的金融服务网站上都是绝无可能的。不仅如此，在整个交易所内，只有一个人有权核准通过网站上的源代码变更，这个人就是Karpeles。这意味着一些bug修复，包括网站安全修复，都会等待数周才能完成，因为整个网站需要等待Karpeles完成源代码的更新。

本身比特币交易网站极易受到黑客攻击，黑客攻击的主要手段有DDoS攻击（分布式拒绝服务）、"社会工程攻击"（social engineering attack）等。前者是同时对一个网站发起巨量的访问请求、登陆请求、查询请求或其他请求，当网站服务器性能不足以应答时，网站便陷入瘫痪；后者是攻击者取得对服务器的管理权。正是由于Mt.Gox缺乏交易平台的安全防护，才使得黑客容易得逞，而且盗窃事件出现多次，如果早一点解决，就不会落得破产的结局。

2.公司内部管理缺失

2014年3月10日，一群匿名黑客入侵了Mt.Gox公司的服务器，从中获取到大量数据，发现平台仍然持有声称被盗的部分比特币，由此认定遭受损失的比特币投资者被欺骗，是Karpeles等人自编自导了这场盗窃案。事后，有比特币研究者在一篇匿名的报道中称，在Mt.Gox泄露的交易日志中显示，有机器人在系统中大量参与交易，这意味着交易所中很可能存在大量的欺诈性交易。一个代号为"Willy"的机器人操盘了许多交易账户，它每隔5~10分钟就建立一个新账户，然后购买10~20个比特币，同样的情形持续了数月。蹊跷的是，这些账户能够在其他用户不能交易的时候参与交易,据统计,这个"Willy"的账号前后共买入约25万个比特币。2015年1月,有消息人士透露,根据警察的侦查发现,仅有7000枚比特币被黑客偷走,其余丢失的比特币是由于一系列的欺诈交易所造成的。Karpeles回应称,自己在调查时也被蒙在鼓里,并且不能对警察的行为进行任何评论。此外,三名Mt Gox的前员工表示,Mt Gox可能挪用客户资金来补贴租用豪华办公室的成本。

公司内部员工的监守自盗,完全是由于Mt.Gox的管理不善而造成的。2013年,Karpeles已是全世界最大的比特币玩家,据内部消息人士透露,他对于比特币交易中的价格下跌根本不以为然,还挥金如土,正是因为Karpeles的管理不善才导致客户的财产直接暴露在风险之中,使得无论是外部黑客还是内部员工,都有机会损害客户财产安全。

3.交易模式存在缺陷

比特币交易与清算是一套复杂的体系,当交易过程出现问题时,交易可能无法完成或及时完成。Mt Gox对于客户比特币的管理混乱,每个客户的比特币被随意绑定在公司的几个比特币地址上,那些已经把比特币从平台体现出来的客户,以体现不成功为由向Mt Gox申诉后,竟然可以获得不应属于他的比特币。这个管理上的漏洞被一些人反复利用,导致Mt Gox保管的比特币严重流失,最终因为无法履行交易而破产。如果Mt Gox为每一位客户单独建账,很可能就不会落魄如此。

(二)市场外部缺少监管

1.法律和政府监管缺失

法律和政府监管的缺失是发生安全风险的原因之一。比特币交易在很多国家处于法律真空状态,发生交易纠纷时无法可依,而政府缺少对交易平台的监管也增加了比特币交易的风险。2013年5月,美国国土安全部查封了Mt.Gox的一个账户,冻结超290万美元,自此Mt.Gox出现金融危机。据美国联邦法院披露的文件显示，该账户由名为Dwolla的第三方支付平台控制，功能与PayPal相似，隶属于Mt.Gox公司下的一家子公司MutumSigillum。Dwolla是通过该交易所购买大笔比特币最便捷的支付工具，虽然账号被查封之后，Mt.Gox仍然可以处理比特币交易，但速度明显减慢，且经常出现操作中断的情况。Mt.Gox将交易速度放缓归咎于技术因素，并承诺将立即采用新技术来改善平台性能。但接下来的数月，Mt.Gox全球最大比特币交易市场的地位，渐渐面临着如Bitstamp等新生代交易所的挑战。据悉，美国政府查封这一账户的根本原因，源于Karpeles刻意隐瞒开设账户进行转账的事实。不过Karpeles表示，Mt.Gox一直严格遵守美国联邦政府以及各州的金融监管法案。遗憾的是，到目前为止，并没有人就此事进行足够的调查。

日本金融当局对此进行展开调查，但由于比特币不属于监管对象，监管当局掌握整体情况并决定应对方案需要时间。美联储主席耶伦近日在出席参议院听证会时也表示，美联储对比特币没有管辖权。不过，有消息指出，Mt.Gox已收到纽约联邦检控官的传票，要求该平台保留某些指定文件。此外，美国律师事务所Edelson PC代表一位名为格雷戈里的客户以及其他所有受Mt.Gox破产影响的美国用户对Mt.Gox发起了集体诉讼。

2.行业自律缺失

在政府监管缺失的情况下，行业自律就显得尤为重要，但至少在国内，交易平台长久以来各自为政，没有形成行业组织，更没有行业自律规范，这加剧了比特币市场的无序。2014年3月10日，一群匿名黑客攻破了Mark Karpeles的Reddit账号和个人博客，并在其个人网站上发布了716MB来自Mt.Gox服务器的文件，其中包括一张保存了数百万条交易记录的Excel表格、以8种货币显示的Mt.Gox资产负债表、Mt.Gox母公司Tibanne Limited的管理人员申请访问数据库的记录，以及Karpeles的家庭地址和个人资料等。对于其破产原因，Mt.Gox宣称遭到了黑客入侵导致了丢失，而也有一些人认为是由于缺乏行业自律管制，交易所本身监守自盗，早已把这些币都卖给了其他交易平台而导致破产。

五、投资建议

比特币是基于区块链技术的虚拟货币，是一种完全数字化的货币。与其他数字货币不同，区块链技术决定了比特币的数量是有上限的。同时，由于比特币的去中心化、数字化以及匿名化等特点，比特币开始在全世界风靡起来，网上交易量迅速攀升，价格也一路上涨。国内也有很多投资者闻风而动，加入"炒币"和"挖矿"大军中。

实际上比特币的交易存在极大的风险：

（1）合法性风险。截至目前，比特币作为货币的合法性没有得到一个国家的承认。有不少国家已经明令禁止比特币在本国的交易，有些国家虽然没有明文禁止交易，但也多次提示了交易风险。在信用货币的时代，一个国家的法定货币都是由政府货币当局发行和管理的。货币发行权的垄断，不仅有重大的金融意义，还有重大的政治意义，是完全不可能让渡给其他机构和币种的。

（2）安全性风险。比特币作为一种完全的数字化货币，在历史上还没有先例可循。关于比特币的交易制度、交易方式、存储等方面都是摸着石头过河，没有成熟经验可供借鉴。这就导致了交易安全性的问题，如黑客盗窃问题等。这些问题的存在决定了比特币在短期之内必然存在极大的交易风险。

（3）交易平台风险。金融资产的交易平台要么在交易所，要么在场外市场。交易所一般来说是非常安全的，基本不存在信用风险。场外交易市场相对场内风险要高一些，但经过多年的发展和积累，场外交易的风险已经被基本消除了。比特币作为一种新生的数字虚拟货币，目前不存在权威的交易平台，其交易风险是非常大的。

（4）替代风险。比特币产生和交易的基础技术是区块链，区块链技术得到了业界的极高评价。不过互联网技术的发展是非常快的，很难确保未来不会出现更先进的技术,以及以此为基础产生的新的数字货币。没有政府背书支持的比特币就没有了不可替代性,不具有不可替代性的货币是无法被广泛接受的。

总之,比特币的交易风险是非常大的,不确定因素太多。作为一种完全数字化的虚拟货币,其本身是没有使用价值的,其市场价值完全来源于市场的接受度。从市场的接受度目前来看,要么本身具有价值,要么政府机关通过法律强制赋予其价值。以上两点比特币都不具备,这也决定了比特币的交易前景将是非常黯淡的。

第二篇

实体企业案例

2.1 超越集团案

一、案件简述

2018年5月22日,河南省原人大代表、超越集团实际控制人杨清河,站上被告席。他被控三项罪名——集资诈骗罪、贷款诈骗罪、诈骗罪。

河南省安阳市人民检察院指控,1992年1月至2015年11月,杨清河未经国家金融管理部门批准,先后以其控制的77家公司为平台,以投资房地产、原煤预订等形式,以月息1分至3.6分的高利息、高回报为诱饵,面向安阳市及周边地区非法集资(基金君注:3.6分单利对应年化利率43%,3.6分复利对应年化利率53%,都超过了后来央行设定的36%民间借贷上限),涉案金额高达433亿余元。

杨清河除将少量集资款用于煤矿和房地产等生产经营项目外,大量集资款被用于偿本付息,购买房产、车辆、金条、金币、工艺品、字画,办理高尔夫会员,设立会所个人享受,赠送他人车辆、钱款,向社会捐款,维持空壳公司的运转等。

此外,杨清河还隐瞒其控制公司连年亏损和资不抵债的事实,虚构资金用途,面向安阳市及周边地区非法集资433亿元。

安阳市中级人民法院一审判决,杨清河犯集资诈骗罪、贷款诈骗罪,决定执行无期徒刑,剥夺政治权利终身。杨清河不服一审法院判决,向河南省高级人民法院提起上诉。杨清河代理律师认为,"混淆企业法人主体与企业家个人主体概念,并借用企业法人与群众之间借款合同关系,推定杨清河犯罪。"

众多集资户都知道超越集团规模大,旗下有煤炭、房地产项目。从

2010年开始,超越营业网点常常有人排队存钱,"网点大概100平方米,存钱的人都排到门口了。"超越集团提供的存款年息为24%左右,存100万元进去,一年后能挣24万元的利息,而在当时,将同样的钱存进银行,一年仅能拿到3万多元利息。

有投资者东拼西凑了一大笔钱,一次性存到了超越集团的营业网点。他们并没有想到会出问题,一方面是超越集团在当地名气够大;另一方面,投资者还能够常常看到营业网点有人排队存钱,"这么多人存,就觉得肯定没事。"

从2009年开始,安阳地产业行业开始发展起来。但由于银行贷款困难,企业纷纷依靠民间资本融资。据媒体报道,当时传销式民间借贷在当地兴起,安阳市一夜之间冒出300多家高息揽储的公司,跨地产、能源、矿产、汽车租赁等当地几乎所有行业。利息从最初的3分一路攀升,最高时达到了1毛出头。为避免资金链断裂,超越集团的集资利息也升高至年息24%。

也有投资者认为这么高的利率纯粹是骗人的,不能相信。但在那时候,如果不投些钱,别人就会觉得这个人是傻子。在亲戚朋友的各种劝说裹挟下,这类投资者也被迫卷了进来。

在集资户的眼里,涉案前的超越集团在商业上一路凯歌、实力雄厚;杨清河热衷公益、名望颇高,因此,他们敢放心将钱存到超越集团。

一审判决书显示,超越集团涉及集资群众达51354人。1992年1月至2015年11月,杨清河未经国家金融管理部门批准,先后以诚信理财、投资房地产、投资煤矿、购房认筹、原煤预订、超越人基金等形式,通过发布广告、召开见面会等方式进行宣传,以月息1分至3.6分的高利息、高回报为诱饵,面向安阳市及周边地区吸收群众资金。

二、杨清河其人

杨清河是安阳人,在安阳做出贡献,盖高楼大厦,也给安阳人民带来巨大的损失。2018年3月29日,杨清河案在汤阴县人民法院开庭审理时,公诉人对杨清河说。

2.1 超越集团案

作为超越集团实际控制人、河南省原人大代表，杨清河本人及其创业历程，在安阳当地几乎无人不知。1967年8月出生的杨清河系河南省安阳县人，河南超越企业集团董事局主席，曾担任河南省十一届人大常委、河南省十二届人大代表、河南省工商联副主席、安阳市十二届人大常委、安阳市工商联主席、安阳市总商会会长等多个职务。

杨清河1967年出生于安阳县的农村，家境贫寒，父母都是普通农民。9岁那年，他的父亲因病去世，留下杨清河姊妹6人及2000元的外债。那时的杨清河，将读书当作摆脱贫穷的唯一出路。但高考那年，因过度疲劳、营养不良，他患上严重的眼疾，双眼的视力降至0.01、0.03，几近失明。花了2000多元，看了半年病，也没有恢复，被迫退学。

"少年生活，是以我的一次自杀来结束的"，杨清河曾在一次报告会上提到。1984年春节，家人为他谋求出路，并建议他去当算命先生。杨清河说"这个想法真的对我打击很大，想寻短见，我吃过20多片安眠药，后来不知道怎么着醒来了。"

后来，杨清河进入村里的玻璃厂当采购员。1985年，18岁的杨清河拿着在玻璃厂挣得的积蓄，到100公里外的濮阳市清丰县，开了一个建材门市，不久后，经营范围扩大，增加了家用电器。通过销售黑白电视等家用电器，杨清河赚到第一桶金。两年后，他存下40多万元。那个时候，"万元户"都是相当不得了的。

1988年，杨清河借鉴老乡张少鸿在郑州办读书社的模式，回安阳创办读去读来读书社。张、杨虽无交集，但有诸多相似之处——安阳县人、出身寒门、读书社起家，最终均因非法集资的罪名获刑。

当年在读书社工作的马惠卿称，读书社的经营模式是，学生缴纳10元押金和2.8元折旧费；社会上的人缴纳15元押金和10元折旧费，便可免费借书一年。后来成立文化公司，业务就大了，100元钱办一个读书证，1000元钱办10个读书证，一年到期之后，这些钱就会退还。

1989年10月至1992年，3年多时间里，读书社的门店数量达到10家，书刊数量达到100多万册，读者增至6万余人。起诉书显示，杨清河在此时，已通过读书社的方式进行非法集资。

1992年，他创办"安阳市乡镇企业管理学院"，聘请了首都一批专家、学者担任学院的客座教授，为安阳市经济发展出谋划策，同时，他将筹集的100多万元资金，在广州设立文化发展有限公司，从事图书、音像、书画、文化有用品的开发和经营。

1992年，杨清河成立安阳超越文化发展有限公司。从这一年起，超越开始"北上南下"。在超越集团发展的过程中，民间借贷的影子始终形影不离。1992年开始搞民间融资，以投资房地产、煤矿等实体项目的发展，向安阳市及周边读书俱乐部的会员，以每年年化7%的利息非法吸收公众存款。资料显示，超越集团包含三个集团，分别是超越企业集团、彰德府文化集团、联兴矿业农庄集团，分别负责融资、房地产、矿业。

1996年超越集团成立后，开始大举涉足房地产、保健食品、学校、培训、餐饮、煤炭等十几个领域。杨清河曾在做报告时提到，"1996年超越集团就注册成立了。房地产、保健食品、学校、培训、餐饮、煤炭，我们都进入了。1996年的时候，我们的资产已经接近1亿元。"这些项目有的成功，但大量的是失败，到2000年前后，经北大纵横介入咨询，超越集团的主业终于被确定煤炭、房地产和文化。

2003年，马思佳按照杨清河的安排，负责超越集团社会融资业务，该业务由超越文化公司具体负责融资，这家公司的前身就是读去读来读书社。当年，安阳华通集资诈骗案爆发，两年后，河南省高级人民法院以集资诈骗罪判处被告人华通负责人宋跃福死刑，缓期两年执行。杨清河称，2003年华通的事，对他有警示。"我头上就绷着一根弦，知道有融资的功能，但是不敢用。"

2004年年底，安阳市超越置业中介有限公司成立，超越集团的融资业务转移到该公司。杨清河供述，"之前有借款规模也小。做彰德府项目的时候，当时也贷不来款，没有办法了，才放大融资功能，这样才得来钱。"

2.1 超越集团案

超越置业中介公司下设18家分店,每个店设有店长,面向群众融资。具体融资办法由杨清河提出,方案和利息都由杨清河直接定。马思佳称,日常融资由杨清河给他和置业中介公司经理下达,再由经理向18个分店下达任务安排执行,收到的集资款最终交给资金监管部,所有项目投资,都需要由杨清河提议,这些钱的花销也需要他同意。

公司缺钱的时候,就拟订好借款协议,盖好章,通知分店领手续,然后制作条幅挂在店里。公司要求给群众介绍的时候不说本金利息这样的词,换成意向金、赔偿金这样的概念,当时各个分店按照公司的安排向集资群众介绍的几个主要项目是彰德府威尼斯印象和伦掌煤矿、王家岭煤矿。

为展示超越集团的实力,让群众放心把钱交给18家分店,杨清河每年安排公司的企业文化部策划召开一次年会。杨清河和公司高管会与集资群众见面,介绍超越公司的运转情况,让群众感觉到在超越集团公司存款的安全性和保险性,让一些老客户在群众中互相宣传。

杨清河在年会上向群众介绍公司运转情况时,隐瞒了超越集团连年亏损和资不抵债的事实。经过对超越集团77家经营单位账簿进行鉴定,1993~2015年,超越集团各年均为亏损经营,经营产生的净利润均不足以偿付集资利息。

尽管公司连年亏损,但杨清河先后成立了77家公司。在公司规模快速扩张的同时,社会各界给予杨清河的荣耀也纷至沓来。杨清河先后荣获河南省"优秀中国特色社会主义建设者""河南省最受尊敬的民营企业家""中国十大慈善家"等荣誉称号。超越集团也是荣誉满身:全国"青年文明号""中国最具生命力民营企业""全国民营企业文化建设先进单位"等等。2006年,该公司集团党委荣获"全国先进基层党组织"称号。公开资料显示,超越集团累计安排就业1万余人次,投资社会文化事业6000多万元,捐资助学、扶贫救灾、助残济困共2400多万元。

当地电视台是超越集团对外宣传更广的平台。超越集团曾在安阳电视台做过"以信誉求生存,靠质量求发展"的广告,宣传超越集团的实力。

18家分店成立后,超越的融资规模急剧扩张。资料显示,2005年,超越集团融资金额为4亿元。2011年,融资金额翻了7倍多,达到29亿元,截至2015年,又增至40亿元。集资的利息在每万元月息1分到3.6分不等。

三、安阳的集资乱象

2011年,一场被称为"金融非典"的民间借贷,把超越集团这家曾经荣誉满身、创办20多年的民营企业推入困境。安阳这个经济并不十分发达的内地小城,被称为甲骨文故乡、《周易》发源地的七朝古都,许许多多的普通人一夜之间陷入财富迷狂后的破产与绝望。

2009年之后,传销式民间借贷在当地兴起,集资活动披着形形色色的外衣,多年来汲取着百姓们并不丰厚的积蓄,通过表面光鲜却不可持续的种种"项目",造出若干暴富神话和民众的财富梦幻,却并没有为当地经济创造真正的繁荣。

当地集资的名目可谓极尽想象之能事。

(1)零元租车,通过汽车租赁进行变相融资。当年有家思麒公司喊出"零元租车"的惊人口号,租车人缴纳5万元左右的押金和每年365元的会员费,就可免费使用汽车一年,车辆保险、上牌、保养等费用均由思麒公司负担。从众多租车人处收取的高达数亿元的"押金",成了思麒公司实控人无偿使用的资金。最后思麒公司未能给租约到期客户退还押金,公司突然"人去楼空"。

(2)安阳当地的农民专业合作社到农村做宣传,声称只要村民当天愿将1万元存入该合作社,便可立即获得600元现金、40公斤大米和2桶食用油,同时,还能获得年息7.2%的回报。

(3)酒店推出了"交押金10万元,房间免费住"的集资模式。任何人只要交纳10万元押金,便可获得该酒店一个房间1年的免费使用权,房间由酒店负责管理维护。在这场一夜暴富的梦中,有钱的投钱,没钱的借钱,更有急红了眼的人不惜抵押房产从银行贷款去追逐暴利。人们着魔似的在各大借贷公司门口排长队,为的就是几个小时后能将包里的人民币换成一份打印出来的借贷合同。

房产公司的高息借贷、汽车租赁、酒店客房、农民专业合作社,许多曾被视作"理财"捷径的"投资"渠道,最终被证明是包装花哨的骗局。

根据当地政府公布的《关于开展防范和打击非法集资专项活动的工作方案》,该市存在涉嫌非法集资的企业类型包括:投资融资公司、典当行、寄卖行、担保公司、房地产公司、小额贷款公司、汽车租赁公司,以及农村资金互助社、农民专业合作社等。高峰时期的2010年,不少公司甚至需要排队才能将钱存进去。安阳当地的一家从事地产、能源投资的民营企业的公司总部门口,一天内排起过4个长达数百米的队伍,有的是因为听信了亲戚朋友的"存银行不如存企业"劝说,有的则是亲眼见到身边朋友每月都能从这些公司拿回高额利息的回报后,将毕生积蓄取出后,存入这些公司的。

2011年上半年,中央电视台曾报道安阳民间融资的隐患,但未引起安阳人的足够重视。随着安阳民间借贷风潮愈演愈烈,不少来自黑龙江、内蒙古、天津等地的企业,以及更多的安阳本地企业,以开发能源、研发高科技项目、成立投资基金为由,通过月息6分乃至1角的许诺,席卷了当地数以百亿元的资金,在先后上演"空手套白狼"的戏剧后,突然从当地民众的视野中消失,这些曾经幻想高额回报的民众,面对已经无法收回的积蓄,开始逐渐失去理智。

终于在2011年下半年,安阳的民间借贷发生了雪崩,据当时媒体报道,有40多家企业涉及非法集资。很多被"非法集资"缠身的企业家,往往隐匿行踪,跑路消失,而杨清河则始终出现在公众视野范围之内,并且越走越"靠前"。

四、最后的挣扎

风暴不可避免地延烧到超越集团这样的大型公司。他们无法满足"股东们"的退款要求，两家企业也不能按时支付利息了，上门讨债的人越来越多。

杨清河最终未能阻止超越集团资金链断裂。2011年国庆节前后，安阳民间借贷泡沫破裂。安阳思麒汽车租赁有限责任公司因资金断裂，大量集资群众上门挤兑，随后，其他家融资公司均出现挤兑现象，当地民间借贷雪崩。

大批集资户也到超越集团要求兑付，但那时，超越集团已经不给兑付。超越集团一开始按10%比例兑付，正常办理了十几天，结果客户只取钱，不存钱。大概半年时间，因为集团资金紧张，只能兑付1%。在此背景下，2011年10月，超越集团成立"超越人基金"自救。杨清河说企业很困难，从外面借资金也很困难，公司内部人员能不能筹集一些资金作为企业自救基金。杨清河规定的筹集基金的数额是每人最少1万元现金，上不封顶。

多名员工介绍，超越人基金当时的年收益为36%，但到第二年就变成24%。超越人基金共计募集现金和票据八九百万元，当时公司也没有什么经营，这些钱都是用来给集资群众兑付，以及公司日常开销。另一个筹集资金的渠道，是银行贷款。一审判决书显示，杨清河在严重资不抵债的情况下，明知超越集团背负巨额债务，没有偿还能力，但仍隐瞒事实，使用虚假的财务报表和三方监管协议，于2013年6月、2014年，向光大银行郑州黄河路支行贷款2.4亿元。

尽管如此，超越集团仍没有兑付的能力。随后，大批集资户在网上反映超越集团非法集资情况。针对企业现状，安阳市文峰区成立帮扶小组，对其整体工作进行帮扶、指导。主要包括，启动文峰中路"彰德府·威尼斯印象"商业地产项目为突破口，逐步盘活其他项目。在网上回帖给集资户时，帮扶小组称"与超越集团共同研究，制定出了近阶段最为可行的兑付方案等"。

到2015年8月以后，超越集团只能以酒抵债的方式，向集资群众兑付。位于河南安阳市的超越集团公司一楼大厅，9个与银行业务窗口一样的工作平台上，工作人员忙着为客户兑付"利息"——泸州古酒和山西陈醋。发生资金链断裂以来，超越集团为维持公司正常运转，改以这些实物抵付融资利息。超越集团资金链断裂后，为掩盖其集资诈骗债务总额，杨清河伙同他人购买低价白酒高价抵顶集资票据，以抵消杨清河的集资债务。

政府帮扶、企业自救，都没能扭转资不抵债的困境。2015年9月30日，安阳市成立超越集团处非工作指挥部。2015年10月21日，河南省超越置业集团有限公司等五个核心及其关联企业向"安阳市处置超越集团涉嫌非法集资工作指挥部"、安阳市中级人民法院递交《破产重组申请书》。

但破产重组的打算，并未实现。对此，2018年5月30日，安阳市政府相关负责人回应称，由于杨清河已涉嫌犯罪，超越集团已不是一个正常企业，因此不能搞破产重组。

2015年11月22日，河南省十二届人大常委会第十七次会议，经审议和表决，决定许可公安机关对杨清河采取刑事拘留措施。

五、迟来的审判

2018年3月29日，安阳市中级人民法院工作人员在汤阴县人民法院开庭审理此案。检方指控其犯集资诈骗罪，涉案金额达到433亿元；犯贷款诈骗罪，至案发仍有1.8亿余元未还。庭审中，个人犯罪还是单位犯罪，成为控辩双方辩论的焦点。公诉人指出，杨清河控制的资金来自非法集资，公司负债比率高达50%以上。从1994年开始，变成以集资为主的公司，且集资收入远远大于正常收入。法律层面，起诉书指控是个人犯罪，单位犯罪中是个人组织的，即使是属于单位犯罪，也应当对个人进行审理。司法解释、河南省指导意见规定非常明确，应认定为个人犯罪，杨清河应承担责任。

杨清河的辩护律师提出，所有的借款、集资活动全是公司、团体所为，杨清河只不过是这些公司、团体的实际控制人，不是集资诈骗罪的犯罪主体。2018年5月23日，安阳市中级人民法院对此案一审判决。判决书显示，杨清河虽以超越集团公司的名义，实施集资行为，但该行为未体现公司意志，所获利益也未全部归属于其成立的公司，杨清河系冒用公司之名，行个人犯罪之实，故超越集团的集资行为，应定性为杨清河个人犯罪，而非单位犯罪。杨清河投入生产经营活动的金额，与筹集资金明显不成比例；其虽有生产经营活动，但超越集团每年均为亏损经营，其在背负巨额债务的情况下，仍继续非法集资，以上事实，足以证明其具有非法占有集资款的目的，其行为已构成集资诈骗罪。

一审判决书显示，被告人杨清河犯集资诈骗罪判处无期徒刑，剥夺政治权利终身，并处没收个人全部财产，犯贷款诈骗罪判处有期徒刑十五年，并处罚金人民币50万元，决定执行无期徒刑剥夺政治权利终身，并处没收个人全部财产。

2.2 湖南红太阳案

一、案件始末

2005年10月28日，周红阳、张春金等人共同出资，注册成立娄底红太阳电源新材料有限公司，公司经营范围为电源材料的生产销售及矿产品加工、销售等。2011年9月13日，娄底红太阳电源新材料有限公司变更为湖南红太阳电源新材料股份有限公司（以下娄底红太阳电源新材料有限公司与湖南红太阳电源新材料股份有限公司均简称红太阳公司），周红阳是红太阳公司实际控制人，并任董事长、法定代表人，张春金任红太阳公司董事。肖震自2011年2月26日开始，先后任红太阳公司销售部部长、销售副总经理。李花平于2011年8月25日任红太阳公司财务部总监。

2009年3月，周红阳、张春金开始运作红太阳公司上市，因上市要求公司连续三年每年的生产总值、利润必须保持30%以上的增长，而红太阳公司根本不具备上市条件，故决定在采购、销售环节通过大量无实物交易的非法手段来提高生产总值和利润。由于无实物交易需要大量资金运作，周红阳、张春金遂向社会公众非法集资。周红阳、张春金自2006年即开始向社会募集资金。

为了使红太阳公司的财务报表数据达到上市要求，周红阳组织被告人肖震、李花平与肖超虎（另案处理）等人按上市要求确定红太阳公司的财务数据，并制订红太阳公司的年度及每月的销售、采购等计划，然后，再按计划向社会公众非法集资。周红阳通过无实质性交易的方式，骗取红太阳公司于2009-2012年被列入省重点上市后备企业名单。周红阳、张春金为骗取社会公众信任，2009年起，周红阳、张春金隐瞒公司年年亏损、巨额负债的实际经营情况，向外宣传红太阳公司是拟上市企业，资产雄厚，经营状况良好，隐瞒红太阳公司长期亏损、负有巨额债务，以及其个人与红太阳公司并无能力偿还巨额集资款的真相，以红太阳公司生产经营为由，以支付1.5%~7%不等的月利率为诱饵，通过带领集资参与人参观红太阳公司及口口相传等方式向社会公开传播其非法集资信息，由周红阳、张春金本人或通过谢时成、谢栋良、梁俐玲（已起诉）等中介人向不特定的社会公众大量非法集资。2011年7月7日，周红阳、张春金为募集到更多的社会资金用于红太阳公司的无实质性交易，遂将湖南红太阳高科技有限公司变更登记为湖南鑫阳投资有限公司（以下简称鑫阳投资公司），聘请人员向社会不特定公众非法集资。2013年3月，中国证券监督管理委员会暂停首次公开发行股票（IPO）工作，周红阳、张春金为募集资金继续用于红太阳公司的无实质性交易，于同月21日出资成立湖南成长无限投资有限公司（以下简称成长无限投资公司），并聘请人员专门进行非法集资。集资后用于生产经营活动的资金与集资规模明显不成比例，集资资金大部分用于虚假交易等违法活动，致使集资款不能返还。肖震等人通过与供应商、销售客户的虚假交易把集资资金运作到红太阳公司账户上，完成集资户资金真正借入红太阳公司的过程。

周红阳、张春金以非法占有为目的，使用诈骗方式共计向1351人或单位累计非法集资2826461043.49元，其中，用于红太阳公司正常生产经营的集资款总金额累计为366315010.37元，其余集资款均被用于无实质性交易购销业务或偿付集资款本息等非正常的生产经营事项。红太阳公司2006年至2014年5月经营期间，每年净利润均为亏损，累计亏损152233118.82元。至2014年5月31日，周红阳、张春金累计实际归还集资款本金1728840332元，实际支付集资本金数额大于退还本金和支付利息数额的集资参与人利息289137331.66元，实际支付的利息折抵本金后，实际诈骗539816168.05元。肖震于2011年2月26日至2014年5月31日任红太阳公司销售部长等职务期间，周红阳、张春金累计向641人非法集资1529783845元。李花平于2011年8月25日至2014年5月31日在红太阳公司任职财务部总监等职务期间，周红阳、张春金累计向619人非法集资1453500845元。

二、事件分析

该起案件的大致案情为，周红阳、张春金自红太阳公司成立至2014年5月期间，在公司严重亏损、巨额负债的情况下，大规模向社会公开宣传公司是拟上市公司，资产雄厚，经营状况良好，以月利率1.5%至7%不等的高利率公开向社会大量非法集资，累计向1351人非法集资逾28亿元，实际集资诈骗逾5.3亿元。肖震担任红太阳公司市场部、销售部副总经理期间，累计集资金额15亿余元；被告人李花平担任红太阳公司财务总监期间，累计集资金额14亿余元。公诉机关以集资诈骗、非法集资等罪名对相关被告人提起公诉。

进一步分析案件，周红阳、张春金在红太阳公司长期亏损的情况下，以非法集资募集资金进行虚假货物交易的方式虚增公司利润等财务数据，骗取红太阳公司被列入省重点上市后备企业名单，之后，又向外宣传红太阳公司是拟上市企业，骗取社会公众信任，通过集资中介人及其聘请人员公开传播其非法集资信息，以支付高额利息为诱饵，伙同他人向社会不特定公众非法集资，并将大部分集资款用于虚假货物交易的违法犯罪活动，致使巨额集资款不能归还，其行为构成集资诈骗罪，且犯罪数额特别巨大；肖震、李花平明知周红阳、张春金是以非法集资的方法募集资金进行虚假货物交易，仍通过会议与周红阳对虚假货物交易进行沟通，并根据周红阳的安排用集资款进行虚假货物交易，客观上对周红阳、张春金持续非法集资起了帮助作用，其行为构成非法吸收公众存款罪，且犯罪数额巨大。公诉机关起诉指控被告人周红阳、张春金犯集资诈骗罪，起诉指控被告人肖震、李花平犯非法吸收公众存款罪的罪名成立，应依法予以惩处。

12月26日，经湖南省娄底市人民检察院提起公诉，娄底中院依法一审判处被告人周红阳犯集资诈骗罪，判处无期徒刑，剥夺政治权利终身，并处没收个人全部财产；被告人张春金犯集资诈骗罪，判处有期徒刑十一年，并处罚金人民币40万元；被告人肖震犯非法吸收公众存款罪，判处有期徒刑三年六个月，并处罚金人民币5万元；被告人李花平犯非法吸收公众存款罪，判处有期徒刑三年，并处罚金人民币5万元。

由此可以判定该起案件是性质为民间借贷和股权交易名义，集资诈骗和非法吸收公众存款的，以在严重亏损、巨额负债情况下，向社会公开宣传公司是拟上市公司，对外虚假承诺，非法集资的行为方式的案件。

从另一个角度进行分析这一案件。原娄底红太阳电源新材料有限公司董事长兼总经理周红阳，1991年7月毕业于中南工业大学，并加入中南工业大学科技开发公司，成为高级工程师。2005年周红阳根据自己的实践经验，带着回报家乡父老的养育之恩的夙愿，怀着贡献社会的理想和抱负，于当年6月创建了娄底红太阳电源新材料有限公司，任公司董事长兼总经理。秉着"树诚信，立标准，争效益，创和谐"的理念，生产、经营一年一个新台阶。创业至今，他培养了一批又一批专业技术人员、管理人员。企业在不断发展、壮大，资本在不断积累、扩张，每年向国家交纳以千万计的税费，为地区经济的繁荣、和谐做出了贡献。从以上资料来看，犯罪者并不是没有知识，不是不知法，而是在暴利面前丧失了自己的道德底线和法律底线。如今非法集资的案件频发，除了监管者需要反省监管的力度和范围，投资者要增强防范意识之外，企业管理者本身更应该加强自身的控制力，坚守底线，不做违法乱纪、有损投资者利益的事情，真正做到"君子爱财，取之有道"。

三、投资建议

非法集资本质上是一种金融违法犯罪活动，严重损害人民群众合法权益，破坏经济金融秩序和社会稳定大局。近年来，非法集资案件频发，发案区域涉及全国大部分省市，涉及领域逐步蔓延扩散，"下乡进村"趋势呈现。非法集资形式多样化、手段隐蔽化、操作职业化、网络化趋势明显，严重损害了群众利益，干扰了国家正常的金融秩序，甚至影响社会稳定。为防范打击非法集资犯罪行为，各级党委政府高度重视，重拳出击，在保持对非法集资高压态势的同时，广泛开展宣传教育活动，引导广大群众自觉远离非法集资。

需要提醒广大民众，提高认识，主动学习掌握必要的法律法规和金融常识，树立风险防范意识，面对手段多样的非法集资，端正心态，理性思考和分析，要懂得"天上不会掉馅饼""世上没有免费的午餐"的道理，自觉抵制、远离非法集资，对"高额回报""快速致富""一夜暴富"的所谓投资项目一定要擦亮眼睛，提高警惕，不要上当受骗。非法集资活动具有很大的社会危害性：一是使参与人遭受经济损失；二是严重干扰正常的经济、金融秩序，极易引发社会风险；三是容易引发社会不稳定，严重影响社会和谐。

同时，融资者要学法、懂法，面对资金短缺的矛盾和困难，要保持清醒的头脑，积极寻求合法的融资渠道，通过合法手段解决资金困难，避免违法筹资、害人害己的事件发生。根据我国相关法律法规规定，非法集资不受法律保护，参与非法集资风险自担。已经参与非法集资的企业、个人要尽快脱离非法集资活动并主动报案，配合公安机关查清犯罪事实。希望全国各界都要自觉抵制非法集资活动，协助司法机关依法查处违法行为，形成全社会共同监督的气氛，铲除非法集资存在的土壤，确保经济持续快速稳定发展。

非法集资是违反国家金融管理法律规定，向社会公众（包括单位和个人）吸收资金的行为。同时具备非法性、公开性、利诱性、社会性四个特征要件，具体为：一是未经有关部门依法批准或者借用合法经营的形式吸收资金；二是通过媒体、推介会、传单、手机短信、互联网等途径向社会公开宣传；三是承诺在一定期限内以货币、实物、股权等方式还本付息或者给付回报；四是向社会公众即社会不特定对象吸收资金。

是否为非法集资,可以从以下六个方面加以判断:

(1)以银行贷款利率和普通金融产品的回报率作为参考,若待查对象的投资回报明显偏高,则可能是投资陷阱。我国规定,超过国家规定贷款利率4倍以上的不受法律保护,此规定可作为判断回报是否过高的参考。

(2)通过查询工商登记资料,查询相关企业是否是经过法定注册的合法企业,经营范围是否包括融资、贷款、理财等内容。如果主体身份不合法、不真实,未按照注册登记内容依法合规经营,则有欺诈嫌疑。

(3)通过政府网站,查询相关企业是不是经过国家批准的合法的上市公司,是不是可以发行公司股票、债券等金融产品的交易场所,如果不具备发行、销售股票、出售金融产品以及开展存贷款业务的主体资格,就涉嫌非法集资。

(4)一些影响较大的非法集资犯罪,相关媒体多会进行报道,要通过媒体和互联网资源,搜索查询相关企业违法犯罪记录,防止不法分子异地重犯。

(5)对亲朋好友低风险、高回报的投资建议和反复劝说,要多与懂行的朋友和专业人士仔细商量审慎决策,防止成为其发展下线的目标。

(6)如果实在无法判断是否是非法集资,除前面谈及的应当提高警惕,尽量避免上当受骗外,社会公众可以向有关部门进行咨询,待了解详情后再做决定。切不可抱有侥幸心理,盲目投资。

从目前案发情况看,非法集资活动的常见种类主要包括债权、股权、商品营销、生产经营等四大类,主要表现有以下几种形式。

(1)借种植、养殖、项目开发、庄园开发、生态环保投资等名义非法集资。

(2)以发行或变相发行股票、债券、彩票、投资基金等权利凭证或者以期货交易、典当为名进行非法集资。

(3)通过认领股份、入股分红进行非法集资。

(4)通过会员卡、会员证、席位证、优惠卡、消费卡等方式进行非法集资。

（5）以商品销售与返租、回购与转让、发展会员、商家加盟与"快速积分法"等方式进行非法集资。

（6）利用民间"会""社"等组织或者地下钱庄进行非法集资。

（7）利用现代电子网络技术构造的"虚拟"产品，如"电子商铺""电子百货"投资委托经营、到期回购等方式进行非法集资。

（8）对物业、地产等资产进行等份分割，通过出售其份额的处置权进行非法集资。

（9）以签订商品经销合同等形式进行非法集资。

（10）利用传销或秘密串联的形式非法集资。

（11）利用互联网设立投资基金的形式进行非法集资。

（12）境外空壳公司以受国外金融监管部门严格监管为由，利用网络平台形式非法集资。

（13）利用"电子黄金投资"形式进行非法集资。

2.3 荣盛发展案

2018年4月14日,唐山荣盛未来城项目屡遭业主投诉,涉及到售后返租、篡改合同、虚假宣传等诸多问题。唐山市丰南区住建局房管所回应称,这种情况是违规的,目前对荣盛未来城正在处理阶段。

一、案件始末

1.事件经过

荣盛发展曾经以"0风险、稳赚不赔""首付10万元存商铺,年保收益40000元""专业运营团队、8%~10%高收益"等宣传语吸引购房者。但事实并非如此,根据房屋业主介绍,当时购房时销售人员表示有优惠,可以享受"3万抵5万""6万抵10万"等优惠。但这笔钱却未计入总房款中,合同中也没有这笔钱的记录。业主在交完钱之后才知道,这笔钱是团购费。而团购费也分为两部分:在一位业主提供的"6万抵10万"团购费的收据中显示,其中一张金额为4.9万元的收据为一家中介公司开具;另一张1.1万元的收据则为北京意家科技有限公司(以下简称"意家科技")开具。根据工商资料信息显示,荣盛房地产发展股份有限公司持有北京意家科技有限公司母公司90%的股份,间接控制意家科技。

业主对此质疑称,房子是直接在项目销售处购买的,荣盛发展销售人员也从未提起过其他公司,那么,这个团购费又从何"团"起?另据业主介绍,团购费也仅仅是个开始。在购房前,销售人员一直强调每年净收益8%~10%不等,10年~12年就可回本。到了应该开始返还收益时,业主却收到了荣盛方面的通知，需要按房屋租赁收益的13.1%先缴纳底商租赁税费，才能获得租金返还，不缴纳则无法获得租金返还。如果说前面的团购费是小坑，那么这个就是一个深坑了。荣盛发展开始宣传的8%~10%收益实际是税前收益，这样的话通过收益回本的可能性将不复存在。

此外，部分业主还表示，在操作过程中荣盛还有擅自修改合同、代替业主在合同上签字等现象。此外多名业主已经向有关部门投诉了80余次，到现在都没有一个解决的办法。他们投诉的内容包括荣盛未来城售后返租涉嫌虚假宣传等问题。

同时，购买荣盛未来城商铺时，合同也存在问题。业主除了和荣盛发展签订商品房买卖合同外，还与荣盛发展旗下的物业公司唐山盛商物业服务有限公司（以下简称"盛商物业"）签订了委托经营合同。

业主与盛商物业签订的合同期限为10年，在委托期内，业主每年可获得的经营收益为业主商铺所在楼座的净利润。盛商物业根据业主购买店铺的房款占整个楼座总销售额的比例，将净利润的90%按比例分配给业主，盛商物业获取10%。例如，C座一年的净利润为1000万元，业主购房款为50万元，C座销售时的总销售额为1亿元，则业主可获得的租金收益为4.5万元（此处未考虑前述业主所称税费部分）。

2.诈骗手段

荣盛发展采用虚假广告宣传，篡改合同，违规售后返租等交易模式进行非法集资。

（1）所有业主都是先交款后看到合同的，以各种理由不出示合同，欺瞒消费者。了解到的业主，几乎都是在4~12个月才拿到自己的合同，更是以不返租为由逼迫业主中途更换空白合同。

（2）霸王条款，欺压业主。甲方只有义务，没有权利，乙方只有权利，没有义务。业主晚去一天交钱，需要交滞纳金，但合同约定1月15日的返租日逾期不给钱，没有任何违约责任，几千名业主至今未收到一分钱收益。

（3）虚假宣传，以各种名义侵吞业主利益。

①宣传说十年回本，基本所有的业主合同约定的收益率是9%~9.5%（后期全款购买的业主收益率只有9%，销售的理由是买的晚优惠少）。

②营运保证金按规定是全额返还，但由于合同中与返租收益写在一起，按约定的收益率，是无法在10年期满后拿到全款的。

③业主购买一手商铺，但要缴纳团购费高达6万~12万元，没有开具任何发票，也不计价在购房款里，无法作为返租基数。而这件事，是数个月以后拿到合同和发票时才知道的。无论合同约定的收益率多高，都无法实现十年回本。

④荣盛要求业主到指定的税务局缴纳总计高达13.1%的税后，开出荣盛公司抬头的税票才办理返租手续，而且晚一天办理就要延长一个月返租。

二、案件分析

2017年1月16日，数百名荣盛未来城的业主聚集在唐山荣盛未来城及丰南区政府门口维权。荣盛未来城虚假宣传，以各种名义侵吞业主利益，甚至在业主未收到一分钱收益的情况下，问业主索取高达13%的税额（地税局明确说无业主缴纳的税）代替他们公司交税。

荣盛的口号是，投资商铺，十年回本。三千名业主的信任换来的是被欺诈，一分钱没收到，还要替荣盛企业交税，本金和收益都岌岌可危。

首先，购买商铺时，没有一个销售人员告知业主，需要交这些税。如果存在此类税费，业主的收益不可能达到荣盛宣传的十年回本。

其次，一个私企，是无权行使税务局的权利要业主交税的。

最后，荣盛把托管概念偷换成租赁，是完全颠倒了权利义务关系，不存在房东给租户交保证金的。

实际上，"售后返租"一直被明令禁止。根据《商品房销售管理办法》第十一条规定，房地产开发企业不得采取返本销售或者变相返本销售的方式销售商品房。房地产开发企业不得采取售后包租或者变相售后包租的方式销售未竣工商品房。法律层面也早已对"售后返租"行为给出明晰界定。2011年1月4日起施行的《最高人民法院关于审理非法集资刑事案件具体应用法律若干问题的解释》要求,"不具有房产销售的真实内容或者不以房产销售为主要目的,以返本销售、售后包租、约定回购、销售房产份额等方式非法吸收资金的",最高可判10年有期徒刑。

三、类似事件

荣盛发展已不是第一次违规操作,在2016年因违规收取保证金遭业主抗议维权。荣盛发展在河北邯郸的项目江南锦苑,在交房之际涉嫌违规强收高价装修保证金,否则不予交房,而当地相关政策明确规定禁止收取相关装修保证金。

2016年7月中旬,百余位业主就保证金一事进行了维权。同时,因保证金的流向无法明确,引起业主争议,质疑开发商变相"融资"。多位荣盛江南锦苑业主表示收房之际,开发商荣盛发展要求业主缴纳2.5万~4.2万元不等的装修保证金,否则便不交房。

根据业主提供的一份《关于房屋交付时装修标准及费用的申请》材料显示,开发商要求业主按照每平方米300元的费用向物业缴纳装修履约金。并表示,此"申请协议"被夹在一大堆购房文件里面,签合同时没有任何人提醒,并质疑每平方米按照300元的收费标准是否有依据。当地业内人士表示,邯郸早就禁止收取装修保证金。2014年开始执行的《河北省物业服务收费管理实施办法》明确强调,物业服务企业不得向业主收取装修保证金(押金)。据媒体报道,邯郸县住房和城乡建设局房管所所长闫岩曾表示,政府早就规定,不允许收取任何形式的装修保证金,所以这笔费用明显不合规定,市民可以让开发商拿出正规的文件再进行交费。

经过此事件荣盛发展被疑"融资"。公开资料显示,上述荣盛江南锦苑项目占地面积138亩,总建面积达到31万平方米,共15栋楼,分两期开发,当期户数1618户。粗略计算,按照上述业主所说的2.5万~4.2万元不等的保证金数额,取其平均值近3.3万元,若当期户数全部收齐,共可收取装修保证金5300多万元。

业主称,部分业主因着急用房或资金宽松,已缴纳上述保证金,但不少业主担心自己的钱"有去无回"。2016年7月16日,业主进行维权的同时,一篇标题为《邯郸荣盛售楼处被堵,上市公司被疑"融资"》的文章在业主朋友圈刷屏。由于首批交房的几栋楼所有业主如若都交齐加起来保证金数额巨大,业主质疑装修期间这笔款项的用途如何,装修期过后,开发商能否如数退还。在资金流向不确定的情况下,部分资金款项被挪用到其他领域也不无可能,难以让业主心安。据悉,上市之后,荣盛发展施行"高周转"策略,来实现规模性的扩张,但造成资金承压。近几年,资金链紧张的消息不断被曝出。

据业主反映,荣盛房地产给房管局备案的是"精装房屋",而卖给业主交房时是毛坯房。而"申请协议"上明确显示,开发商称,依据新政要求,此项目交付时应为已装修房,但与业主约定以毛坯房为交付标准。并要求业主8月1日交房即日起至9月30日,两个月内完成装修。有业内人士分析,"备案是装修房却以毛坯房交付,显然开发商在衡量资金的问题,与精装修比,毛坯房成本要低很多。"

值得关注的是,荣盛发展2016年7月25日晚公告,拟以不低于7.70元/股非公开发行股票,募资不超过49亿元,投入房地产建设项目。募资中,28亿元投向石家庄荣盛华府(棉三),9亿元投向南京荣盛华府,5亿元投向济南花语馨苑,7亿元投向邯郸荣盛观邸。

四、投资建议

老百姓手头的余钱越来越多,理财就成为一种全面的人生规划。人们除了可以选择常规的银行存款外,更多的人根据自己的实际情况,选择房地产作为一个保值增值的理财产品。当然,房地产投资产品有好有坏,投资时还需擦亮双眼,建议在选择房地产时,要注意规避以下几个方面的风险。

第一，要选择一个具有稳定经营收入的产品。权衡一个投资理财产品在经营上是否具有安全保障，一是考虑经营现状，二是经营前景。投资人应关注并尽可能地去了解所投资产品的经营状况，如了解它的地理位置设置是否合理、功能定位是否恰当、经营团队是否优秀等。

第二，关注、判断产品的担保机制。一个安全的投资理财产品的担保机制首先应该具备强有力的保障体系；其次要分清担保的方式，看是普通责任担保还是连带责任担保；最后需要注意的是担保内容。现在市场上出现了很多产权式投资，虽然有些打出银行提供担保的口号，但如果仔细看它的合同条款，银行只是对投资的人收益进行担保并不对投资人的本金进行承诺，这从实质上来讲应该属于代扣代发，而非真正意义上的担保。

第三，注意退出机制。作为投资理财产品，退出机制非常关键。如果规模正规的公司，其退出机制也会相应完善，这对保障投资的利益非常重要。如一个投资产品的退出年限为2年或3年，也就是说，根据投资人所签合同的规定，2年或3年后，投资人可以随时通过等值转手的方式将物权转售给经营公司，而不必长期持有。

此外，业主和开发商产生纠纷的根源一般都归结与最早签署的合同上，所以必须掌握一些签合同的必要知识：

第一，认定合同主体。有时代表开发商签约的人并不是法人代表，或者合同上的开发商并不是该房产土地拥有者，这些都有可能产生问题。购房者在签约前最好查明代表发展商签字的人是否是法人代表，如果不是，则是否持有"授权委托书"。否则，这个人的签字是无效的，同时要注意合同上的公章，这样可以避免发展商推卸责任。

第二，不要轻易在开发商提供的补充协议上签字。签补充协议在购房交易中很有必要。但是要提醒购房者的是，开发商在签约时会主动出具一份对自己有利的补充协议让购房者签他拟好的补充协议，建议购房者要看清楚补充协议的条款，保护自己的利益。

第三，对于合同中开发商承诺的"如果发生问题，在最短时间内解决"购房者一定要把每一个具体的时间、具体的地点、具体的材料以及开发商的口头承诺落实在合同里。

第四，在合约书中，应注明与发展商谈定的付款方式与价位，是按揭付款还是工程期分期付款。如果是分期付款，每期款的缴款时间应注明。

第五，对于购置房屋的面积要明确销售面积是多少。如面积误差率超过约定范围，客户有权要求退房或追缴利息损失。

第六，发展商交付房屋的日期一定要写明确，应明确到某年某月某日交屋，而不应用模棱两可的措辞来表达，因为这里涉及到逾期交房的违约问题。

第七，应在合同中明确提出产权证发放到手中的准确时间。目前由于各方面的因素，产权证发放比较慢，但也应限定适合的日期，发展商不能无限制地拖发产权证。

2.4 睡宝床垫非法集资案

一、案件始末

广西睡宝床垫集团有限公司曾是一家拥有二十多年历史的，在柳州乃至广西知名的企业。20世纪90年代，睡宝床垫董事长覃仕平在柳州市东环路租下两亩多地，投资十余万元在那里建立了第一个生产基地，生产睡宝新型床垫。1999年7月，经柳州市工商行政管理局登记注册更名为广西睡宝床垫有限公司。2003年1月，在香港特别行政区注册成立了香港睡宝集团有限公司。2008年7月30日，经广西工商行政管理部门核准注册成为广西睡宝床垫集团有限公司，注册资本2080万元。

"让天下人都睡好"是该公司为众人知晓的广告语，公司生产的睡宝床垫是颇具知名度的床垫品牌，成为许多广西人选择的对象。随后，睡宝床垫成为一家集床垫、涂料、房地产为一体的综合性企业。公司曾获多项殊荣，为柳州的财政和就业做出过重要的贡献，董事长覃仕平曾荣获优秀社会主义建设者称号。

既然提到睡宝，那么就不能不提睡宝创始人覃仕平了。

覃仕平出生于20世纪50年代，做过中学老师，当过电焊工人，摆过地摊，开过出租车，当过个体工商户。改革开放后，覃仕平放弃了作为电焊工人的铁饭碗，投身到下海经商的浪潮中。

最初，覃仕平瞄准与老百姓生活密切相关的"衣食住行"中的"衣"，做起了服装生意。首先是在夜市摆地摊，再到租赁商铺零售，接着批发服饰往柳州周边地区及区外的贵阳、遵义等地。衣服生意让覃仕平收获了人生的第一桶金,也积累了后期创业的原始资本。

但是,服装市场变幻莫测,一开始批发零售经营服装新品类很好卖,利润也高,然而很快就迎来了跟风潮。随着竞争的加剧,服装品类利润不断走低。覃仕平发现只有把握服饰发展的潮流,不断推陈出新才能保持利润。但是随着竞争事件的不断重演,覃仕平体会到了紧迫的危机感,不得不停下脚步,重新思考该如何走出困境。

在摸索中,覃仕平开过出租车、跑过长途运输。然而许多现实的原因又迫使他停下来重新思考,未来的发展路径。

1. 被迫转型,切入"住"的领域

机遇只偏爱有准备的头脑,覃仕平由于常年奔走全国各地,居住过大小各种旅店,他注意到旅店的床铺普遍不是很舒适,即使是席梦思床垫,也因使用年限长后,容易变形、凹陷,睡眠质量并不好。

随后,覃仕平在对家具市场调查时发现,传统的木床正变得越来越窄。与此同时,国家出台了与森林保护相关政策法规。覃仕平认为市场上势必会出现新型的可以取代传统硬板床的床垫。

由此,覃仕平瞄准了家具市场中床垫品类所蕴含的巨大商机。1989年,覃仕平花2000元从柳州人郭建森手里买了床垫专利科技,并成立了一个小作坊,开始进行床垫技术探索和制作。

经过反复的研究和实验,终于开发出了第一款产品,即弹力网床垫。床垫样品开始试卖后,获得了较好的市场反响,使得覃仕平信心大增。

2. 锲而不舍,从默默无闻至名声大噪

1990年,覃仕平在柳州市东环路租下两亩多地,并投资十余万元建立了第一个生产基地,生产新型床垫。刚开始,床垫的生产经营面临种种难题:人手不足、工艺待改进、销路打不开、投入加剧却未见盈利等,使得床垫的生产及发展陷入窘境。

为了推广床垫，打开销路，1992年春节期间，覃仕平几经周折申请到了柳州市"年货一条街"的一个展位。通过现场展示，让消费者到床垫上踩踏的方式，亲身体验床垫扎实的工艺、品质。此次体验式推销之后，睡宝床垫迅速获得了消费者的关注，并逐渐获得消费者的认可。通过消费者的口耳相传，床垫销路逐渐被打开。

有些事情不是因为看到希望了才去坚持，而是因为坚持才能看到了希望。跨过了销路的坎，覃仕平的事业迎来了转机和飞跃。

1993年，他建成了自己的床垫厂，加快生产和扩大规模；同年，公司又拿下一个床垫的专利。

1999年7月，睡宝进行经济体制改革，在柳州正式注册成立广西睡宝床垫有限公司。

依靠先进的生产设备、工艺和严谨的检验程序，2002年，睡宝通过了ISO9001：2000国际质量管理体系认证。

2003年，覃仕平在柳州置地近300亩，新建大型床垫生产基地，员工800多人，床垫的年产能达到100万张。根据评估机构当时对企业的估算，作为睡宝集团老板的覃仕平身家过亿。

2010年10月，睡宝获得了国家品牌评选中最高荣誉的"中国驰名商标"。睡宝迈入发展的快车道，由刚开始的默默无闻变得名声大振。

3.齐头并进，跨入多元化发展轨道

2011年覃仕平接受《当代广西》采访时表示，睡宝的口号是"让天下人都睡好"，而要实现这个理想的发展目标，单一的发展模式，速度太慢了。

早在2002年6月，覃仕平就在柳州注册成立广西睡宝涂料有限公司，进入涂料行业。其拥有年产涂料近十万吨的现代化生产流水线六条，是国内规模大、竞争力强的墙面涂料生产企业之一。曾先后荣获得绿色环保、质量管理体系和消费者信得过产品、2011年"中国涂料十大品牌"等诸多

殊荣。

2004年，覃仕平在香港注册成立香港睡宝集团有限公司，加快多元化发展步伐，正式进军地产、汽配等行业。

2008年7月30日，睡宝经广西工商行政管理部门核准，注册成为广西睡宝床垫集团有限公司，注册资本为2080万元。

如鲜花着锦，似烈火烹油，此时的睡宝集团，已经成为一家集床垫、家具的生产、销售、科研为一体的大型综合性企业，并且是国内最大的专业生产弹力网床垫的厂家之一。

同时，涉足床垫家具家纺业、酒店旅游业、房地产业、高科技农业及涂料化工、金融业、汽车轮胎配件业六大产业板块，是一家横跨多行业的大型综合性现代企业，也成为柳州市乃至广西的知名企业。

"日中则昃，月盈则食"，多元化发展的睡宝集团犹如乘上了高速列车，迅速扩张和发展，不断攀向高峰。资本的逐利性使得它会向高利润的行业流动，十多年来保持高速增长的房地产行业便成为很多企业多元化发展的选择。2004年，睡宝集团正式在柳州和贺州进入地产业，此后又陆续进军南宁凤岭北、防城港。伴随着地产行业的黄金十年，睡宝集团快速发展。房地产项目的巨额投入必然需要庞大的资金链支撑。但从大环境看，2013年开始，房地产政策发生很大变化，从原有的调控思维变成了稳定和支持；2014年，兴业银行、招商银行、交通银行、民生银行等多家银行收紧房地产商发贷，银行收紧房地产开发商贷款，对开发商的资金链有一定影响。

同样此时的睡宝集团，由于快速扩张以及床垫产品的竞争对手不断赶超挤压，资金的紧缺成为其发展的首要制约。繁盛下隐藏的风险，也时刻窥视着，找机会将它拉下低谷。2012年7月，睡宝公司在柳州市城中区东环大道成立融资部，并委任被告人谭泉旺为融资部总负责人，代表睡宝公司对外开展非法吸收公众存款的活动，共向270人非法吸收了存款35766万元后，睡宝公司对上述大部分人员以还本付息的方式返还共计17277.33997万元，另外尚有18488.66003万元未归还。并且，从2015年起，广西睡宝床垫集团法定代表人屡次陷入借贷纠纷、非法集资风波，屡屡传出非法集资丑闻。可谓"祸不单行"，深陷非法集资风波的睡宝集团又因无力清偿债务被债权人告上法庭。6月2日，广西睡宝床垫集团有限公司管理人发布通知书，称2017年1月12日，南宁市金通小额贷款有限公司以广西睡宝床垫集团有限公司不能清偿到期债务，且资产不足以清偿全部债务为由向柳州市中级人民法院申请对睡宝公司进行破产重整。

柳州市中级人民法院做出（2017）桂02破申4号民事裁定书，裁定受理南宁市金通小额贷款有限公司对广西睡宝床垫集团有限公司的重整申请；并于2017年4月7日作出（2017）桂02破申4号决定书指定了管理人。

破产重整是指专门针对可能或已经具备破产原因但又有维持价值和再生希望的企业，经由各方利害关系人的申请，在法院的主持和利害关系人的参与下，进行业务上的重组和债务调整，以帮助债务人摆脱财务困境、恢复营业能力的法律制度。

重整制度把清理债务与拯救企业紧密地结合在一起。它把债权人权利实现，建立于企业复兴的基础上，力图使企业的营运价值得以保留，从而使债权人得到比在破产清算分配的情况下更为有利的清偿结果。并通过债务调整，消除破产原因，使企业摆脱经济困境，获得复兴的机会。

被申请重整的睡宝集团，犹如推倒的多米诺骨牌，很快便引发了连锁效应。从目前公诉机关的指控资料可知：

2009年至2014年8月期间，覃仕平依托广西睡宝床垫集团有限公司、柳州市昊客商务服务有限公司，在不具备向公众吸收存款资格的情况下，由被告人覃仕平决策、操纵，被告人谭泉旺负责具体实施，向其朋友，或通过谭某为总负责人的睡宝公司融资部平台，以覃仕平本人为借款方，睡宝公司为保证人，与借款人签订借款合同，以每月支付2%~4%不等的利息为承诺，向130名社会不特定人员和单位人员非法吸收存款27710万元。同时，覃仕平以公司发展需要资金为由，向睡宝公司员工及其下游专卖店老板、员工86人非法吸收存款6017万元，向270余名不特定的公司员工、客户及通过公司融资部、柳州客家商会向社会不特定人员、单位，开展非法吸收公众存款业务，共非法吸收公众资金高达3.5亿余元。

2015年8月31日、9月21日，公安机关以覃仕平、谭泉旺涉嫌非法吸收公众存款案移送至城中区检察院审查起诉。审查起诉期间，城中区检察院考虑该案涉案人数众多、涉案数额特别巨大、社会影响力较大等多重因素，积极与公安机关协调，引导公安机关取证。在要求公安机关进行债权登记公告的同时，还要求公安机关对非法吸收的资金流向、用途进行补充侦查，并对相应的资产进行查封，以此保障后续追赃工作能够顺利进行。

2016年3月1日，城中区检察院以被告人覃仕平、谭泉旺涉嫌非法吸收公众存款罪向柳州市城中区人民法院提起公诉，同年8月5日对部分遗漏罪行及被告单位广西睡宝床垫集团有限公司进行追加起诉。

2017年8月11日，城中区人民法院对该案进行一审公开宣判，认定城中区人民检察院指控被告单位及二名被告人的行为构成非法吸收公众存款罪成立。被告单位广西睡宝床垫集团有限公司判处罚金人民币五十万元，被告人覃仕平判处有期徒刑八年，并处罚金人民四十万元，被告人谭泉旺判处有期徒刑四年，并处罚金人民币十万元。

最终在2017年8月11日城中法院作出一审判决：广西睡宝床垫集团有限公司犯非法吸收公众存款罪，判处罚金人民币50万元；被告人覃仕平犯非法吸收公众存款罪，判处有期徒刑8年，并处罚金人民币40万元；被告人谭泉旺犯非法吸收公众存款罪，判处有期徒刑4年，并处罚金人民币10万元。

二、事件分析

此事件行为可以判定为：向社会公众以借款的方式吸收资金，用于投资地产、商铺、发展生产及支付借贷款利息，民间借贷名义，非法吸收公众存款性质的案件。

在非法集资类案件中，如果认定相关单位、人员构成非法吸收公众存款罪的相关证据已确实、充分的情况下，为了让被告人获得相对较轻处罚，实务中可以采用促使公诉方以单位犯罪追究相关责任人员责任的辩护策略。因为根据相关司法解释规定，个人犯罪与单位犯罪之下的直接负责的主管人员和其他直接责任人员在较高档的量刑幅度相差不大，但涉案金额却有所差别，如非法吸收公众存款罪"数额巨大"个人的犯罪数额起点是100万元，单位则是500万元。

在该起案件中，法院审理查明，2009年至2014年8月期间，被告人覃仕平作为睡宝公司法定代表人、实际控制人，在明知睡宝公司不具有银监局等相关机构批准从事金融业务许可的情况下，仍承诺2%~4%不等的月利，通过不同渠道，以公司或其个人的名义，大量向社会公众以借款的方式吸收资金，并将所吸收的资金用于投资地产、商铺、发展生产及支付借贷款利息等。

2012年7月，睡宝公司成立融资部，委任被告人谭泉旺为融资部总负责人代表睡宝公司对外开展非法吸收公众存款的活动，共向270人非法吸收存款35766万元，后睡宝公司对上述大部分人员以还本付息的方式返还共计17277.33997万元，尚有18488.66003万元未归还。

城中法院审理后认为，被告单位睡宝公司违反国家金融管理规定，未经有关部门依法批准，向社会公开宣传，以公司资金周转等为名，承诺在一定时期内以货币形式还本付息，向社会公众吸收资金，利用承诺支付高息为诱饵，采取口口相传的方式先后向不特定的社会公众吸收资金，数额巨大，其行为已构成非法吸收公众存款罪。被告人覃某作为睡宝公司的法定代表人、实际控制人，是睡宝公司非法吸收公众存款的起意者、决策者和实施者；被告人谭某作为睡宝公司融资部的负责人，管理和实施了该部门非法吸收公众存款的行为；二被告人在单位犯罪中均系直接负责的主管人员，谭某明知覃仕平非法向社会公众吸收资金仍提供帮助，二人的行为已构成非法吸收公众存款罪。

覃某在单位犯罪中起组织、决策的作用，是主犯，应对睡宝公司全部的非法吸收公众存款行为负责。谭某具体落实覃仕平的决策，负责融资部非法吸收公众存款行为，应承担融资部非法吸收公众存款部分的责任，且处于辅助、次要作用，是从犯，应当从轻或减轻处罚。被告人覃某、谭某归案后能如实供述自己的罪行，可以从轻处罚；睡宝公司吸收存款后返还了集资参与人部分经济损失，可酌情从轻处罚。

然而，根据相关人员介绍，当时睡宝集团的重整是广西最难的重整案之一，难就难在其混乱的股权结构。整个睡宝集团分床垫、涂料、房地产和外围公司几大板块，最知名的是睡宝床垫，但资产最大的是房地产，在南宁、柳州、防城港、东兴等地都有资产。

实际上来说，睡宝是资产大于债务的，而且资产负债率其实并不太高，床垫、涂料两大业务的利润非常好，房地产其实地段也都很不错，运作成功的话，"钱"景非常可观，如果一开始做好顶层设计，这盘棋是非常棒的大棋。但睡宝之所以走到这个地步，主要原因是有几大死穴，我们称为"金融癌症"，为做集团公司之大忌。

第一，融资结构没做好，资金池构建极度不合理，从起步开始就蕴藏系统性风险，严重一点说，可以说是一条不归之路，主要表现在几乎没有外来股东投入。在银行贷款上，四大行贷款很少，商业银行贷款也不多，多半是城商行贷款。而且几年期的项目贷款很少，多半是一年和半年的短期流贷或承兑汇票。此外，民间借贷过多，利息过高，远超非法集资的基准线。

第二，过于错综复杂的股权结构。整个睡宝的四大板块，都是以覃仕平董事长为中心构建的，股权结构非常之乱。没有睡宝，只有睡宝系。准确地说不叫睡宝系，只能叫"覃仕平系"，一度这个股权结构有理顺的希望，可惜，最后错过了那个机会。股权结构错乱，导致治理结构严重错乱，公司没法形成从上到下的统一的体系。

第三，互相担保，交叉担保。床垫和涂料都是很好的生意，生意本身不大，但却依靠这两家的信用，来撬动庞大的房地产资产。结果四大板块的资产、股权，全部都通过互相交叉的担保，一押，二押，死死地绑在一起，无法动弹。

从以上这些来看，金融圈的行家就能明白睡宝重整的困难在哪里。睡宝的重整，其难度系数非常之高，最终只能合并重整，而合并重整又不是以睡宝为中心，而是以覃仕平董事长为中心，而部分又是代持的关系，可是又被担保链绑着。这个复杂的系统，纯法律人很难理解。很多条线牵着，想切开很难切，想解开，工程量又不是一般的大。

至此，除了这个曾经是柳州引以为傲的企业发展轨迹让人唏嘘外，其法人如何从一名工人成为身价过亿的老板再到涉嫌犯罪被起诉的人生轨迹同样引人关注。同时，这起案件的宣判昭示着被告人的犯罪行为受到了应有的惩罚，城市金融秩序也得到了有力的维护，但投资人欲全部挽回自身的经济损失却是困难重重。此案再一次告诫一些急于通过投资来实现财富保值和增值，但又缺少稳妥的投资渠道或投资技能普通社会公众，应当增强自我防范和自我保护的意识，树立正确的投资理财观念，减少投资行为的盲目性，不要因贪图一时之利被各类非法集资行为所引诱，应选择正规渠道获取投资收益。

三、投资建议

随着社会经济的高速发展，近年来非法集资类案件呈现出高发态势。非法集资是我国法律明令禁止的，但是在民间仍有不少人采取诱惑和欺骗的手段让很多人上当受骗，给人民群众造成了巨大经济损失，影响了社会的和谐与稳定。

首先，需要对非法集资有一个明确的了解和正确的认识。非法集资是指单位或者个人未依照法定的程序经有关部门批准，以发行股票、债券、彩票、投资基金证券或者其他债权凭证的方式向社会公众筹集资金，并承诺在一定期限内以货币、实物及其他利益等方式向出资人还本付息给予回报的行为。非法集资主要有的现状及特点为：

（1）群众手中大量闲散资金渴望高收益的投资渠道。随着群众收入的提高，闲散资金越集越多。但银行储蓄方式利率低，已不能满足投资增值的需要，而非法集资通过各种渠道大力宣传，使投资者认为既可以得到高额投资回报，又不必承担投资失败的风险，因而踊跃投入资金。

（2）集资手段具有较强的欺骗性和隐蔽性。犯罪分子通常借用公司名义实施犯罪，工商执照、税务登记样样俱全，以此为其非法集资活动披上合法的外衣，甚至很多犯罪分子本身就是当地的知名企业家等，在本地享有一定的知名度，有一定人脉关系和社会活动能力。通过熟人、亲戚朋友之间层层介绍，基于相互信任，参与对象不断扩展，自成体系，甚至演变为传销手段。同时，极力夸大盈利能力或投资回报率，虚假承诺高额收益，有的达到了月息30%。

（3）集资涉及群体多、金额大、涉及地域广。涉及群体从数十人到数百人，有公务员、教师、医生等公职人员、企业老板，又有下岗职工、中老年人、退休人员等普通群众。非法集资类案件的涉案金额往往特别巨大，少则几十万元，多则上千万元，甚至几十亿元，而且犯罪嫌疑人活动范围扩大，跨区域犯罪增多。其中房地产行业占非法集资资金总额的80%，所吸收的资金较大部分流向外地，除非资金链断裂，否则很难发现。

（4）非法集资者集资手段和"营销方式"不断翻新。有类似"老鼠仓"的传销模式，有委托加工（种养）产品收购模式，有"公司加农户"模式等。承诺高额回报，编造"天上掉馅饼""一夜暴富"的神话。虚假宣传，装点门面，用合法的外衣或名人效应骗取群众的信任。利用精神、人身强制或亲情诱骗，不断扩大受害群体。利用网络，以伪"P2P"为幌子实施非法集资。以高额回报为诱饵，以互联网为载体实施非法诈骗活动。

（5）处置难度大，资金难以追回。非法吸收公众存款案的涉案金额少则数百万元，多则上千万元。非法集资活动在前期往往表现为民间借贷，能按时付出高息，资金链断裂、群众举报或投案自首后，才得到有关信息。受害群众的集资款或是被非法集资者用于生产经营、投资转贷，或是被其非法占有，案发后大部分资金已被使用或挥霍，公安机关很难追回全部涉案款项，犯罪嫌疑人虽受到法律的严厉制裁，但其有限的赔付能力使得受害群众的经济损失难以挽回。

为揭露非法集资的巨大危害，引导人民群众增强法律意识、风险意识和识别能力，有效遏制非法集资犯罪活动，提供以下投资建议，防范并远离非法集资。

（1）拓展多种投资渠道。预防、惩治非法集资，随着居民收入水平的不断提高，结构单一的投资渠道已经无法满足居民的实际需求。因此，只要通过金融创新，为居民提供更多的期限不同、风险不同、收益不同的，满足社会资金投资要求的投资渠道，投向非法集资资金就会减少。

（2）加强宣传教育。通过主流媒体及各银行网点、新闻、广告、微信、微博等方式，采取巡回审判、公开审判、公布典型案例等方式，及时公布非法集资新形式、新特点，及参与非法集资企业名单，避免更多群众上当受骗、盲目投资等内容进行广泛宣传，一是认清非法集资的本质和危害，提高识别能力，自觉抵制各种诱惑，坚信"天上不会掉馅饼"；二是正确识别非法集资活动；三是增强理性投资意识。高收益往往伴随着高风险，不规范的经济活动更是蕴藏着巨大风险。

（3）加强专案打击，提高对非法集资犯罪成本。一是相关部门密切配合，合力预防非法集资，银监局、公安局、人民银行、工商局、税务局等各职能部门应加强风险监测，形成合力，积极预防非法集资案件；二是依法严惩非法集资诈骗行为。政法机关加大对非法集资犯罪的打击、制裁力度，防止由于案件查处时间过长而产生的犯罪分子转移资金或潜逃境外。

（4）加强社会诚信体系建设，建立"黑名单"制度。将组织非法集资的单位和个人记入诚信档案，建立"黑名单"制度，并向社会公布，让其为今后的发展生存付出代价。同时，让群众明白参与非法集资是投机行为，是非法金融活动，参与非法集资违背客观经济规律，是不诚信行为，要自觉远离非法集资，抵制非法集资，让非法集资没有市场。

2.5 正菱集团非法集资案

一、案件始末

正菱集团为广西柳州颇具知名度的民营企业,曾多次入选广西百强企业。工商资料显示,该集团成立于2003年,注册资本6000万元,主营机械制造、建筑材料等。柳州正菱集团曾是广西"百强企业"之一,业务涉及汽车及零部件、建材、物流、房地产开发、工程机械、非银行金融等多个领域。拥有资产超100亿元,拥有员工超万人。2008年,正菱集团进军金融行业,参股桂林市商业银行。2009~2010年,正菱集团先后创办贺州鸿运小额贷款公司、柳南区小额贷款公司,参股柳江县兴柳村镇银行。正菱集团旗下的广西华泰机器有限公司是广西玉柴、上汽通用五菱、江淮叉车厂的配套供应商;旗下的另一家公司柳州市汽车齿轮总厂是东风柳州汽车有限公司、上汽通用五菱主机厂配套供货厂商。正菱集团负责人廖荣纳2009年登上胡润百富榜,为柳州唯一入围百富榜的民营企业家,被称为"柳州首富"。

2014年5月27日晚,柳州市公安局通报称,经济犯罪侦查支队在工作中发现柳州正菱集团有限公司(下称"正菱集团")涉嫌非法吸收公众存款犯罪,经初查,2014年4月依法对该公司立案侦查。通报同时请与正菱集团(含下属子公司、公司高管)有集资关系的单位和个人进行登记。

从知情人士处获悉,在柳州公安通报前,广西银监局已在摸底当地银行对正菱集团的信贷情况。当地多家银行此前内部发布风险通知,对正菱集团及关联企业授信情况进行排查,相关数据已汇总至广西银监局。

"正菱集团主要贷款行包括桂林银行等本地银行,也包括几家国有大行。"该人士称。

除了集资和银行贷款外,正菱集团借款名单上还包括信托公司。经过调查了解,2013年3月,华融信托曾先后发起两款集合资金信托,募资分别为2.241亿元、4590万元,合计2.7亿元,最长到期日为2015年一季度。

(一)涉嫌巨额非法集资

廖荣纳,正菱集团董事局主席、实际控制人,生于20世纪50年代,其创业路径在国内民营企业主中颇具代表性。

20世纪80年代,工业品紧缺,廖荣纳做运输打通了广西和江浙的货物运输联系,成立贺县客货汽车运输队,1982年,又成立柳南区汽车配件公司,由此赚到了第一桶金。

整个90年代,廖荣纳开启国企大收购行动,首先参与义乌、嘉兴等沿海地区的国企改制,收购板簧厂、农用车厂等国企。而后又参与广西的国企改制,相继收购原柳州市柴油机配件厂、柳州市罐头食品厂、原广西第一机床厂、第二机床厂、鹿寨县水泥厂等。

2003年,正菱集团正式挂牌成立,以汽车、挖掘机、装载机、发动机、机床等整机及零部件制造为主体,当年入选"中国500强民营企业"。

2003年后,正菱集团的业务重点开始部分转移到资本经营和房地产领域,此间廖荣纳开始通过民间借贷形式,供给巨额的地产项目投资和金融投资。

2005年,正菱集团注资两亿元成立柳州正菱担保有限公司(下称"正菱担保"),是广西最早一批的担保公司之一。不过柳州当地网络社区用户反映,正菱担保后来成为了主要的吸存平台之一。

此后,正菱集团又相继成立和参股了柳州南方典当有限责任公司、贺州广泰担保有限公司、贺州市鸿运小额贷款公司、柳州市柳南区运通小额贷款公司、柳江县柳银村镇银行。2008年更是参股桂林银行,成为该行前五大股东,廖荣纳也借此成为桂林银行董事。

除了接连的金融投资外,正菱集团也上马了多个地产项目,其中包括正菱大厦、正菱合浦工业园项目、正菱官塘工业园、贺州正菱大酒店、柳州市正菱商业文化广场,项目均位于柳州市和贺州市核心区域,投资金额巨大。

"正菱集团在制造装备、工程机械等领域经营并不差,到目前仍有不少优质资产;但据银行摸底情况,其后期民间借贷数额巨大,拖垮了整个企业。"桂林银行一位人士称。

据当地媒体报道,正菱集团民间借贷的一个平台是正菱担保,吸纳的资金主要来自个人,途径是通过亲戚、朋友、同事互相介绍;此外,正菱集团还通过公司高管,以及廖荣纳担任领导的大小商会融资。

与此同时,正菱集团的主业却在凋敝,其旗下柳州正菱重型数控机床有限公司等原来在各自领域小有名气,合作单位包括广西桂东电力等大企业,但近期因为未能履行合同义务,后者已将正菱集团诉诸公堂。

(二)资产遭多方冻结

事实上,2014年年初,柳州当地就盛传廖荣纳"跑路"的消息,并引起了债权机构各方的注意。据了解,广西银监局早对当地银行发出了正菱集团及控股企业的预警;相应贷款银行则陆续对各自贷款相关抵押物情况、是否资产被查封等情况进行了摸底。

"在此次公安通报之前,我们已经通过法院对正菱集团进行了诉讼和资产保全,因此前贷款均为抵押贷款,目前来看不存在太大风险。"上述桂林银行人士称,按照偿还顺序,民间资金并不影响银行债权率先清偿。

除了桂林银行等当地银行外,一些国有银行也介入了正菱集团业务。例如,正菱集团曾在交通银行办理过数笔贷款。

信托公司介入则较晚,如前所述,华融信托2013年3月连续发行了

"华融·柳州正菱集团信托贷款集合资金信托计划"两期,为正菱集团募资高达2.7亿元。

从上述信托计划推介书显示,该信托资金用于正菱集团采购原材料和基础配件,由正菱集团市中心土地使用权和子公司股权作为抵质押,还款来源为正菱集团经营收入。该信托期限最长为24个月,满12个月可以提前终止,目前仍处于存续期。

此外,还从贺州市法院获悉,正菱集团持有的,由中信银行南宁分行、交通银行广西分行开立的2亿多元的银行承兑汇票,也已经被债权人申请冻结。

2017年11月22日,柳州市柳南区人民法院对被告单位正菱集团及被告人廖某纳、叶某群等8人非法吸收公众存款案一审(二审维持原判)以非法吸收公众存款罪判处正菱集团罚金200万元;以非法吸收公众存款罪分别判处廖某纳等8名被告人八年至一年六个月不等有期徒刑,并分别处以罚金;责令正菱集团、苏某华分别退赔相关集资参与人经济损失;对苏某华等5名被告人的违法所得分别予以没收。一审宣判后,被告单位及8名被告人均提出上诉。

二审法院认为,正菱集团违反国家金融管理规定,以生产经营需要资金周转等为名,利用承诺支付高息为诱饵,以口口相传等方式,向不特定的社会公众吸收资金达118119.6万元,数额巨大;廖荣纳、叶祉群系上述行为直接负责的主管人员,廖昌首、周霖娜、廖杰、黎福媚、苏光华、李伯勤系上述相关行为的其他直接责任人;苏光华个人还违反国家金融管理规定,向不特定的社会公众吸收资金达2242.344万元,数额巨大;正菱集团和廖荣纳、叶祉群、苏光华、廖昌首、周霖娜、廖杰、黎福媚、李伯勤的行为均已构成非法吸收公众存款罪。一审判决认定的事实清楚,证据确实、充分,定罪准确,适用法律正确,量刑适当,审判程序合法。

二审期间,柳州市中级人民法院依法充分听取了上诉人、辩护人及柳州市人民检察院的意见,依法做出上述终审裁定。

二、事件分析

此案为广西至今涉案金额、涉案人数最大的非法集资案件。最终该案件判定为以生产经营需要资金周转等为名,利用承诺支付高息为诱饵,以口口相传等方式集资的民间借贷名义,非法吸收公众存款。

2014年5月27日柳州警方发布通告称,发现柳州正菱集团有限公司涉嫌非法吸收公众存款,警方已介入调查,并通过媒体发布通知,要求与其有集资关系者速到警方登记。据了解,柳州正菱集团涉嫌非法吸收公众存款,涉及约2000人,廖荣纳、叶祉群、廖昌首等人,利用正菱集团子公司、正菱担保公司、未向民政部门登记注册的"广西廖氏宗亲联谊会互助基金会"、广西客家商会及廖荣纳任职的柳州客家商会等平台,通过与出借方签订贷款协议、"互助合作协议"等方式,以每月支付1%~10%不等的利息承诺,向社会不特定人员、单位非法吸储或变相吸储资金。

在此类通过老乡会、互助会等形式非法吸收公众存款的案件中,应该注意要排除与借款人有特定关系的借款人,不能将参与集资的亲友、老乡也视作"社会不特定对象"的一部分和成员。

三、投资建议

实际上非法集资就是指相关的单位或者个人,没有按照法定审批程序获得相关部门的批准,以发行股票、债券、彩票、投资基金、证券或者其他债权凭证的方式,向社会公众筹集资金。而且承诺在一定期限内以货币、实物或其他方式向出资人还本付息,或者给予回报的行为。

第一是非法性,就是没有经有关部门依法批准或者借用合法经营的形式吸收资金,是违法的。第二是公开性,是指通过媒体,特别是通过现在流行的微信群、朋友圈、公众号等自媒体、网络推介会、传单、手机短信等途径向社会公开宣传。第三是利诱性,即承诺在一定时间内以货币、实物股权等方式还本付息或者给予回报。第四是社会性,即面向社会公众即社会不特定的对象，这是一个很重要的一个特征。

非法集资的表现形式非常多样，而且随着社会经济的发展，各种新的形式会不断出现，有些甚至是披着合法的外衣。不管形式再多，本质是相似的，投资者平时可以多留意下。

非法集资主要分两种，一种是比较传统的，如有一些不具有房产销售资质，或者不是以房产销售为主要目的，以返本销售、售后包租为吸引点，像前段时间跨世纪采用这种销售房产份额的方式，就是一个例子。

还有像不具有发行股票债券的真实内容，却以虚假转让、发售股权的方式非法吸收资金；假冒保险公司伪造保单的方式非法吸收资金；现在比较热的以投资入股的方式非法吸收资金，如经常说的众筹，这必须把握一个红线：就是不能超过两百人，这个是法律的规定；另外，还有一个时髦的概念"财富管理"，就以委托理财的方式非法吸收资金，承诺高的回报利息，高的回报收益率。这些都是一些传统的方式。

目前比较新型的方式，主要是依托互联网，现在常见有P2P这种模式，也是问题比较多的一种。还有就是非融资性担保企业，以开展担保业务为名非法集资。

此外，目前比较多的就是打着境外投资高科技，假冒或者虚构国际知名公司设立网站，并在网上发布销售境外基金、原始股境外上市。虚构股权上市增值前景或者许诺高额的回报，诱骗相关人员向指定的个人账户汇入资金，然后"跑路"。

还有一种就是养老地产，有两个特征：一是投资养老公寓。以高回报提供养老服务，吸引老年人加盟投资；二是通过举办所谓的这个养生讲座、免费体检、免费旅游、免费发放礼品等，诱导老年人投入资金。

另一种是以高价回购收藏品等方式非法集资，如纪念币、纪念钞、邮币等，以所谓的收藏品为工具，承诺高价回购，吸收资金。

第三篇

地方政府案例

3.1 城投债提前兑付引爆"另类违约"风险

一、事件经过

在中国信用债投资者还在为连连爆发的债券到期无法兑付而胆战心惊时,却又踏入了"另类违约"的新雷区——手握大量现金的地方政府城投平台为了降低融资成本,打算提前兑付未到期债券。一石激起千层浪,投资者担忧契约精神频遭挑战,终将损及信用债市场长远发展。

与之前约定有赎回条款债券的提前兑付不同,本次拟提前兑付的城投债——河北宣化北山债并非募集说明书约定的发行人权利。这不仅导致那些在二级市场溢价买入此类债券的投资人面临很大的不确定,也让城投信仰遭受冲击。若此次最终按票面本息成功兑付,还有可能引发跟风潮。

不过乐观者认为,此次事件更多的是在目前信用风险频发,投资人心态敏感之际的一个短暂冲击波,最终事件如何解决仍掌握在投资人手里。

2016年4月19日晚,河北宣化北山债公告称宣化区政府拟进行地方政府债券置换发行人企业债券,将政府债券中的6亿元用于偿还本金,为此,发行人申请提前兑付6亿元本金及相应利息,近期将就此召开持有人会议。

2016年4月20日12:00,该债券在银行间债券市场报价为108.905/109.204元,收益率为5.39%/5.29%。该只债券于2014年6月17日发行,期限七年,发行规模为6亿元人民币,票面利率8.6%。

之所以此类城投债选择提前偿还,是因为地方债务置换大背景以及融资成本下行的现实。2016年一季度地方债供给大幅上升,额度充足,且目前市场利率较低,城投公司有充足意愿进行债务置换。中金公司的研究报告指出，这一事件象征着地方政府的债务置换在债券市场或刚拉开帷幕，用地方债置换此前的城投等高息债务。该报告并称，对投资者而言，没有赎回条款的债券提前偿还，会在一定程度上损害投资人利益。但考虑这是地方政府主导债务偿还，其偿还价格应不会明显低于估值，且在持有人会议期间可跟发行人主动争取。

另一城投平台海南交通投资控股公司亦于2016年4月20日公告称，为减少利息支出和降低债务风险，旗下14海南交投MTN001拟申请提前兑付。4月22日，中国城投类债券早盘因受到此前河北宣化拟提前赎回债券影响，成交收益率上行超过10个基点。

二、事件分析

提前兑付案例并不鲜见，但原因各有不同。此前浙江11舟山交投债选择提前兑付，但该债券本身含有赎回权，且当时正值回售期，在发行人和持有人协商一致的情况下选择提前兑付也无可厚非。2016年年初，另一只城投债——泰州华信药业投资公司公告称，泰州市财政局拟使用江苏2015年发行的第三批地方债资金提前偿还该市部分高成本存量债务，其中包括13泰华信PPN001。但该只债券亦为含权债。

中铁二局亦曾公告称，拟与间接控股股东中国中铁进行资产重组，决定提前兑付旗下两支超短融15铁二股SCP009和15铁二股SCP010，并分别对投资人作出了补偿。

但类似河北宣化北山和海南交投，在事先并未约定回售条款的前提下，明确提出考虑到融资成本而计划用地方债进行置换的城投债，目前尚属首例，此次选择提前兑付主要是为了降低付息成本。

对于河北宣化北山债，目前市场最大的担忧是提前兑付的话如何确定兑付标准，是按照票面本息还是二级市场估值？最终的持有人会议结果仍需要看双方的博弈。

债券根据能够赎回，划分为可赎回债券和不可赎回债券，金融市场上

3.1 城投债提前兑付引爆"另类违约"风险

交易的绝大部分债券都是不可赎回债券。可赎回债券的发行人有权在特定的时间按照某个价格强制从债券持有人手中将其赎回的债券,在市场利率跌至比可赎回债券的票面利率低得多时,债务人如果认为将债券赎回并且按照较低的利率重新发行债券,比按现有的债券票面利率继续支付利息要合算,就会将其赎回。可赎回债券实际上是债券与看涨期权的结合体,这一看涨期权是债券发行人持有的期权。在金融市场上,所有的权利都是要付费的。期权也有对应的公允价格,所以可赎回债券比相同条件的不可赎回债券便宜,差价就是期权的价格。

如果不可赎回债券提前赎回,必须支付对应的期权价格。也就是在债券的市场价格上加上看涨期权的价格,才是债券的公允价格。近期提前兑付案例中,都有相应的兑付或补偿标准。据泰州华信发布的13泰华信PPN001提前兑付公告显示:

可兑付金额="13泰华信PPN001"持有金额 × (1+8.5%/365 × 336);

而中铁二局在其超短融15铁二股SCP009和15铁二股SCP010提前付息兑付公告中亦提出:

补偿金额=(15铁二股SCP009/15铁二股SCP010票面利率−债券赎回当日前10天的银行间隔夜加权利率的平均值)× 提前兑付金额/365 × 提前归还天数。

业内人士认为,若一级市场持有人占多数,在地方政府占强势的情况下或会按票面本息兑付,但若二级换手较高,则通过的可能性将较低;不过对于该AA−评级的债券来说,出于到期违约的担忧,投资者或会在可承受范围内接受发行人的条件。

但即使以公允价格购回债券,对于债券持有人来说也是不利的。与股票不同,债券的流动性是比较差的,这是由于债券的持有时间往往很长。投资经理在构造投资组合时,债券往往作为基础资产加入投资组合中。基础资产的持有期限是非常长的,在到期之前往往很少进行动态调整。如果不可赎回的债券强行提前赎回,即使支付了公允价格,也会将投资经理的投资组合完全打乱。重新构造相似的投资组合，是需要花费大量时间、精力和成本的。但城投债的提前强行赎回是完全不考虑此类成本的，这对于债券持有人是非常不公平的，也是对市场契约精神的极大破坏。如果政府都不能很好地履行契约精神，还能指望谁去履行呢？所谓正人先正己，打铁还需自身硬。

三、事件影响

如果债券没有赎回条款就赎回了，就破坏了金融市场的契约精神，虽然并未出现到期未还本付息的情况，但这实质上是另一种违约。这种情况出现之后，就会增加城投债的不确定性，也就是增加了金融风险。风险的提高，势必会提高城投债的收益率，以补偿其增加的风险。即使提高了收益率，由于存在不确定的提前赎回，会严重扰乱金融机构的投资计划，很可能出现大家不敢买城投债的情况，这就会直接提高后续发行城投债的融资成本。

以前大多是地方政府置换本地银行贷款，不过这类似于私募性质，但现在拿公募债开刀对投资者心理冲击不小，很多城投估计都得重新定价了。

海通证券固收团队点评称，城投信仰动摇，要警惕估值风险。尽管由于充裕的流动性和债务置换，城投债违约风险不高，但或面临提前偿还带来的净值损失和再投资风险。

要增强法律意识，呼唤契约精神，单方面要求债券提前偿还是对投资者利益的漠视和对契约精神的践踏。在去产能和债转股的背景下，部分困境企业逃废债意愿升温，政府应加强监督并完善信用体系，防范道德风险。

中信证券研究报告亦指出，地方政府债务置换的目的是减少利息支出，降低地方政府债务风险，其目的势必会与债权人的利益有不一致的地方；公开债务置换不仅要遵循市场化原则举行持有人会议，更要遵循市场化定价，而不是仅仅将债务负担一甩了之。

不过在光大证券固定收益首席分析师张旭看来，提前兑付也是发行人的理性行为，目前的决定权仍掌握在债权人手中。"发行人提出要求很正常，代表发行人自己的利益，这没问题。然后持有人这边也可以不同意，也没问题。好比我可以要求领导加工资，领导也可以驳回，很正常。不能说是一种违约。"张旭说。他并称，提前兑付必须经过持有人会议的同意，现在的决定权并不在地方政府和发行人，而在持有人。

国泰君安证券固收团队亦分析称，市场担忧的信用风险目前仍然是尾部性质，而非系统性崩溃，短期冲击主要还是情绪担忧的放大，城投和地产仍然是信用风险的避风港。

该团队认为，尽管提前偿还债券技术面上可能对涉及债券带来很大的估值压力，但是从信用基本面来解读则反映了目前城投发行人（以及地方政府）账面流动性充足，开始在意融资成本，意味着城投债的系统性信用风险很小。

四、事件后续

2016年4月28日，河北宣化北山工业园投资有限责任公司发布公告称，因当前市场情况相比发行时有较大变化，提前兑付可能影响债券持有人收益，为保障债券持有人利益，取消该公司于4月21日提请的"关于提前兑付企业债券拟召开债券持有人会议"。

这意味着，此前市场担忧的债市"另类风险"（即城投公司在获得低成本资金后，违背发行约定条款，提前偿还高成本城投债）得以缓解。2016年4月21日，该公司公告一出，立刻遭到市场及媒体口诛笔伐，多为券商分析师呼吁，发行人应遵守契约精神。

发行人若提前偿债，对债权人而言，再投资风险将不可避免，进一步看，目前城投企业有动力有能力提前偿债，一旦事情开了"口子"，不排除引发发行主体提前兑付的风潮，这对债券投资者而言，就是一种另类的"违约"。

事实上，在低利率市场环境下，倘若提前还本或赎回无须提前约定，可能不只城投企业，很多普通的企业债券发行人也会有提前还债的冲动，毕竟债券利率下降不少，即便没有手持现金，通过发新债还旧债也可省下不少成本。在债券市场陷入弱势的背景下，此前城投债被视为"避风港"，受到资金的追捧，倘若"提前还债"成为风潮，不光可能动摇城投债的估值，恐怕还会进一步引发情绪波动，短期加大债券市场波动。

发行人在债券条款之外强行赎回，可能提升债券市场的道德风险。如果债券想还就能还，先有的提前还本或赎回特殊条款还有何用，单方面要求债券提前偿还是对投资者利益的漠视和对契约精神的践踏。

3.2 天津天房集团曝信托违约风险

如今,市场信用环境正在逐渐变差,上市公司违约风波不断,对于地方融资平台的信用风险担忧也在持续上升。日前天津国资委下属省级平台疑似违约吓坏一众投资机构,就在投资机构"排雷"的过程中,这家同是天津国资委实控的天津最大国有房企天房集团惊爆1800亿元负债,接近2000亿元的债务犹如一颗随时能爆的地雷,一旦爆发炸伤大半个中国金融圈,可以说非常危险了。

一、事件经过

1. 中信信托曝2亿元资管本息兑付恐违约

因违约频发,各资管、基金等机构开始"排雷",然而就在"排雷"过程中,中信信托发布公告称,天房集团无法说明信托贷款还款安排,存在债务违约的风险。

根据公告,中信信托发起设立的"中信·天房2号贷款集合资金信托计划"(下称"天房2号")于2017年5月18日成立,天房2号已发行的每类信托受益权预定期限为12个月。截至此公告日,天房2号已募集信托受益权本金合计5.5亿元。按照信托文件约定,天房集团应于2018年5月18日偿还2亿元贷款本金及相应利息。

值得一提的是,截至2017年中报,天房集团总负债1830.13亿元,而2亿元的待兑付资金不过九牛一毛。

鹏元给出的天房集团发行主体长期信用等级为AA,所持债券信用等级大多为AA+,还有三个AAA评级,评级展望维持为稳定。

不过,尽管目前天房集团的存量债券外部评级尚未发生变动,但中债估值中心已经率先下调了天房债的市场隐含评级。中债估值公司11日表示,天津市房地产发展集团股份有限公司是天津房地产集团有限公司的子公司,目前存续债券共5只。结合市场价格和公司最新情况,将"13天房债"中债市场隐含评级由AAA调整至AA-,将其他5只无担保债券的中债市场隐含评级由AA+调整至A+,并将持续关注发行人的最新动态。

2.大半个金融圈借钱给天房

将近2000亿元债务,到底哪些机构借钱给天房,"纵容"了天房的举债?

天房集团的债务结构以金融机构融资负债为主,截至2017年年中,天房集团累计在56家金融机构的融资负债1082亿元,涵盖四大行和各大股份银行和主流信托机构。其中,渤海银行对天房集团的贷款余额达到113亿元,天房集团在平安银行、兴业银行、北京银行等借款余额超过40亿元。

另外,天房集团还有长期应付款有48亿元,其他应付款152亿元。其中包括英大信托、新华信托、华融国际信托等信托机构;天津万科、天津融创等房企、和兴业租赁、中国外贸租赁等租赁公司;天津土地整理中心、财务管理中心等政府部门;天津天保商业保理等保理公司。

除此之外,天房集团在银行间和交易所发行债券179亿元。仅2016年就发行了16天房01~04四只债券共计127亿元,并且这四只债券将于2019年集中到期,届时将面临不小的兑付压力。

受天房集团违约风险的影响,天房集团旗下上市公司天房发展已经受到拖累,出现股债齐跌的现象。

5月14日收盘,天房发展暴跌7.08%至5.51元,盘中一度触及5.34元跌停线。而天房发展存续债券13天房债5月14日收盘也下跌了5.08%,至90.00元;15天房债则已经连续4个交易日下跌,继5月11日收盘暴跌6.25%

之后，5月14日盘中最低一度跌至85.00元，跌幅达8.6%，午后反弹至92.96元。

值得注意的是，5月11日，中债估值中心下调了天房债的市场隐含评级。中债估值公司表示，天房发展是天房集团的子公司，目前存续债券共5只。

结合市场价格和公司最新情况，将"13天房债"中债市场隐含评级由AAA调整至AA-，将其他5只无担保债券的中债市场隐含评级由AA+调整至A+，并将持续关注发行人的最新动态。

二、事件分析

天房集团成立于1999年，由天津市大型房地产国企——天房集团、房信集团整合重组而成，连续15年上榜中国房地产百强企业，是天津最大的国有房企。实际控制人为天津市国资委，旗下拥有一家A股上市公司天房发展。

近年来，天房集团扩张步伐加快，所投资的公司达到47家，涵盖了房地产开发、物业管理、信托基金、融资租赁、保障性住房、商业银行、矿产品、基础设施建设等多个领域，但房地产增长乏力，其他业务盈利能力也很差。

2018年天房实行混改，4月25日，天房发了实际控制人变更的公告，但实际控制人依旧是天津市国资委，只不过股东换成天津津诚国有资本投资运营有限公司。混改最初目的为增资扩股，津诚计划让渡65%股权解救天房集团，不过计划落空，融创放弃入主，尚没有战略投资公司接盘。

天房集团最令业内瞩目的是其在土地市场的表现，2014年以来，天房集团仅拿地就耗资超千亿元，且拿下的地都十分优质，具有很大的溢价空间。然而，天房面临的发展困境却是，抢得到地却赚不了钱，拿地王当之无愧，可却难以盈利。

天房集团虽然是业内闻名的拿地王，手握不少好牌，然而盈利能力却差强人意，近两年出现连续亏损。据披露的2017年中报显示，2015年、

2016年营收分别是328亿元和237亿元,但同期对应归母净利润仅为2015年的2亿元和2016年的亏损4.5亿元。截至2017年年中,天房集团的负债总额为1830亿元,负债率为85.81%,流动负债和非流动负债均为900亿元左右,左右脚都很沉重。截至2017年年中,账面现金余额仅228亿元,仅及负债九分之一。

而这背后,显然是市场运作能力出了问题。一方面不断扩大投资,马不停蹄地在全国开展新业务;另一方面盈利能力却持续下降,千亿负债滚雪球式大爆发。

然而值得深思的是,千亿负债在中国房地产行业早已不是什么新鲜事,这样的房企一抓一大把。房地产不仅绑架了中国经济,也已影响到了金融生态。

三、事件处理

2018年5月14日,事情似乎有所转机,中信信托最新公布了一份《中信·天房2号贷款集合资金信托计划第三次临时信息披露报告》显示:天房集团于2018年5月10日就该信托计划项下债务的按期还款向中信信托致函说明。

天房集团表示,该公司是负责任的国有企业,信用良好,从未出现债务逾期或不良,针对天房2号贷款集合资金信托计划,天房集团初步制定了还款安排,将按照信托贷款合同的约定,按时兑付贷款本金及相应利息。

据信息披露,天房2号贷款集合资金信托计划于2017年5月18日发行成立,已发行的每类信托受益权预订期限为12个月,信托受益权分类分期募集,截至目前,该信托计划已募集信托受益权本金合计5.5亿元。

中信信托表示,将继续履行信托合同约定的受托人职责,关注还款情况并及时披露相关信息。

5月15日下午,天房集团官网发布公告称,近期,一些微博、微信公众号发布信息,称天房集团信托计划存在还款风险,对集团正常经营活动造成负面影响,对社会公众产生了误导。

天房集团表示,已与中信信托确认,将依照合同约定按期还款,资金计划有保障,并不存在延期还款问题。

此外,天房集团在说明债务风险时表示,公司与各大银行、投资机构建立了长期良好的业务关系。当前,正持续加大销售、回款力度,并与有关金融机构积极洽谈新的融资业务,打造更加稳固的资金链条。

值得注意的是,此次风波发生之际,天房集团正推进混合所有制改革。天房发展2018年4月26日发布公告称,公司接到控股股东天房集团有关混合所有制改革进展的通知,其股东津诚资本拟在天津产权交易中心公开挂牌征集1名投资者,让渡天房集团65%股权,其中通过增资扩股让渡30%股权,通过股权转让让渡35%股权(即增资前50%股权)。

关于混改推进情况说明,天房集团称自2017年以来,按照市国资委下发的国企混改流程和实施方案,积极推进混改工作,于2018年4月28日公开挂牌。为了通过市场化手段推进混改工作,于4月25日将天房集团注入市国资委所属平台公司,明确了出让股权比例。

3.3 云南国有资本债务延期兑付

一、事件经过

近期,一省级平台违约事件引发关注。具体而言,云南省国有资本运营有限公司(简称"云南资本")及旗下子公司未能足额偿还本息,导致中融信托两款产品先后延期。有分析人士称,问题出现可能与云南煤化有关。

根据该公司官网介绍,云南省国有资本运营有限公司(以下简称"公司")是2011年8月经云南省人民政府批准成立的从事股权投资业务的省属国有独资公司,注册资本83.97亿元。截至2016年12月末,公司基本形成以股权投资、资产管理、股权管理和证券投资四大业务为核心的经营格局,拥有总资产497亿元,净资产118亿元,全资及参、控股企业23户。

从目前情况来看,市场关注点聚焦于省级平台违约,信托抵质押方式和资金投向。云南资本并非政府融资平台,更应称为"类平台",同时中融——嘉润31号集合资金信托计划(下称"嘉润31号")为信用贷,资金投向为流动性贷款。

1月13日下午,一份嘉润31号的信托信批文件在网上广泛流传。使其具备广泛流传基础的原因,则是云南资本的省级平台背景。

文件显示,嘉润31号原计划到期日为2017年12月15日,中融信托在项目到期前后多次到现场或发函督促其还款,借款人未能按时偿还全部信托贷款本息,并于12月27日出具《沟通协调函》,承诺于2018年1月10日偿还完毕。

此后信托计划延期至2018年1月10日,不过当天借款人仍未足额偿还信托贷款,为此借款人再次出具《沟通协调函》,称是由于省政府对借款人的资金支持审批流程尚未完成,表示云南省国资委已答复拟对其进行注资,并承诺以增资款有限偿还信托贷款本息及罚息,同时借款人还承诺积极联系其他融资渠道,资金到位后有限偿还前述贷款本息及罚息,基于此信托计划再次延期。

除嘉润31号外,中融——嘉润30号集合资金信托计划(下称"嘉润30号")也出现违约。"两个信托计划主体不一样,30号是给另一个是旗下的公司,国有资本运营平台做连带担保责任。"一位知情人士称。

具体而言,其募集资金为7亿元,借款人为深圳润道资产管理有限公司,为云南资本全资子公司,期限1年,原定到期日亦为2017年12月15日。此外,嘉润31号募集资金8亿元,融资方为云南资本,期限为24个月,到期日为2017年12月15日。

上述两款信托计划合计募资15亿元,截至目前已累计还款6亿元,尚欠本息、罚息近10亿。

据接近中融信托人士称,1月10日当天,公司总裁和执行总裁还亲自飞往云南督促、监督云南资本推动再融资和还款进程。"那边就是短期流动性的问题,就是程序没走完,但是信托只能信批。"他进一步表示。

这是进入2018年的首个省级平台违约。业内人士认为,虽然中融信托可能大概率收回本息,但对于市场信仰仍有所冲击。

"他(云南资本)背景太好了,这在市场上应该是特别好的一个项目。"一位华北地区信托公司人士称。而据悉此次违约风波可能与其承担了大量债务有关。

二、事件分析

云南资本是2011年8月经云南省人民政府批准成立的从事股权投资业务的省属国有独资公司。现有注册资本103.39亿元。该公司以国有资本运营平台功能建设和服务国资国企改革为重点,致力于建成为以专业化资本运作为核心、以市场化运作为特色的国有资本运营平台。

"这个公司不是融资平台，是能算类平台。平台是给政府基建项目融资，这个就是帮忙收股权的国有资本运营平台公司，当时很多省都成立了一个，对省内国企混改和股权投融资。"业内人士介绍称。

据云南省政府网站，云南资本的前身为云南圣乙投资有限公司，2016年5月更为现名。在更名后，云南资本还作为"接盘侠"承接了云南煤化的债务。彼时，云南煤化因为无法清偿到期债务，被债权人申请破产重整。在重整过程中，持有人同意将12云煤化MTN1、15云煤化MTN001两只中期票据转让给圣乙投资，由圣乙投资按照原发行条款和条件履行相关债务。换言之，圣乙投资将替云南煤化偿债。

此外，云南资本还继承了14云煤化PPN004、14云煤化PPN003、15滇洁能PPN001三只中期票据的债务。加上上述两只中票，合计62亿元的债务。其中，4只已到期，15滇洁能PPN001将于2018年8月14日到期。

承接债务后，云南资本的有息负债规模和资产负债率急剧上升。有息负债由2015年的64.5亿元暴增至2016年的345.6亿元；资产负债率由2015年的38.7%上升至2016年的76.3%，上升将近一倍，2017年9月末小幅增长至77.9%。

与此同时，虽然云南资本的营业总收入大幅增长，但是2017年前三季度利润却亏损2000万元，2017年9月末的货币资金余额仅为11.6亿元，而有息债务高达440.5亿元——资金链已经十分紧张。

截至2017年9月30日，云南资本资产总额620.34亿元，负债总额483.53亿元。2017年前三季度实现营业收入114.69亿元，净利润亏损2090.75万元。

三、事件处理

截至目前，云南国有资本已将剩余全部款项支付到信托账户专户，至此该信托计划全部执行完毕。云南国有资本发布公告称：该事项不是违约事件，是延期支付。

2018年1月11日的消息称，中融信托管理的"中融——嘉润31号集合资金信托计划"原到期日为2017年12月15日，借款人云南国有资本未能按时偿还全部信托贷款本息，并于2017年12月27日出具《沟通协商函》，承诺于2018年1月10日将贷款本息偿还完毕，但1月10日仍未足额偿付，并出具的《沟通协商函》表示，由于云南省政府对公司的资金支持审批流程尚未完成的原因未能足额偿付。

1月15日，云南国有资本与中融信托共同发布的信息显示：2015年12月，中融信托与云南国有资本及其关联方开展合作，设立"嘉润30号"及"嘉润31号"信托计划，向云南国有资本及其关联方发放信托贷款，该两笔信托计划于2017年12月15日到期。由于云南国有资本及其关联方资金调拨等原因，未能在承诺期限内完全清偿该笔款项。此前，云南国有资本及其关联方已累计偿还部分贷款6亿元，并由中融信托向委托人进行了分配。

云南国有资本1月16日发布公告：与中融信托合作的嘉润30号、嘉润31号信托计划已于2018年1月16日兑付完毕。公告称，云南国有资本不能在协议期限内全额清偿该笔款项，双方积极会商后同意延期到2018年1月19日前兑付。因此，该事项不是违约事件，是经双方协商认可的延期支付。云南国有资本已按期于1月16日上午将剩余全部款项支付到信托账户专户，保证了投资者的权益，至此该信托计划全部执行完毕。

3.4 天津市政债务延期兑付

一、事件经过

2018年4月27日,中电投先融(上海)资产管理有限公司宣告旗下两款产品出现延期兑付,融资人为天津市市政建设开发有限公司,保证人为天津市政建设集团有限公司。4月29日,作为通道方的国通信托紧急发公告声明该业务为事务管理类信托,规模5亿元,国通信托不承担积极主动管理的职责,项目风险由委托人承担。

实际上,2018年年初就已曝出首例省级平台违约,即云南国有资本运营有限公司及其旗下子公司未能及时偿还信托贷款本息,而此次省级平台违约轮到了渤海之滨的天津。

4月27日,中电投先融(上海)资产管理有限公司(简称"中电投先融")发布公告,称旗下"中电投先融·锐津一号资产管理计划""电投先融·锐津二号资产管理计划"第三、第四期延期兑付。

据介绍,"中电投先融·锐津一号资产管理计划""中电投先融·锐津二号资产管理计划"用于认购方正东亚信托(现已更名为"国通信托")发起设立的方正东亚·天津市政开发流动资金贷款集合资金信托计划,融资人为天津市市政建设开发有限责任公司(简称"天津市政开发"),保证人为天津市政建设集团有限公司(简称"天津市政建设")。

该资管计划第三、第四期原到期日为2018年4月13日、4月14日,中电投先融作为管理人在项目到期前后,多次现场或致函方式督促融资融券还款。但是,由于融资人目前正进行资金归集,未能按时偿付本息并请求

3.4 天津市政债务延期兑付

延期。

经过协商沟通后,融资人于4月27日向国通信托出具延期支付的函件,承若第三、第四期全部贷款本金和利息将于2018年6月29日前全部清偿。

不过,中电投先融没有具体披露上述资管计划逾期的规模与金额。

4月29日,国通信托在官网发布公告,详细介绍了上述资管计划。

国通信托表示,根据委托人中电投先融的意愿在2017年设立了"方正东亚·天津市政开发流动资金贷款集合信托计划",以信托资金向天津市政发发放了信托贷款共计5亿元,信托计划各期限已于2018年3月23日至4月14日陆续届满到期,因借款人天津市政开发尚有部分贷款本息没有清偿,该信托计划尚未清算结束。

同时,国通信托特别说明该信托计划为事务管理类信托,项目风险都是委托人承担,受托人国通信托仅负责账户管理、清算分配等,不承担积极主动管理职责。

此外,国通信托已经发函告知委托人天津市政开发尚有部分贷款本息未清偿,后续将严格根据委托人指令采取措施。

实际上,这些业务对于国通信托而言,属于通道业务,因此对公司基本没有影响,但对机构信心有所打击,以后地方融资平台可能更加不好融资了。

根据国通信托公告,可以基本厘清其中关系,即资金来源于委托人中电投先融所募集的资金,融资人是天津市政开发,受托人即俗称通道方是国通信托。

中电投先融亦来头不小,于2015年10月在上海成立,注册资本1亿元,该公司是中国证券投资基金业协会会员和中国期货业协会会员。

公司官网介绍,中电投先融隶属于国家电力投资集团资本控股有限公司的专业化资产管理公司,依托央企背景和强大的股东实力,股东方包括国家电力投资集团公司和国家电力集团资本控股有限公司。

而天津市市政建设开发有限责任公司前身为天津市市政建设开发总公

司，成立于1983年，是当时天津市屈指可数的国有大型房地产企业之一，服务领域包括房地产开发、土地整理和宾馆服务，股东为天津市政建设集团有限公司。天津市政开发的股东天津市政建设集团也是此次资管计划的保证人，且天津市政建设集团有限公司的股东为天津市国资委。

此前，天津市政建设集团有限公司在银行间市场发行过企业债，鹏元资信评估为该公司"2012年市政项目建设债券"发表过评级报告，债券信用评级和发行主体长期信用等级均为AA级，评级展望为负面。

鹏元的报告称，天津市政建设集团的房地产销售收入受限购政策影响存在不确定性，部分项目存在销售压力；截至2016年年末资产负债率达到91.17%，有息负债规模攀升至504.53亿元，且一年内需偿付的有息债务规模达157.73亿元，偿债压力较大，较高的财务费用严重侵蚀了公司利润，公司面临一定的或有负债风险等风险因素。

值得注意的是，此前天津备受外界关注的是，2018年1月11日，天津滨海新区宣布挤出"水分"，不再重复统计注册在当地但未在当地生产的企业的产值，将2016年的GDP从10002亿元调整为6654亿元。

同时，除了地方政府GDP"挤水分"令机构人士对地方政府偿债实力存在疑虑外，财政部也频频发文遏制地方政府举债。

2018年3月底，财政部印发了《关于规范金融企业对地方政府和国有企业投融资行为有关问题的通知》（财金〔2018〕23号）（简称23号文），进一步规范金融企业与地方政府和地方国企的投融资行为，遏制地方政府存在的违法违规和变相举借债务问题。

二、事件处理

2018年4月初，天津市政集团下发内部文件，说明了延期支付事件处理始末。

一是开展危机公关，通过向天津市政府、金融局、国资委汇报，取得政府对此事重视和帮助。天津市政府、国资委分别召开专题会，研究协调解决方案。

二是集团领导班子牵头，主动与金融机构沟通说明情况，防止国企混改关键时间段，引发机构对天津国企的系统性误判。

天津市国资委和金融局也很重视此事，五一假期期间召开紧急会议来商讨此事。

天津市政建设集团也就此事专门写了情况说明，主要内容是：

第一，5亿元的信托贷款已经偿还了2.5亿元，剩余的2.5亿元，经协商，在2018年6月29日前偿还。

第二，之所以延期偿还，有两个原因：

（1）天津市红桥区政府欠付市政集团的开发款项未能按期归还；

（2）金融机构对集团的授信已有批复，但是资金尚未到位。

第三，集团经营现状良好，请金融机构不要恐慌。

三、事件分析

很多企业不是因为没有订单而倒闭的，而是因为有了订单却没有回款而被拖垮的。很多企业主都在为应收账款而烦恼，有时候对方是没有还款能力了，有时候是没有还款意愿，没有契约精神，能拖一天是一天。

活好干，钱不好要。正是因为这种市场环境，金融机构的一些应收账款融资工具也难以大面积推广，因为债务人不愿意确权，或者不配合还款，导致债权人经营困难。这种情况很常见，在金融去杠杆的情形下，央行一直在严格管控各家银行的新增信贷规模，如果没有放贷规模，有资金也放不出去。

3.5 湖南省邵阳市变相举债

地方变相举债再添新案例。近日,审计署公布的《2017年第四季度国家重大政策措施落实情况跟踪审计结果》(以下简称审计结果)显示,5个省份的6个市县通过违规出具承诺函、融资租赁、签订工程类政府购买服务协议等方式变相举债,形成政府隐性债务154.22亿元。其中,湖南省邵阳市通过邵阳市城市建设投资经营集团有限公司(以下简称邵阳城投)违规举债72.33亿元,占比达到46.9%,相当于当地2017年一般公共预算收入的47%,此次邵阳城投利用公益性资产举债属于重大违规行为。

一、举债资产基本无法变现

审计结果显示,2017年8月至11月,邵阳市融资平台公司邵阳城投通过利用政府道路管网等公益性资产开展融资租赁、发行中期票据等方式,从银行、信托投资公司和融资租赁公司等机构举债72.33亿元,主要用于偿还到期债务和市政基础设施建设。邵阳城投在2017年10月发行17邵阳城投MTN002、11月发行17邵阳城投MTN003两期中期票据,两期融资总额为20亿元。

资料显示,作为地方政府融资平台公司,邵阳城投成立于2004年10月,当时邵阳市政府合并市发改委原经建投公司和市建设局原城建投公司,重组成立邵阳城投,公司性质为国有独资,注册资本5亿元,直属市政府领导,2007年由市国资委监管。大公国际资信评估有限公司发布的《邵阳市城市建设投资经营集团有限公司主体与2018年度第一期中期票据信用评级报告》(以下简称评级报告)显示,邵阳城投2017年9月总资产达

683.18亿元。

值得一提的是，根据中国债券信息网信息，2017年7月，邵阳城投在发行17邵阳城投债时发布的《邵阳市城市建设投资经营集团有限公司关于无违法和重大违规行为说明》中表示，公司近三年不存在重大违法和违规情况。根据审计署公告，上述声明发布仅一个月后，2017年8月至11月，邵阳城投便利用政府道路管网等公益性资产举债，形成了高达72.33亿元的地方政府隐性债务。

据了解，公益性资产通常指的是政府办公楼、学校、医院、公园等不能产生现金流的资产。此次审计署披露的邵阳城投利用公益性资产举债属于重大违规行为。中国财政科学研究院财政金融研究中心主任赵全厚表示，公益性资产通常无法变现，当现金流不足时，这样形成的债务很难偿还。政府融资平台公司以公益性资产举债，是把政府的资产当作企业的资产来抵押，这是违规行为。即使此前已经合法合规将这些资产注入邵阳城投，但这些资产不产生现金流，也就不具备抵押价值。注入公益性资产主要会带来两个问题：一方面，公益性资产的产权本质上不属于平台公司，如政府办公场所、公园、广场等；另一方面，这些资产没有现金流收入，因此平台公司资产规模虚增，资产与债务不匹配，最后很难判断它的偿还能力。

此前便出现过政府融资平台公司以公益性资产举债遭受问责处理的案例。2018年2月，财政部预算司发布的查处问责文章显示，对两家政府融资平台公司将公益性资产用于抵押担保发行企业债券进行处理，要求相关公司全面自查整改，在整改期间限制其申请发行企业债券。实际上，早在2012年，发改委就发布《关于进一步强化企业债券风险防范管理有关问题的通知》（发改办财金〔2012〕3451号），要求"注入资产必须为经营性资产。政府办公场所、公园、学校等纯公益性资产不得注入城投公司"。此外，2017年4月，财政部发布《关于进一步规范地方政府举债融资行为的通知（财预〔2017〕50号）》，明确地方政府不得将公益性资产、储备土地注入融资平台公司。

二、举债金额达72.33亿元

前述评级报告指出,邵阳城投承担了邵阳市基础设施和重大社会发展项目、土地资产开发及自来水供应、污水处理和燃气供应等市政经营性公用事业项目的运营与管理,公司在邵阳市城市基础设施建设领域保持重要地位,得到邵阳市政府在资产划拨、财政补贴和债务置换等方面的大力支持。

审计署公告并未披露邵阳城投违规举债所得资金的具体施用项目。不过,评级报告显示,邵阳城投承担了邵阳市大量的基础设施代建业务。

主要包括:城市路网、交通基础设施、城市棚户区改造项目及片区综合整治等重要基础设施建设项目。截至2017年9月末的在建项目主要有:三环线地下综合管廊及其配套设施、2017年城市棚户区改造项目、新城大道、桃花公园建设项目等,概算投资254.56亿元,已完成投资48.8亿元。

值得一提的是,邵阳市《2017年预算执行情况与2018年预算草案的报告》显示,2017年全市一般公共预算收入预计约153.8亿元;2017年全市政府性基金收入预计完成约21.9亿元。截至2017年12月31日,邵阳市本级政府债务余额154.49亿元(截至2014年末中央、省核定邵阳市本级存量债务154.2亿元)。其中,一般债务78.19亿元,专项债务76.3亿元。

也就是说,此次审计署查出的邵阳城投违规举债金额(72.33亿元),相当于邵阳市2017年一般公共预算收入的47%,政府债务余额的46.8%。对于这笔隐性地方债务的整改问题,赵全厚表示,邵阳城投可以用其他有价值的资产替换公益性资产,用以偿还债务。上海财经大学教授郑春荣认为,以公益性资产融资的举债行为,大部分人寄希望于未来收入大幅增长,但大部分偿债资金并不明确。

值得注意的是,邵阳市政府官网显示,2018年4月11日,邵阳市委副书记、市长刘事青就政府性债务风险防控工作进行专题调度。会议听取了关于加强债务风险管控的制度建设及落实情况,制定化解债务风险规划方案、债务偿还年度计划应急预案及落实情况汇报;关于政府融资平台公司清理整顿,改革转型的有关情况汇报等。会议要求,强化对政府性债务风险防控工作的领导,积极稳妥化解政府性债务风险。

第四篇

投资项目案例

4.1 黄金佳投资案

一、案件始末

1. 案件审理

2014年9月，黄金佳集团被公安机关查封，廊坊市公安机关共冻结涉案资金28.28亿元，扣押现金人民币1431.76万元，扣押黄金制品及样品（待鉴定）488.96公斤、白银制品及样品（待鉴定）230.9公斤，扣押涉案车辆66台，查封房产191套（包括廊坊黄金佳大厦内部房产165套、黄金佳公司相关人员房产26套），查封土地21.1万平方米。随后几天中，河北邯郸、石家庄、张家口、保定等地的黄金佳店面纷纷被查封。

2014年9月底，黄金佳公司法定代表人肖雪被依法刑事拘留；2014年11月初，该案20名主要犯罪嫌疑人被批捕。2015年2月，该案主要犯罪嫌疑人被移送检察机关审查起诉。2016年7月7日，河北省廊坊市广阳区人民法院第一审判庭依法公开审理了黄金佳投资集团有限公司等非法吸收公众存款罪一案。

2016年12月5日，河北省廊坊市广阳区人民法院对廊坊市广阳区人民检察院提起公诉的被告单位黄金佳投资集团有限公司、被告人肖雪等人非法吸收公众存款一案进行了公开宣判。一审以非法吸收公众存款罪对被告单位黄金佳投资集团有限公司判处罚金人民币五十万元，对被告人肖雪判处有期徒刑十年，以非法吸收公众存款罪对肖淑娣等14名被告人判处六年至二年零五个月不等的刑期；以挪用资金罪对被告人赵再昌判处有期徒刑二年零三个月；以窝藏罪对肖娟等3名被告人判处二年零六个月至二年零三个月不等的刑期；以掩饰、隐瞒犯罪所得、犯罪所得收益罪对被告人肖发判处有期徒刑三年。

后被告上诉，2017年5月22日，廊坊市中级人民法院依法二审宣判，认为原审判决认定的事实和适用法律正确，裁定驳回上诉，维持原判。

一审结束后，全国多地的黄金佳非法集资工作领导小组（由当地相关政府部门组建）发布了"黄金佳非法集资案集资参与人投资信息核查确认登记公告"，进一步核查确认"黄金佳"案件集资参与人投资信息，依法加快完成核查确认登记工作，以便尽早完成资金清退工作。

2017年12月起，全国各地陆续发布"黄金佳非法集资案集资参与人，第一次资金清退公告"，为完成确认登记的黄金佳非法集资参与人完成资金清退工作，第一次清退资金来源为司法机关依法查扣冻结的黄金佳案件涉案账户现金，其他债权债务及未纳入第一次资金清退的集资参与款待核实完成后，进一步清退剩余资金。第一次资金清退比例为40%。部分参与人未被纳入第一次资金清退范围，第二次资金清退工作尚无明确时间表。

2.企业简介

黄金佳集团成立于2007年，是河北首家专业黄金投资机构。根据公司宣传材料显示：黄金佳是以高新技术产业化为基础，以金融创新为核心，业务领域涵盖金银交易、现代农业、高技术产业三大板块，致力于黄金产学研投资管理，公司自我定位为黄金投资的新型金融类企业。根据工商注册信息显示，黄金佳注册资本为5003万元，公司形式为有限责任公司，法定代表人为肖雪，经营范围包括对房地产、酒店、工业园区基础建设的投资，金银制品的零售，第二类增值电信业务中的呼叫中心业务。黄金佳实际主营业务是黄金佳迷你金条和黄金佳标准金条销售与回购。

黄金佳实行双总部战略——北京金融街与河北廊坊，相继在香港、上海、深圳、大连、南京、天津、石家庄、西安、呼和浩特、鄂尔多斯等地设立分公司，截至2014年9月被查封前，公司对外宣称在全国6大区拥有数十家分公司，3000多家连锁店。此外，黄金佳在廊坊建设了北方最大的黄金总汇——廊坊国际黄金大厦，定位为北方最大的金银、玉石、珠宝、钻石等集散地和黄金（非标金条）清算中心。遍布全国的分公司和连锁店，位于廊坊市中心繁华地段的公司总部大厦，都使得黄金佳非法集资参与人认为黄金佳具备较强的实力，不是徒有其表的诈骗公司。

黄金佳作为一家民营企业，在公司业务发展中非常注重与地方政府、国有企业的合作与互动：与河北省产权交易中心共同筹建河北省贵金属交易所，金佳标准金条、金钱由山东招金集团铸造，与中国工商银行携手率先在业内推出"第三方存管"服务，与中国银行合作开办黄金定投业务，与中国联通强强联合打造多种支付功能的3G手机一卡通等。黄金佳在与政府、国有企业合作过程中，充分利用政府、国有企业在社会公众心目中的公信力和号召力，利用合作提升自身形象和信誉。众多黄金佳非法集资参与人正是看中了黄金佳频频与地方政府、国有企业合作这一点，认定黄金佳是一家值得信任并且具有投资价值的公司。

在与地方政府、国有企业的长期合作中，黄金佳将自身打造成为河北省内乃至全国的明星企业：2010年被评为"中国黄金投资行业十大最具影响力品牌""中国黄金投资服务客户满意最佳典范单位""中国贵金属理财服务客户满意最佳典范品牌"等。黄金佳集团多次被地方媒体（电台、电视台、报纸）正面报道宣传。这些荣誉和媒体宣传，进一步提升了黄金佳的公司形象。在黄金佳被公安机关查处前夕，已经有部分媒体披露了黄金佳存在非法集资、金融诈骗的嫌疑，但是，众多黄金佳非法集资参与人认为黄金佳拥有众多政府授予的荣誉称号，对上述报道置之不理。

黄金佳主营业务为"黄金佳迷你金条"，黄金佳标准金条、金钱销售与回购，销售渠道为线下门店，在黄金佳的线下门店有上述实物黄金产品销售。除实物黄金销售与投资外，黄金佳还推出了两款"纸黄金"投资品——"中立仓"和"内部福利计划"，这两款产品正是黄金佳实施非法集资、金融诈骗的载体。

除销售实物黄金、"纸黄金"外,黄金佳是开展黄金"产学研"投资管理,同时筹建北方最大的黄金(非标金条)结算中心。通过对黄金投资研究、交易结算体系建设的投入,提升企业在黄金市场中的地位,从黄金销售商、经纪商发展成为行业研究者、体系建设者,目的在于最终成为行业规则的制定者和执行者,逐步树立企业在行业中的权威性,为庞氏骗局的顺利实施未雨绸缪。案发后的调查表明,黄金佳在黄金投资研究、交易结算体系建设上的实际投入远远小于对外宣传中所披露的金额。

3.肖雪其人

肖雪,黄金佳集团董事长,河北廊坊人,女,清华大学MBA。为了提升企业形象,创造明星效应,黄金佳集团以及肖雪本人一直致力于打造肖雪商界成功女强人的形象,借助政府、高校、媒体的力量着力提升肖雪知名度和影响力,进而达到提升黄金佳企业形象和公信力的最终目的。从案发后对黄金佳非法集资参与人的采访中可以发现,肖雪亮丽、成功的商界女强人形象以及正面的媒体宣传,是导致参与人对黄金佳骗局深信不疑的重要原因。

肖雪拥有国家高级黄金投资分析师资质、"黄金佳迷你金条"外观设计国家专利、"金融交易呈现系统"国家专利,担任中国黄金协会常务理事,被誉为"河北黄金第一人"。

肖雪在多个工商社会团体担任职务:河北省黄金协会常务副会长,河北省工商联执行委员,河北省青联委员,廊坊市工商联总商会副会长,廊坊市青联常务副会长,廊坊市黄金学会会长。通过担任上述职务,肖雪活跃于河北省和国内工商界,借助由此获得的人脉资源推广、宣传黄金佳集团。

肖雪非常注重与高校合作:被聘为天津科技大学——黄金佳黄金研究所名誉所长,天津科技大学研究生导师,清华大学深圳研究生院中旭管理制度设计中心咨询委员。通过与高校合作,肖雪为自己塑造了儒商的形象,同时,与高校等科研院所的合作,也有助于进一步打造黄金佳致力于黄金产学研投资管理的企业形象,提升黄金佳在黄金投资领域的权威性,为庞氏骗局的顺利实施保驾护航。

肖雪获得过多个国家级、升级荣誉称号:全国三八红旗手、和谐中国最具社会责任感杰出巾帼、中国品牌建设十大杰出企业家、廊坊市十大杰出创业青年、廊坊市职工劳动模范、廊坊市社科先进工作者。

肖雪精明强干、熟谙黄金投资、担任多项社会团体职务、荣膺多项国家级荣誉称号的商界女强人形象,对黄金佳庞氏骗局的实施助力颇大,很多非法集资参与人正是看中了肖雪优秀的个人形象和巨大的个人魅力,毫不犹豫地将全部身家投资于黄金佳。在案发之前,曾经有数家媒体质疑过黄金佳的投资产品和盈利模式,都被肖雪凭借其黄金投资界的权威身份和良好的个人形象一一化解,推迟了黄金佳庞氏骗局东窗事发的时间,扩大了黄金佳庞氏骗局的危害范围。

4. 诈骗手段

黄金佳的销售渠道为线下门店销售,销售主要黄金投资产品有黄金佳迷你金条、黄金佳标准金条、金币等实物黄金和"纸黄金"。其中,"纸黄金"是黄金佳庞氏骗局实施的载体。

黄金佳共销售两款"纸黄金"投资产品:

(1)"中立仓",类似于银行的活期存款,可以随存随取,可以获得一定的"仓息",月息为10.9‰,年息为12.1%。

(2)"内部福利计划",投资期限为一年,到期支付本息,如果提前赎回需要支付6%的违约金和管理费,名义年收益率为10.8%,此外还以"赠金"形式支付收益(6%),实际年息为16.8%。(上述收益率是以10万元本金为例,收益率随投资金额不同分为三级,投资金额越高,收益率越高)。

黄金作为贵金属投资品,其市场价格受到宏观经济形式、国际政治局势、全球金融环境等多种因素影响,市场价格波动性较强,属于高风险类投资产品。然而,黄金佳违背黄金作为投资产品所固有的风险和收益特性,向投资者鼓吹"纸黄金"投资产品的低风险高收益,且承诺固定收益,利用一般社会公众对于黄金属于硬通货、保值能力强的错误观念,误导投资者相信"纸黄金"集安全性、流动性、收益性于一身的"完美"投资产品(金融市场中根本不存在兼具安全性、流动性、收益性三性合一的投资产品)。

如表1所示,2007年、2009年和2010年黄金市场价格明显走高,上金所黄金现货(AU9999)收益率保持在20%以上,扣除经营等各项成本后,黄金佳两款纸黄金投资产品能够足以兑付所承诺的收益。但是,2008年、2011年、2012年、2013年和2014年,黄金市场价格明显走低,有些年度甚至处于亏损状态,此时黄金佳两款纸黄金投资产品仍然承诺兑付高额的固定收益,单纯依赖黄金投资无法兑付12.10%和16.8%的投资收益。综合来看,2007~2014年,黄金佳"中立仓"和"内部员工福利计划"两款产品的收益率,明显高于工商银行纸黄金、上海金属交易所黄金现货(AU9999)的同期收益率,并且始终保持固定收益,严重背离了黄金市场的实际情况。

表1　　　　　　　　　黄金投资产品收益率比较

黄金投资产品	2007年	2008年	2009年	2010年	2011年	2012年	2013年	2014年
黄金佳"中立仓"	12.10%	12.10%	12.10%	12.10%	12.10%	12.10%	12.10%	12.10%
黄金佳"内部员工福利计划"	16.80%	16.80%	16.80%	16.80%	16.80%	16.80%	16.80%	16.80%
工商银行纸黄金	—	—	—	—	11.06%	5.29%	-29.41%	1.27%
上金所黄金现货(AU9999)	22.99%	-2.96%	27.33%	23.74%	5.72%	1.76%	-28.66%	-0.71%

通过对同期可比黄金投资品收益率的分析,我们不难发现,依靠投资黄金,黄金佳无法支付两款纸黄金的收益。但是,自"中立仓"和"内部员工福利计划"开始销售至被公安机关查处的近8年时间里,黄金佳始终按

时支付了两款投资品的收益,那么,黄金佳是如何在表面入不敷出的情况下,完成这项投资界的"奇迹"呢?其实,黄金佳并没有将"中立仓"和"内部员工福利计划"的销售资金全部用于黄金投资,只拿出了少部分资金用于黄金投资,其他大部分资金主要用于支付前期投资者的收益、偿还前期投资者的本金、用于扩大规模和公司宣传、买卖地皮房产、公司高级管理人员的高端消费等。

由此可见,黄金佳"中立仓"和"内部员工福利计划"这两款黄金投资产品,名义上为黄金投资产品,实际上并没有进行黄金投资,完全依靠借新还旧、滚动发行的方式维持日常运营,前期投资者所获得的高额收益来源于后期投资者投入的本金,是典型的拆东墙补西墙式的庞氏骗局。通过销售"中立仓"和"内部员工福利计划"两款黄金投资产品筹集的资金,一部分用于支付之前投资者的收益,另一部分用于扩大公司规模和维持公司高管的奢侈消费,以达到提升公司形象,继续扩大庞氏骗局的目的。

正规的"纸黄金"投资产品是投资者向金融企业购买黄金,再把黄金存入第三方黄金托管机构由其管理,投资者到期分享收益,由于有黄金实物作为保障,投资风险能够得到有效控制,同时能够有效防范金融企业将投资者资金挪作他用。那么,黄金佳是如何将"中立仓"和"内部员工福利计划"两款黄金投资产品的销售资金挪作他用的呢?投资者与黄金佳集团签订的是黄金买卖协议,投资者并不得到黄金再存回,省略了第三方机构托管黄金的环节,而是直接签署协议坐等收益,这一模式使得黄金佳集团摆脱了"纸黄金"类投资产品第三方托管的监督与束缚,可以直接套取资金。

"中立仓"和"内部员工福利计划"两款黄金投资产品营销过程中采用了"伪饥饿营销"的方式(不是真的控制供应量,而是认为制造出很难购买的假象,以吸引投资者争相购买)。"内部福利计划"名义上只面向内部员工及其亲属销售,协议书写明"只针对黄金佳集团内部转正员工及员工亲属,不面向社会",员工亲属认购前还需要填写《亲属关系确认书》。而在实际销售中,"内部福利计划"大多销售给了非员工及其亲属。这种营销方式促使投资者将"内部福利计划"视为炙手可热的投资品而争相购买,以至于无暇思考投资风险,加之黄金佳集团着力塑造的企业形象和肖雪个人光环,这种"伪饥饿营销"效果显著。

二、事件分析

黄金佳作为前互联网金融时代的庞氏骗局类金融诈骗案,全国共有36000余人报案,报案金额高达53.9亿元,涉案人员之广、涉案金额之巨,在当年引起了极大的社会反响,造成了极大的社会危害。下面针对黄金佳案中体现的问题以及背后的原因展开分析和论述。

1.黄金佳本质上是庞氏骗局

庞氏骗局,就是虚构一家企业或一项业务,诱使参与者用后来者的钱作为自己快速盈利的来源,从而诱使更多的人上当受骗。直至参与者来源受限或资金难以为继,骗局就必然要骤然崩溃。无论虚构的企业或业务多么具有发展前景和盈利能力,都只是庞氏骗局借以骗取投资者资金的幌子,庞氏骗局所筹集的资金不会进入实体经济,不参与社会再生产,因此也就无从创造价值、获得收益,只能依靠后来者的钱支付前期进入者的收益。

黄金佳虚构了纸黄金投资业务,推出了"中立仓"和"内容员工福利计划"两款黄金投资产品,利用营销手段将两款产品描述为颇具投资价值的低风险投资品。然而,两款产品的名义投资标的物——黄金根本无法达到黄金佳对投资者承诺的投资收益。实际上,黄金佳也没有将资金投资于黄金,而是依靠后来投资者投入的资金支付前期投资者的本金和收益。为了维持收支平衡,黄金佳必须实现快速扩张,只有保证后来投资者人数相对于前期投资者人数呈几何倍数增长,"金字塔"式的庞氏骗局才能够得以为继。

2.拉大旗作虎皮蛊惑投资者

拉大旗作虎皮是庞氏骗局的一贯作为。一方面，庞氏骗局需要这种方式来标榜自己的正确性、先进性、前瞻性；另一方面，也需要通过权威声音和名人效应来帮助自己说服参与者，维持"金字塔"式的几何倍数扩张。

黄金佳作为一家民营企业，深谙社会公众信任政府、国有企业的心理，在创立之初就极力促成与地方政府、国有企业之间的合作，在各类公司活动中频频邀请地方政府官员和国有企业高管出席，促成了地方政府、国有企业为黄金佳站台、立场助威的局面，有意暗示、诱导社会公众认为黄金佳是具备与地方政府、国有企业合作资质和实力的公司，在短时间内极大提升了黄金佳的公司形象和社会公信力，为庞氏骗局的实施造势。

黄金佳将集团董事长肖雪打造成业界名人、商界女强人，利用肖雪的影响力和名人效应进一步强化黄金佳的优秀，吸引更多的投资者加入进来。黄金佳集团在肖雪个人形象打造过程中，一方面，大力渲染政府、社会团体授予肖雪的荣誉称号，扩大宣传媒体的正面报道；另一方面，在真实报道基础上编造假新闻，如2014年3月，社会上已经有了黄金佳为庞氏骗局的舆论，为了回击该舆论，黄金佳集团对外宣称董事长肖雪随国家主席出访欧洲，与荷兰企业签署合作协议，及时遏制了事态的恶化，将东窗事发的时间推迟至2014年9月。经核实，上述新闻完全为子虚乌有的虚假新闻。

黄金佳借力地方政府和国有企业，打造明星董事长，夸大宣传、虚假宣传，真真假假、真假难辨地进一步炒作公司形象，造成公司信用良好的假象，以此吸引社会公众投资，保障庞氏骗局的顺利实施。

3.愿景谎言支撑庞氏骗局

黄金佳"中立仓"和"内部员工福利计划"两款黄金投资产品所承诺的低风险、高固定收益，一直以来都受到部分人士质疑，为了说服投资者相信黄金佳作出的投资收益承诺，黄金佳通过洗脑方式向内部员工和外部投资者宣传公司愿景，编织庞氏骗局的谎言。

从主营业务来看,黄金佳是一家实物黄金和纸黄金投资公司,但是,黄金佳对外宣称:公司的核心价值观为"荣誉、国家、使命";公司发展愿景为黄金佳是大家的、中国的、民族的、世界的;公司使命为通过自身发展带动中国黄金市场的成熟与完善。黄金佳将公司定位为中国黄金市场(非标准化)的研究者、体系建造者和规则制定者,树立公司在黄金投资领域的权威形象,试图通过掌握行业话语权的方式回击、遏制揭露其骗局本质的言论,以达到长时间维护、实施庞氏骗局的目的。

4.金融监管缺位

黄金佳自成立到被查封经过了8年时间,期间"中立仓"和"内部员工计划"两款非法集资产品在全国范围内销售,存在明显的未进行实际黄金投资、无第三方托管等违法违规行为,相关监管部门没有及时发现并处理,在此期间黄金佳集团及肖雪个人还多次获得各类荣誉。

2013年,河北省清理整顿各类交易场所工作通过核查,保留的19家各类交易场所中,黄金佳投资集团有限公司在列(而当时黄金佳集团已经处于庞氏骗局末期),据相关政府知情人士反应,清理整顿中政府业已发现黄金佳涉嫌非法集资,曾出面约谈肖雪,要求黄金佳集团转型。但肖雪本人转移了部分资金,此后与多位高管同时失联。地方政府监管部门出于政绩等多重顾虑而姑息黄金佳,是造成黄金佳庞氏骗局不断扩大的重要原因。

5.社会公众缺乏独立防范金融风险的意识和能力

一方面,社会公众普遍认为政府承担着帮助(甚至是全权)防范金融风险的责任,一旦出现风险政府应当承担兜底赔偿责任。黄金佳集团正是利用了公众的这一心理,借助与政府部门的密切合作,刻意塑造虚假企业形象,以此吸引了大量公众投资。直至黄金佳被依法查封,还有大量投资者认为政府会代为返还全部本金,并且在清查过程中存在瞒报历史收益、历史本金返还的情形。

另一方面，社会公众不具备识别庞氏骗局的能力。黄金佳被依法查封后，部分投资者认为如果政府不查封，那么企业正常运行，自己的资金就不会亏损，更有甚者，认为这是政府的钓鱼执法。这反映了部分投资者尚未看清庞氏骗局的本质，不具备识别庞氏骗局的能力。同时，也缺乏基本的金融投资和金融风险防范的常识，不清楚金融市场上收益与风险的平均水平，认为投资收益高的投资产品就是好产品，无视金融风险，盲目投资。

三、投资建议

1. 加大防范庞氏骗局的宣传教育力度

庞氏骗局是一种最古老、最常见的投资诈骗，古今中外层出不穷，对社会公众和社会财富造成了巨大的危害。然而，每天都有为数众多的投资者被新的庞氏骗局所欺骗。究其原因，一方面，社会公众总有一部分人幻想不劳而获、少劳多获，幻想不劳而获的做局者先是虚构一窝可以不劳而获的诱饵，然后诱骗其他同样幻想不劳而获的人入局；另一方面，庞氏骗局的形式日新月异，往往与当下的最新技术、投资热点相联系，使得投资者难以防范。

政府有关部门应当向社会公众推广庞氏骗局的宣传教育，使社会公众认清庞氏骗局拆东墙补西墙的本质，降低受骗概率。同时，向社会公众推广勤劳致富的正面思想，取代不劳而获的负面想法，从根本上摧毁庞氏骗局孵化的温床。此外，还应当普及金融投资常识，使社会公众知晓基本的风险收益关系以及主要投资产品的风险收益水平，不被庞氏骗局所蛊惑。

2. 严格庞氏骗局金融监管

2018年4月27日，《关于规范金融机构资产管理业务的指导意见》（以下简称"资管新规"）出台，标志着我国金融监管规范化程度大大提升。资管新规出台之前，我国金融市场监管处于分业监管状态，很多庞氏骗局类公司钻监管漏洞，使得监管部门无法对其进行有效监管。资管新规出台之后，我国金融市场买入功能监管时代，所有发售金融产品的公司全部被纳入资管新规的监管范围，有效提升了金融监管部门对于庞氏骗局类公司的监管效率。

各级政府和金融监管部门应当以资管新规为准绳，逐户排查管辖区域内的开展金融投资产品销售和金融投资服务的公司，核实是否存在"采取滚动发行等方式，使得资产管理产品的本金、收益、风险在不同投资者之间发生转移，实现产品保本保收益"[①]的金融投资产品，一经查实严肃处理、绝不姑息，有效扼杀庞氏骗局于萌芽阶段，守住不发生系统性金融风险的底线。

3.提升政府官员、国有企业高管风险防范意识

黄金佳非法集资案件中，不乏地方政府官员和国有企业高管的身影，这些具有一定社会公信力的地方名人多次出现在黄金佳的各类签约仪式、研讨会、交流会、年会等公开场所，实际上起到了为黄金佳站台、背书的作用，成为黄金佳拉大旗作虎皮、编织庞氏骗局谎言愿景的道具。然而，上述当事人并没有意识到自己已经被利用了，或者出于打造政绩、维护人脉关系的考虑默认了这种利用关系，并没有意识到由此可能产生的严重后果、引发的金融风险。

应当加强政府官员、国有企业高管的防范金融诈骗的教育，提升其防范金融诈骗的意识。对于政府官员出席所管辖范围内的公司活动，应当实行严格的备案制度，对于为庞氏骗局类公司站台的政府官员，实行终身追责，以此达到规范政府官员行为，杜绝为了打造政绩而不负责任的短视行为。国有企业要正确认识到自身的社会公信力以及由此应当承担的社会责任，在与相关公司开展合作业务之前，应当对该公司实行必要的尽职调查，重点排查其是否存在庞氏骗局诈骗的风险。

---

① 资管新规中对于庞氏骗局类金融诈骗的界定。

4.2 天合联盟案

一、案件始末

事情是从2016年4月开始，合肥市公安局接到一名群众报警称，安徽天合联盟科技有限公司涉嫌非法吸收公众存款，合肥市公安局立马立案对该公司进行摸排。经过一年多的调查，终于在前不久，破获了这起特大非法吸收公众存款案。

据介绍，主要犯罪嫌疑人揭某于2014年在广东省深圳市注册成立深圳航旅科技有限公司，以加盟销售飞机票、成为代理商为名向社会不特定对象吸收资金并承诺高额回报进行集资。2015年10月，揭某同汪某华、邱某涛到六安市注册成立安徽航旅科技有限公司，以同样手法开始向公众宣传，向社会集资。因六安城市规模相对较小，主要犯罪嫌疑人揭某伙同汪某华、邱某涛在2016年12月在合肥注册成立安徽天合联盟科技有限公司。运营地址在合肥市包河区祁门路与机场路交口吉瑞泰盛广场，经营范围包含信息技术服务、计代收飞机票、火车票、投资兴办实业、创业投资管理等。他们以天合联盟控股公司的子公司为名义，先后招聘潘某福、李某凡等多人任公司高管对外发展业务。该公司成立后，每天两次在公司经营地举办推介会向外虚假宣传，宣称公司是做股权众筹的金融公司，通过吸收资金循环运转，来拉升公司在美国纳斯达克上市股票的股值，再把股票升值挣来的钱回报给投资人。

该公司承诺，双方签订加盟协议，发给投资人美国上市股票，保证每个投资人所持有的股票加上所得分红不低于本人投资额的2倍至2.5倍。

为了骗取投资人信任，该公司故意设置门槛，宣称若想投资，必须经公司会员推荐，先出资4000元购买资格成为会员。此后，会员可以按照每份4000元的整数倍进行投资，投资期限为9周，9周后连本带利每份可收益7600元。会员总收益根据其名下直接发展人员的数量可叠加。

经查，该公司在未取得相关金融部门许可的情况下，以投资股票为由，对外虚假宣传并承诺高额回报，诱使社会不特定对象投资，其行为涉嫌违法犯罪。那么具体的来看，他们是怎么诱骗这么多受害人去投资的呢？

1. 以加盟成为代理商为名进行集资

该团伙主要犯罪嫌疑人揭某于2014年在深圳市注册成立深圳航旅科技有限公司，以加盟销售飞机票、成为代理商为名向社会不特定对象吸收资金并承诺高额回报进行集资。

2016年12月3日，嫌疑人揭某派汪某华、邱某涛来到合肥注册成立安徽天合联盟科技有限公司。经营范围包含信息技术服务、计代收飞机票、火车票、投资兴办实业、创业投资管理等。

2. 公司架构组织严密

安徽天合联盟科技有限公司是一个组织架构严密、内部分工明确的公司，总经理汪某华，负责公司全面事务；常务副总经理邱某涛，负责日常公司管理。

公司下设五个市场部、教育部、财务部、后勤部、人力资源部等部门。

市场部负责开拓市场、发展业务。教育部负责教授教育部工作人员的基本知识、销售技巧的培训，日常工作主要是给会员及意向投资人培训、宣传公司企业文化和制度。财务部负责网上开户、管理数据库、联系数据库开发人员并对会员进行电子拨币，日常工作有修改会员资料、报单核实资料以及报销会员差旅费、公司办公用品、员工餐费及公司员工的工资发放，与会员对接，提供POS机给会员刷卡，并每日收集POS机小票等。后勤部负责购置办公用品、定制员工胸卡、开车接送会员等公司后勤保障类工作。人力资源部负责公司人事工作、协助财务部负责报单中心的报单核实工作。这些部门让受害人以为公司规模大、资金足、实力雄厚，是个正规的公司。

3.推介会上"蛊惑"投资人

安徽天合联盟科技有限公司成立后，以每天两次在公司经营地举办的推广介绍会方式向外公开进行虚假宣传，吸引投资人投资。

公司教育部人员在推广介绍会上向投资人做虚假宣传，宣称公司是做股权众筹的金融公司，通过吸收群众资金，资金循环运转，造成大量的现金流，来拉升天合联盟公司在美国纳斯达克上市股票（股票代码TUAA）的股值，再把股票升值挣来的钱回报给投资人。

投资人相信公司的宣传后，双方会签订一份《加盟协议》，公司承诺发给投资人美国上市股票，在封闭期12个月后即负责投资人办理开户等相关事宜，封闭期12个月后，公司保证每一个投资商所持有的股票加上所得分红不低于本人投资额的2~2.5倍；封闭期内公司将会给先行投资者提前分红。

未经过有关部门批准情况下，承诺在一定期限内给出资人还本付息，并且用高回报高收益来吸引投资人上当。据警方侦查，投资人通过刷公司提供的POS机或者公司银行的银行账户转账进行投资，以两种层层递进方式取得收益。

4.以会员制吸引投资人，层层发展下线

投资人若想投资安徽天合联盟科技有限公司所宣传的理财项目，必须经公司会员推荐入会。

先出资4000元购买一个资格，成为公司会员，在投资人成为会员后，可以按照每份4000元的整数倍进行投资，投资期限为9周，每周按一定比

例返利,9周后连本带利每份可收益7600元。

公司会在每周一准时发放本息,直接打入投资人入会时提供的个人银行卡当中。会员可随意发展新投资人,总收益根据其名下的直接发展人员的数量可叠加。在每周一准时发放本息,直接打入投资人入会时提供的个人银行卡当中。

投资人投资后成为安徽天合联盟科技有限公司会员后,可申请成为报单中心(又称报单员、加盟商)。投资人由老会员推荐后交4000元入会,通过转账或刷卡将钱转到公司账户,拿着转账凭证或者POS单找到有报单资格的报单中心(就是有报单资格的公司会员),然后报单中心按照流程找公司进行报单,每报一单,公司会奖励给报单中心160元。原报单中心发展的会员再成立新报单中心,成为原报单中心的一代报单中心,原报单中心可以拿到一代报单中心下面普通会员投资的提成。以此类推,形成一代、二代、三代报单中心的倒金字塔结构,一直到三代报单中心下属普通会员再成立新报单中心,一代报单中心、二代报单中心拿一定比例提成,原报单中心出局。

用会员制的方式会让投资人感到自己被特殊对待,并且通过已上当的投资人,去发展下线,让更多的人入会投钱,从而达到非法吸收公众存款的目的。

二、事件分析

随着调查的深入,警方发现,公司虚假宣传是做股权重筹的金融公司,通过吸收群众资金,让资金循环运转,造成大量的现金流,来拉升天合联盟公司在美国纳斯达克上市股票(股票代码TUAA)的股值,再把股票升值挣来的钱回报给投资人。该公司通过口口相传的方式对外虚假宣传并承诺高额回报,诱使社会不特定对象投资,其行为涉嫌违法犯罪。初步查明公司实际投资参与人约2万人,累计非法吸收资金19.9亿元。随后,该公司还发布了公司创始人和常务副总邱某涛在美国证券所前面的合影,欺骗投资者。根据该公司宣传,投资人的获利将是投资的2~2.5倍,但实际上天合公司并无支付高额利息的能力,只能用新投资者的钱支付老投资者的利息,最终资金链断裂后崩盘。

经警方侦查,该案涉及全国31个省市自治区2万余名投资人,涉案资金近20亿元,抓捕涉案犯罪嫌疑人20多名。据办案民警介绍,在抓捕现场,房间里放了两个超大行李箱,打开后发现全部都是现金,足足有1040万元。

最终,该案件判定为是安徽天合联盟科技有限公司在未取得相关金融部门的许可情况下,以股权众筹理财名义,非法吸收公众存款的性质,以投资纳斯达克股票为由,通过口口相传的方式,如每天召开两次宣讲会,对外虚假宣传并承诺高额回报,诱使社会不特定对象投资。

三、投资建议

对于如此多的非法集资、非法吸收存款的案件,投资人要提高识别能力,为此提供以下建议:

不要被高息诱惑蒙蔽,对"高额回报""快速致富"的投资项目进行冷静分析,要相信"天上不会掉馅饼";要看投资公司主体资格是否合法,从事的集资活动是否获得相关部门批准;可通过政府网站和工商等部门查询相关企业是不是经过国家批准的合法机构或公司,批准经营范围中是否包括吸收存款、发行股票、债券、基金等理财产品,如果不具备出售金融产品以及开展存贷款业务的主体资格,就涉嫌非法集资。

同时,投资者要增强理性投资意识,任何一家企业都不能保证经营运转能始终保持盈利状态,高投资往往伴随着高风险,要合理、理性投资,避免上当受骗。

还要提高防范能力和风险自担意识:

一是要认清非法集资的本质和危害,提高识别能力,自觉抵制各种诱惑。坚信"天上不会掉馅饼",对"高额回报""快速致富"的投资项目进行冷静分析,避免上当受骗。

二是要正确识别非法集资活动。主要看其主体资格是否合法,以及其从事的集资活动是否获得相关的批准;是否是向社会不特定对象募集资金;是否承诺回报,非法集资行为一般具有许诺一定比例集资回报的特点,是否以合法形式掩盖其非法集资的性质。

三是要增强理性投资意识。高收益往往伴随着高风险,不规范的经济活动更是蕴藏着巨大风险。因此,一定要增强理性投资意识,依法保护自身权益。

四是要增强参与非法集资风险自担意识。非法集资是违法行为,参与者投入非法集资的资金及相关利益不受法律保护。因此,当一些单位或个人以高额投资回报兜售高息存款、股票、债券、基金和开发项目时,一定要认真识别,谨慎投资。

尤为重要的是,投资者首先要了解当前非法集资高发领域的犯罪形式特点特征及手段。

(一)民间投融资中介机构非法集资主要有以下特点

一是以投资理财为名义,承诺无风险、高收益,公开向社会发售理财产品吸收公众资金,甚至虚构投资项目或借款人,直接进行集资诈骗。二是为资金的供需双方提供中间介绍或担保等服务,利用"多对一"或资金池的模式为涉嫌非法集资的第三方归集资金。三是实体企业出资设立投融资类机构为自身融资,有的企业甚至自设或通过关联公司开办担保公司,为自身提供担保。

(二)网络借贷机构非法集资主要有以下特点

一是一些网贷平台通过将借款需求设计成理财产品出售给出借人,或者先归集资金、再寻找借款对象等方式,使出借资金进入平台的中间账户,形成资金池,涉嫌非法吸收公众存款。二是一些网贷平台未尽到身份真实性核查义务,未能及时发现甚至默许借款人在平台上以多个虚假名义发布大量借款信息,向不特定对象募集资金。三是个别网贷平台编造虚假融资项目或借款标的,采用借新还旧的庞氏骗局模式,为平台母公司或其关联企业进行融资,涉嫌集资诈骗。

(三)虚拟理财涉嫌非法集资主要有以下特点

一是以"互助""慈善""复利"等为噱头,无实体项目支撑,无明确投资标的,靠不断发展新的投资者实现虚高利润。二是以高收益、低门槛、快回报为诱饵,利诱性极强,如"MMM金融互助社区"宣称月收益30%、年收益23倍的高额收益,投资60~60000元,满15天即可提现。三是无实体机构,宣传推广、资金运转等活动完全依托网络进行,主要组织者、网站注册地、服务器所在地、涉案资金等"多头在外"。四是通过设置"推荐奖""管理奖"等奖金制度,鼓励投资人发展他人加入,形成上下线层级关系,具有非法集资、传销相互交织的特征。

(四)房地产行业非法集资主要有以下特点

一是房地产企业违法违规将整幢商业、服务业建筑划分为若干个小商铺进行销售,通过承诺售后包租、定期高额返还租金或到一定年限后回购,诱导公众购买。二是房地产企业在项目未取得商品房预售许可证前,有的甚至是项目还没进行开发建设时,以内部认购、发放VIP卡等形式,变相进行销售融资,有的还存在"一房多卖"的情况。三是房地产企业打着房地产项目开发等名义,直接或通过中介机构向社会公众集资。

(五)私募基金非法集资主要有以下特点

一是公开向社会宣传,以虚假或夸大项目为幌子,以保本、高收益、低门槛为诱饵,向不特定对象募集资金。二是私募机构涉及业务复杂,同时从事股权投资、P2P网贷、众筹等业务,导致风险在不同业务之间传导。

(六)地方交易场所涉嫌非法集资主要有以下特点

一是大宗商品现货电子交易场所涉嫌非法集资风险。有的现货电子交易所通过授权服务机构及网络平台将某些业务包装成理财产品向社会公众出售，承诺较高的固定年化收益率。二是区域性股权市场挂牌企业和中介机构涉嫌非法集资风险。个别区域性股权市场的少数挂牌企业（大部分为跨区域挂牌）在有关中介机构的协助下，宣传已经或者即将在区域性股权市场"上市"，向社会公众发售或转让"原始股"，有的还承诺固定收益，其行为涉嫌非法集资；有些在区域性股权市场获得会员资格的中介机构，设立"股权众筹"融资平台，为挂牌企业非法发行股票活动提供服务。

(七)相互保险涉嫌非法集资主要有以下特点

一是有关人员编造虚假相互保险公司筹建项目，通过承诺高额回报方式吸引社会公众出资加盟，严重误导社会公众，涉嫌集资诈骗。二是一些以"XX互助""XX联盟"等为名的非保险机构，基于网络平台推出多种与相互保险形式类似的"互助计划"。这些所谓"互助计划"只是简单收取小额捐助费用，没有经过科学的风险定价和费率厘定，不订立保险合同，不遵守等价有偿原则，不符合保险经营原则，与相互保险存在本质区别。其经营主体也不具备合法的保险经营资质，没有纳入保险监管范畴。此类"互助计划"业务模式存在不可持续性，相关承诺履行和资金安全难以有效保障，可能诱发诈骗行为，蕴含较大风险。

(八)养老机构等涉嫌非法集资主要有以下特点

一是打着提供养老服务的幌子，以收取会员费、"保证金"，并承诺还本付息或给付回报等方式非法吸收公众资金。二是以投资养老公寓或投资其他相关养老项目为名，承诺给予高额回报，或以提供养老服务为诱饵，引诱老年群众"加盟投资"。三是打着销售保健、医疗等养老相关产品的幌子，以商品回购、寄存代售、消费返利等方式吸引老年人投入资金。不法分子往往通过举办所谓的养生讲座、免费体检、免费旅游、发放小礼品、亲情关爱方式骗取老年人信任，吸引老年人投资。

（九）"消费返利"网站非法集资主要有以下特点

消费返利网站打出"购物=储蓄"等旗号，宣称"购物"后一段时间内可分批次返还购物款，吸引社会公众投入资金。一些返利网站在提现时设置诸多限制，使参与人不可能将投入的资金全部取出，还有一些返利网站将返利金额与参与人邀请参加的人数挂钩，成为发展下线会员式的类传销平台。此种"消费返利"运作模式资金运转难以长期维系，一旦资金链断裂，参与人将面临严重损失。

（十）农民合作社涉嫌非法集资主要有以下特点

一是一些地方的农民合作社打着合作金融旗号，突破"社员制""封闭性"原则，超范围对外吸收资金，用于转贷赚取利差或将资金用作其他方面牟利等；二是有的合作社公开设立银行式的营业网点、大厅或营业柜台，欺骗误导农村群众，非法吸收公众存款。

4.3 香港万丰国际文化艺术品份额交易案

2015年12月,香港万丰国际文化艺术品产权交易有限公司私自冻结数万会员超10亿元账户资金、停止交易,并在随后发布了《万丰会员账户内可用资金使用办法(暂行)》《万丰国际账户清算保权销户申请书(散户)》等一系列不公平、不合理的清算条例。2016年3月,大量投资者的账号被注销,涉及金额总共高达60亿元,涉及深圳、重庆、厦门、杭州、义乌、东阳、大连、昆明、温州、郑州、南宁、苏州等十多个省市的投资者。账号被注销后,全国各地的投资者纷纷向当地公安机关报案,目前仍处于调查取证阶段,案情具体进展不明,尚未移交司法机关审理。

一、案件始末

1. 事件经过

香港万丰国际文化艺术品产权交易中心(以下简称"香港万丰国际"),成立于2010年5月21日,注册地为香港,法定代表人刘恩英。2015年6月5日(2015年12月投资者账户被冻结前),香港万丰国际已在香港注销,更名为万丰国际文化艺术品交易中心,转至深圳,使用深圳前海会丰嘉誉艺术品投资管理有限公司的工商注册拍照继续开展艺术品份额交易业务,法定代表人仍是刘恩英。

根据香港万丰国际的公司宣传材料显示,其主营业务为各类文化艺术品交易和非物质文化产品,同时,将进行文化股权、物权、债权及知识产权(影视作品、数位元产品、工业设计、文学作品等著作权)的转让或授权

4.3 香港万丰国际文化艺术品份额交易案

交易，文化创意专案投资受益权、文化产品权益交易，文化产业投资基金和文化产权交易指数等产品交易，以及资本与文化对接的投融资综合配套服务。实际主营业务为艺术品份额交易，艺术品份额交易通俗地理解就是，将某个艺术藏品打包成一定估值的"原始股"，价值几万、几十万元的艺术品发包后就是几百万、几千万元，然后在文化艺术品交易中心的网上交易系统中上市。涵盖的艺术品门类包括：名人字画、绘画雕塑、工艺美术品、陶瓷玉器、金属器、青铜器、珠宝钻翠、综合艺术品及其他艺术品和非物质文化产品等。

香港万丰国际的艺术品份额交易，早在2011年国务院发布的国发38号文件中已经被叫停。38号文件规定，除了依法设立的证券交易所或国务院批准的从事金融产品交易的交易场所外，任何交易场所都不能将任何权益拆分为均等份额公开发行，不得采取集中竞价、做市商等集中交易方式进行交易；不得将权益按照标准化交易单位持续挂牌交易。因此，香港万丰国际选择香港作为最初的注册地点，目的就是规避国务院38号文件（2011年）的约束。香港万丰国际通过代理商在内地开展业务，包括琮尚国际、太宝投资、珺韵集团、诗迪雅、大庸投资、荣和利达等在内，香港万丰国际在内地有近70家代理商，遍及20个省市。后经公安机关查证，上述代理商的实际控制人为香港万丰国际法定代表人刘恩英以及公司高层管理人员。

香港万丰国际在香港注册成立后，通过刘恩英、张权英、于峰、屠晓斌等公司高层早年从事传销活动时所建立的信息网以及投资聊天室、QQ群、投资论坛等互联网渠道，发布艺术品份额交易的广告，吸引投资者加入艺术品份额交易。借助互联网信息传播效率，加之早年从事传销活动积累的骗术技巧，香港万丰国际迅速吸引了大量的投资者，公司业务规模迅速扩张。

艺术品份额交易是典型的庞氏骗局：依托后进入投资者更高的出价，实现前期投资者的高额收益。众所周知，任何资产的价格都无法实现无极限的增长，当后进入者无力或者不愿给出更高出价时，庞氏骗局也就无以为继。香港万丰国际的艺术品份额交易正是沿袭上述发展路径，当即将发展到无以为继的境地时，香港万丰国际开始伺机转移非法所得、谋划"跑路"。

2015年6月5日，香港万丰国际在香港注销，更名为万丰国际文化艺术品交易中心（以下简称"万丰国际"），转至深圳，使用深圳前海会丰嘉誉艺术品投资管理有限公司的工商注册牌照，继续为原香港万丰国际投资者开展艺术品份额交易业务，法定代表人仍是刘恩英。2015年12月，万丰国际私自冻结数万会员超10亿元账户资金、停止交易（实际上庞氏骗局破产的表现），随后发布了《万丰会员账户内可用资金使用办法（暂行）》（以下简称《办法》）。《办法》给出了五种账户内可用资金使用办法：

方案1：用账户内资金提货，即购买平台进行份额交易的艺术品标的物，主要有墨玉、水沫玉、天珠、珠宝、瓷器等，投资者提货后可在一年后由平台按照提货价格8%的溢价回购；

方案2：购买平台发售的邮币卡、野山参、茶叶、珠宝玉石等品类的原始股，在万丰国际的板块或文交所的联盟交易；

方案3：将账户内的资金委托给平台管理一年，期满后结算，年化收益率为8%；

方案4：与平台合作经营邮币卡、野山参、茶叶等标的物，利润五五分成；

方案5：可用资金逐步流通，恢复流通前按照年化收益率5%按日结算利息。

由于之前平台通过炒作已经将平台艺术品价格哄抬至同类市场价格几十倍甚至上百倍，投资者选择提货，实际只能收回不足10%的资金，因此，没有投资者选择方案1、方案2到方案5采用了不同形式的拖延策略，其本质都是将投资者资金留在平台内部、阻止资金外流。综上所述，万丰国际给出冻结资金解决方案一方面拖延投资者提取资金的要求、继续冻结资金；另一方面对提取资金的投资者进行强盗式财富掠夺。因此，几乎没有投资者接受上述处理方案。

4.3 香港万丰国际文化艺术品份额交易案

2016年年初,万丰国际发布了《万丰国际账户清算保权销户申请书(散户)》的清算文件,根据清算条例,万丰国际被冻结会员账户的清算工作由深圳前海会丰嘉誉艺术品投资管理有限公司(实际控制人为万丰国际法定代理人刘恩英)成立的散户管理小组负责,万丰国际会员(投资者)需要下载并签署两份文件:《清算保权销户申请书》与《欠资产协议书》。在投资者签署两份文件后,平台将对"该客户账户做销户处理",并且"会员凭《欠资产协议书》由会丰嘉誉负责在国内有银行三方监管的交易平台完成资产配置"。

2016年3月,在尚未签署上述两份文件的情况下,万丰国际大量投资者的账号被注销,涉及金额总计60亿元,随后万丰国际法定代理人刘恩英在香港万丰国际官网发布《致广大会员及全国代理商的一封信》。刘恩英宣称投资者资金被冻结、账号被注销的原因是万丰国际份额板块下线、企业板块三方监管未能如期取得以及公司资金用于收购平台交易过的总价近70亿港元(约人民币58.77亿元)的标的物导致资金难以为继。刘恩英表示投资者要想打破这种不能自由出金的局面,只有助力平台转型,转型的步骤:一是快速清算资产取得资产保权,以获得在新平台交易做原始资产配置的依据;二是进入在国内具有银行第三方监管的安全平台开始新的经营;三是代理公司快速整理、组织团队,接入全新的业务拓展方案,以终结原本的艺术品份额交易。刘恩英承诺在三个月内将万丰国际转型至新的平台,一年内将投资者资产恢复常态,三年内再造一个大型交易平台。

对于刘恩英提出的万丰国际处理方案,进入较早已经取得客观收益、被冻结资金较少的投资者选择接受,而进入较晚、被冻结资金较多的投资者拒绝接受,选择了向公安机关报案。但是由于取证困难(平台所有账户数据均被销毁)、万丰国际及其代理商组织结构复杂、主要涉案人员不知所踪等原因,多地公安机关目前仍处于查办阶段、尚未予以立案,仅有杭州已立案侦查,但尚未移送司法机关审理。

时至今日,香港万丰国际艺术品份额交易案尚未得到解决,损失追回遥遥无期，众多投资者仍在漫漫维权路上艰难前行，香港万丰国际实际控制人刘恩英及其团伙仍在以新的公司、新的平台在国内继续新的庞氏骗局。

2.刘恩英及其团伙

香港万丰国际法定代表人刘恩英，辽宁人，初中文化水平。初中毕业后来到沈阳，最初在建筑工地打工，后开始经营林业，发展林业产业投资，在此阶段刘恩英被称为农民企业家，受到过一些媒体的正面报道，但都是只言片语，难以整理出刘恩英的发展轨迹。刘恩英具体何时、因何原因走上庞氏骗局的犯罪之路已经无从可考，作为一个出身寒微、文化水平低的农民企业家，刘恩英的个人经历被其个人和团伙渲染的极具传奇色彩，可信度很低。

根据天眼查网站信息显示，刘恩英名下共有18家公司，除已经注销的香港万丰国际外，刘恩英还拥有广西会丰文化产业集团有限公司（香港万丰国际内地总代理）、深圳前海会丰嘉誉艺术品投资管理有限公司（香港万丰国际清算负责公司）、南宁兰亭文化传播有限公司等18家公司，这些公司均从事艺术品份额交易，并且与香港万丰国际存在复杂的关联交易、担保关系、结算关系等。

2017年8月24日，广西壮族自治区南宁市人民检察院发布公告：广西会丰文化产业集团有限公司刘恩英、刘译荷、张熙朋、李晓舒、陆缪、张翔、苑自龙、叶素君、韦洁、唐基耿等人涉嫌集资诈骗一案已由南宁市公安局移送南宁市人民检察院审查起诉，根据《中华人民共和国刑事诉讼法》第四十四条之规定，现告知各被害人有权委托诉讼代理人。公告中未直接披露香港万丰国际艺术品份额交易的相关内容，案件等待进一步审理中。

刘恩英名下公司的主要成员一部分是刘恩英的直系亲属或主要亲属：刘译荷，刘恩英之子，会丰股东、天玺阁公司股东、广西文交所副总经理；刘秀平，刘恩英之妻，会丰等关联公司股东；衣恒东，刘恩英之妻表弟，广西大庸投资控制人。另一部分成员则有传销犯罪前科：刘峰，会丰股东，北京亿霖木业传销案参与人；屠晓斌，会丰股东，北京亿霖木业传销案主犯。刘恩英利用亲属关系以及主要成员的传销经验，通过传销等诈骗手段在全国范围内实现了迅速扩张。

3.诈骗手段

香港万丰国际进行的艺术品份额交易，旗下交易品种主要以墨翠、水沫玉、天珠、高古玉等为主，将某个艺术藏品打包成一定估值的"原始股"，然后像股票一样，按照1元/股对这些艺术藏品进行股份买卖，投资者通过代理公司开立会员账号，购买艺术品份额。平台承诺年化收益率30%，平台运行之初，10个月的收益率达30%，部分投资者甚至获得3倍以上的收益率。如此高额的收益在短时间内吸引了大量的投资者并投入巨额资金。

作为"原始股"的艺术品估值中存在严重的高估、炒作问题。一般价值几万元的艺术品打包发行后就是几千万元，经过交易平台炒作交易后（代理商充当做市商），价格会进一步飙升。"原始股"打包上市之初，几乎每个交易日都处于涨停板状态（实为代理商充当做市商自买自卖炒高价格），投资者根本没有机会买入。等到价格炒作到高位后，代理商停止炒作，此时投资者蜂拥进场买入，实际上发挥了高位接盘的作用，代理商借机高位卖出手中的"原始股"，赚取巨额收益。

投资者买入的"原始股"在香港万丰国际提供的网络交易平台交易，投资者想要参与交易，必须首先注册成为香港万丰国际文化艺术品产权交易中心会员，并在会员账户存入资金，会员账户资金并没有实行第三方银行独立托管，而是直接存入了广西会丰文化产业集团有限公司（以下简称"广西会丰"）的银行账户，而广西会丰的法定代表人也是刘恩英，即投资者账户资金完全在刘恩英团伙的掌控之中，这也为香港万丰国际冻结账户资金、卷款"跑路"埋下了伏笔。

香港万丰国际文化艺术品产权交易中心具体交易制度安排如下：

（1）交易时间，每周周一至周五的9：15至9：25，9：30至11：30，13：00至15：00，19：30至21：30。香港法定节假日和本中心公告的休市日，本中心市场休市。

（2）竞价方式，交易日开盘集合竞价时间9：15至9：25，连续竞价时间9：30至11：30和13：00至15：00。其中，9：20至9：25为开盘集合竞价阶段，本中心交易主机不接受撤单申报。

（3）结算货币，港币。

（4）交易模式，T+0。

（5）涨跌幅限制，一般交易日±15%，公开发售上市的份额，上市首日集合竞价申报价格限制范围为最终发售价格的80%~120%；连续竞价申报价格限制范围为首日开盘价的80%~180%。

香港万丰国际文化艺术品产权交易平台看似规范化的交易制度安排，目的在于营造正规、高端的公司形象，将公司塑造成艺术品份额交易领取的权威平台，以达到编织庞氏骗局吸引投资者入局的目的。骗局前期，通过10个月30%的高额收益吸引投资者入局，待到投资者大量入局后，通过代理商充当做市商进一步炒作市场价格严重高估的艺术品"原始股"，诱骗投资者高位接盘，待到投资者高位接盘后，香港万丰国际即宣布注销、资产清算，实际为卷款潜逃，庞氏骗局以做局者得逞、投资者巨额损失收场。

二、事件分析

香港万丰国际艺术品份额交易案，是2011年前国内文交所系列案件的翻版，自2015年投资者账户资金被冻结至今，尚未进入司法审理程序，冻结资金金额高达60亿元人民币，无数投资者和家庭因此倾家荡产，严重损害了社会公众的财产安全。然而，同类艺术品份额交易庞氏骗局仍然在国内不断上演。下面针对香港万丰国际艺术品份额交易案中体现的问题以及背后的原因展开分析和论述。

1.香港万丰国际艺术品份额交易案本质上为庞氏骗局

香港万丰国际以墨玉、水沫玉、天珠等珠宝艺术品为标的物发行"原始股",进行艺术品份额交易,作为"原始股"标的物的墨玉、水沫玉、天珠等珠宝艺术品的估价均由香港万丰国际自行完成,没有聘请第三方评估机构进行估价,估价过程中存在严重的高估,估价水平是同类市场价格的十几倍甚至几十倍,"原始股"在估价阶段已经出现了严重的泡沫。香港万丰国际在"原始股"发行中有意偏向代理商,除了个别资金实力雄厚的投资者外,代理商几乎垄断了全部"原始股"。

"原始股"发行上市后,香港万丰国际文化艺术品产权交易平台采用做市商制度,由各级代理商充当平台做市商,做市商利用手中持有的大量"原始股"在交易平台进行对倒交易,使得股票价格进一步上涨,加之"T+0"交易制度,股票价格上涨速度进一步加快。此阶段,投资者几乎没有机会进场买进股票,股票价格在做市商操控下每天都是涨停板,营造了股票价格涨势强劲、市场需求旺盛的假象,进一步诱骗、激发投资者交易热情。待到股票价格已经被炒作至阶段性高位、投资者交易热情已经达到顶峰后,做市商停止炒作,打开涨停板,投资者便蜂拥而至,做市商将手中的股票在高位卖给投资者,投资者实际上成为股票的高位接盘侠,而做市商则获利离场。投资者能否获利,取决于股票价格能否进一步上涨。投资者入场之初,凭借做市商先前饥饿营销诱发的投资热情,股票会持续上涨一段时间,但是,随着股票价格进一步上涨到不可理喻的高位(远远背离股票标的物艺术品的市场价格),以及投资者热情的消退,股票价格将结束上涨趋势转而开始下跌,此时投资者才意识到自己被高位套牢了。

香港万丰国际先是通过操纵估价夸大"原始股"标的物艺术品的市场价格,然后再通过做市商对倒交易操纵股票价格上涨,最后诱导投资者高位接盘,做市商获利离场。上述一整套行骗过程,完全符合庞氏骗局的特征:诱使参与者用后来者的钱作为自己快速盈利的来源,从而诱使更多的人上当受骗。直至参与者来源受限或资金难以为继，香港万丰国家的庞氏骗局无以为继，只能冻结投资者资金、卷款逃跑。

2.香港注册规避政府监管，传销手段助力庞氏骗局

2011年，国务院38号文件明令禁止艺术品份额交易，38号文件规定，除了依法设立的证券交易所或国务院批准的从事金融产品交易的交易场所外，任何交易场所都不能将任何权益拆分为均等份额公开发行，不得采取集中竞价、做市商等集中交易方式进行交易；不得将权益按照标准化交易单位持续挂牌交易。刘恩英等人选择香港注册公司，开展艺术品份额交易，其目的就是规避国务院38号文件（2011）的限制，规避政府监管，利用香港与内地之间的法律空子，开展庞氏骗局。在香港注册，也为案发后内地公安侦办案件造成了极大的阻碍。香港万丰国际在冻结投资者账户资金后，各地投资者向当地公安机关报案，但是香港万丰国际注册地为香港，且报案时该公司已经注销，投资者账户已被注销，平台信息资料已被销毁，导致多地公安机关虽然受理了投资者报案，但是由于侦办难度大、证据不足等原因，能够立案的报案很少，即使立案也没有被移送司法机关审理。时至今日，刘恩英及其团伙也没有因为香港万丰国际案受到法律的制裁（2017年8月刘恩英及其团伙被广西壮族自治区南宁市人民检察院审查起诉，是由于广西会丰文化产业集团有限公司涉嫌非法集资诈骗）。由此可见，由香港、澳门或者海外注册成立的公司在我国内地开展庞氏骗局，是我国政府监管、惩治庞氏骗局的一大难题。

刘恩英的下属中有大量非法传销组织的骨干成员，包括北京亿霖案的主犯屠晓斌、刘峰，这些非法传销骨干成员加入刘恩英团伙之后，将传销手段和技巧运用到香港万丰国际的庞氏骗局之中，通过在全国各地招募各级代理商的形式，构建非法传销的金字塔组织架构，在短期内实现了香港万丰国际的迅速扩张，网罗了大量企图不劳而获的庞氏骗局入局者。

3. 无银行第三方托管资金，不拒绝新会员的加入

投资者在香港万丰国际文化艺术品产权交易平台注册成为会员后，需要在会员账户存入资金方能进行交易，会员账户资金并没有实行银行第三方独立托管，而是直接存入了广西会丰文化产业集团有限公司的银行账户，而广西会丰的法定代表人也是刘恩英。也就是说，香港万丰国际实际上掌控着投资者的账户资金，可以随时任意调度投资者资金而不受到第三方的监管和约束。没有银行第三方托管资金，为香港万丰国际实施庞氏骗局扫清了资金通道上的阻碍，也是识别庞氏骗局的一个重要特征。庞氏骗局的本质是诱使参与者用后来者的钱作为自己快速盈利的来源，从而诱使更多的人上当受骗，直至参与者来源受限或资金难以为继，庞氏骗局宣告破产。由于资产价格不可能无极限增长，因此任何庞氏骗局都必然走向破产，而庞氏骗局的破产往往伴随做局者的卷款跑路，为了卷款跑路的便利，庞氏骗局做局者会想尽一切办法将投资者的资金掌握在自己手中：一种方式是将投资者资金直接掌握在庞氏骗局公司手中，另一种方式是设置一个看似为第三方、实际控制在做局者手中的傀儡公司托管资金。

庞氏骗局的维持需要有源源不断的新资金流入，并且新资金的流入规模必须成几何倍数增长，新资金是庞氏骗局的生命源泉，因此，庞氏骗局从来不会拒绝新资金的流入。2015年12月，香港万丰国际冻结了所有会员资金，2016年3月在未经会员授权的情况下，将会员账户自由资金清零、全部转化为资产项目，构成了事实上的卷款。但是，与此同时，香港万丰国际还在吸纳新会员进入，这就使得其由于业务转型调整而冻结资金的理由不攻自破，因为一般公司在业务转型调整过程中都会停止吸纳新资金，待转型完成后再吸纳新资金。因此，千方百计阻碍原有资金流出，同时从不拒绝新资金进入，是庞氏骗局的又一特征。

4. 阶段性转换标的物，狡兔三窟关旧开新

标的物是庞氏骗局做局的幌子，标的物具体是什么并不重要，标的物自身是否有价值也不重要（通常很便宜或者一文不值），重要的是标的物必须能够激发投资者相信其价格能够不断上涨的信念，标的物是庞氏骗局不断扩张、发展下线的载体，而不断扩展、发展下线才是庞氏骗局巨额利润的真正来源。庞氏骗局需要将标的物价格不断炒高，造成早期进入者获得巨额收益的假象，以吸引更多的投资者进入，掠夺不断进入的投资者的资金，是庞氏骗局巨额利润的真正来源。但是，投资者对于任何一种标的物价格上涨的信念，都会随着其价格的不断上涨而逐渐消散，当投资者的信念发生动摇时，庞氏骗局做局者就会适时转换标的物，用新的标的物激发投资者新的信念，使庞氏骗局得以继续维持下去。2015年12月，香港万丰国际以公司业务调整转型为由冻结了投资者资金账户，随后香港万丰国际开始有计划地向投资者推荐南宁文交所的邮币卡、野山参和茶叶，着力夸大渲染邮币卡、野山参和茶叶的投资价值和盈利能力，说服投资者将原有资金转而投资上述新的标的物，目的在于继续维持庞氏骗局。

除香港万丰国际外，刘恩英名下还有18家公司，均从事艺术品份额交易，在香港万丰国际注销后，刘恩英及其团伙又转战广西会丰文化产业集团有限公司继续从事艺术品份额交易。广西会丰又与南宁文交所之间存在千丝万缕的关系，刘恩英之子刘译荷为南宁文交所副总经理。刘恩英及其团伙在内地实际控制着几十家甚至上百家公司进行艺术品份额交易，这些公司间存在复杂的担保、结算等其他关联交易。一旦某一家公司出了问题，它们就会迅速将这家公司关停、卷款潜逃，然后利用其他公司继续从事艺术品份额交易的庞氏骗局。狡兔三窟的刘氏庞氏骗局团伙给公安机关侦办案件设置了重重障碍，也使得投资者维权难上加难。

三、投资建议

1. 进一步规范境外公司境内艺术品份额交易监管

2011年，国务院办公厅发布38号文件，命令禁止内地从事艺术品份额交易。此后，原本在国内注册公司从事艺术份额交易的庞氏骗局做局者，利用境内外对于艺术品份额交易的法律差异纷纷在境外注册公司，然后回到境内继续从事艺术品份额交易的庞氏骗局。由于这些公司的注册地在境外，给金融监管部门和公安部门执法带来了很大阻碍，这也是导致我国艺术品份额交易屡禁不止的重要原因。作为开放环境下的我国市场，既鼓励我国资本走出去也欢迎外国资本走进来，互通有无、互利互惠，共同为中华民族的伟大复兴贡献力量。但是，在不断推进对外开放的过程中，我们也必须加强监督管理，不能让对外开放成为不法分子的可乘之机，对于利用境外注册企业在境内从事违法犯罪的行为要严厉打击。通过完善相关法律法规，补齐当前监管的空白地带，将境外公司在境内从事艺术品交易的行为纳入监管。

2. 规范艺术品市场价格体系

由于艺术品只能产生欣赏价值，不会产生实质经济价值，这使得艺术品难以像工业产品进行准确定价。艺术品之所以成为庞氏骗局青睐的标的物，就是由于艺术品定价的浮动空间较大，为庞氏骗局做局者提供了操纵价格的空间。各级政府应当为当地艺术品市场确立价格参考体系，联合各地博物馆等艺术品专业研究机构构建价格参考体系，并在相关网站上定期发布、更新艺术品价格参考体系，从源头上消除艺术品市场的信息不对称问题，消灭艺术品份额交易庞氏骗局赖以生存的根基。

3. 加大传销处罚力度

在香港万丰国际艺术品份额交易案中，部分成员多年从事非法传销活动，有的成员曾经因非法传销判刑入狱，刑满释放后再次加入香港万丰国际艺术品份额交易，运用自身的传销经验和技巧为虎作伥。从事过非法传销的人员屡教不改，再次从事传销类违法犯罪活动，说明以往针对传销人员的处罚力度不足，对于犯罪分子的教育改造工作没有达到理想效果。应当完善相关立法，加大传销处罚力度，有效杜绝以往有过传销历史的人员再次从事类似违法犯罪活动。

第五篇

投资启示

5.1 投资启示——货币篇

比特币（BitCoin）诞生于2008年的一篇论文。一个署名为中本聪的人，提出了一种构想：让我们创造一种不受政府或其他任何人控制的货币。这个想法堪称疯狂：一串数字，背后没有任何资产支持，也没有任何组织和个人负责，你把它作为钱付给其他人，怎么会有人愿意接受？但是，狂想居然变成了现实。随后的几年，在全世界无数爱好者的支持下，比特币网络运行起来，越来越多的人和资本参与到比特币的交易和投资中，星星之火，终成燎原。刚刚过去的2017年，比特币迎来了爆发式的增长，价格从年初的1000美元，最高涨到了2万美元，全世界都为之震动，上到一国政府，下到平民百姓都予以高度关注。从货币发展的历史来看，如果比特币真的能够被经济社会广泛接受，甚至成为一种新的货币，那将具有里程碑的意义，必将对人类社会的发展产生深远影响。

从货币发展的历史来看，在人类历史上，货币曾经有过两种基本形态：金属货币和信用货币。目前全世界还处于信用货币阶段，绝大部分主权国家发行本国的信用货币。也有一些国家通过联合发行货币的方式来加强彼此之间的经济联系，如欧元。不过欧元并未脱离信用货币的范畴，欧元流通的关键前提是欧元区国家的政治背书，所以欧元本质上还是以国家主权为基础的信用货币。比特币完全不同于信用货币，它的出现并非是通过国家政权的强制，完全是凭借交易者的自愿接受。如果比特币最终被绝大部分人自愿接受，那么一种新的货币形态就出现了——加密数字货币。

一、非对称加密

首先，理解比特币，必须理解非对称加密。所谓非对称加密，就是加密和解密需要两把钥匙：一把公钥和一把私钥。公钥是公开的，任何人都可以获取。私钥是保密的，只有拥有者才能使用。他人使用你的公钥加密信息，然后发送给你，你用私钥解密，取出信息。反过来，你也可以用私钥加密信息，别人用你的公钥解开，从而证明这个信息确实是你发出的，且未被篡改，这叫作数字签名。如果公钥加密的不是普通的信息，而是加密了一笔钱，发送给你，这会怎样？

首先，你能解开加密包，取出里面的钱，因为私钥在你手里。其次，别人偷不走这笔钱，因为他们没有你的私钥。因此，支付可以成功。这就是比特币（以及其他数字货币）的原理：非对称加密保证了支付的可靠性。由于支付的钱必须通过私钥取出，因此你是谁并不重要，重要的是谁拥有私钥。只有拥有了私钥，才能取出支付给你的钱。

二、比特币钱包

对于比特币来说，钱不是支付给个人的，而是支付给某一把私钥。这就是交易匿名性的根本原因，因为没有人知道，那些私钥背后的主人是谁。所以比特币交易的第一件事，就是你必须拥有自己的公钥和私钥。你去网上那些比特币交易所开户，它们首先会让你生成一个比特币钱包。这个钱包不是用来存放比特币的，而是存放你的公钥和私钥。软件会帮你生成这两把钥匙，然后放在钱包里面。

根据协议，公钥的长度是512位。这个长度不太方便传播，因此比特币协议又规定，要为公钥生成一个160位的指纹。所谓指纹，就是一个比较短的、易于传播的哈希值。这160位是二进制，实在是太长了，可以转换成较短的十六进制，大约是26到35个字符串。这个十六进制字符串就叫作钱包的地址，它是唯一的，即每个钱包的地址肯定都是不一样的。

你向别人收钱时，只要告诉对方你的钱包地址即可，对方向这个地址付款。由于你是这个地址的拥有者，因此你会收到这笔钱。由于你是否拥有某个钱包地址，是由私钥证明的，因此一定要保护好私钥。这是极其重要的，如果你的私钥被偷了，你的比特币也就等于没了，因为他人可以冒用你的身份，把钱包里面的钱都转走。

同样的，你向他人支付比特币，千万不能写错他人的钱包地址，否则你的比特币就支付到了另一个不同的人了。

三、交易过程

一笔交易就是一个地址的比特币转移到另一个地址。由于比特币的交易记录全部都是公开的，哪个地址拥有多少比特币，都是可以查到的。因此，支付方是否拥有足够的比特币完成这笔交易，是可以轻易验证的。问题出在怎么防止其他人，冒用你的名义申报交易。举例来说，有人申报了一笔交易：地址 A 向地址 B 支付 10 个比特币。怎么知道这个申报是真的，申报人就是地址 A 的主人？

比特币协议规定，申报交易的时候，除了交易金额外，转出比特币的一方还必须提供以下数据：

1.上一笔交易的哈希值（从哪里得到这些比特币）；

2.本次交易双方的地址；

3.支付方的公钥；

4.支付方的私钥生成的数字签名。

验证这笔交易是否属实，需要三步：

第一步，找到上一笔交易，确认支付方的比特币来源；

第二步，算出支付方公钥的指纹，确认与支付方的地址一致，从而保证公钥属实；

第三步，使用公钥去解开数字签名，保证私钥属实。

经过上面三步，就可以确认这笔交易是真实的。

四、交易确认与区块链

确认交易的真实性以后，交易还不算完成。交易数据必须写入数据库，才算成立,对方才能真正收到钱。

比特币使用的是一种特殊的数据库,叫做区块链。首先,所有的交易数据都会传送到矿工那里,矿工负责把这些交易写入区块链。根据比特币协议,一个区块的大小最大是 1MB,而一笔交易大概是 500 字节,因此一个区块最多可以包含 2000 多笔交易。矿工负责把这 2000 多笔交易打包在一起,组成一个区块,然后计算这个区块的哈希。计算哈希的过程叫做采矿,这需要大量的计算。矿工之间也在竞争,谁先算出哈希,谁就能第一个添加新区块进入区块链,从而享受这个区块的全部收益,而其他矿工将一无所获。

一笔交易一旦写入了区块链,就无法反悔了。这里需要建立一个观念:比特币不存放在钱包或其他别的地方,而是只存在于区块链上面。区块链记载了你参与的每一笔交易,你得到过多少比特币,你又支付了多少比特币,因此可以算出来你拥有多少资产。

五、矿工的收益

交易的确认离不开矿工,为什么有人愿意当矿工呢?比特币协议规定,挖到新区块的矿工将获得奖励,一开始(2008年)是 50 个比特币,然后每 4 年减半,目前(2018年)是 12.5 个比特币。这也是比特币的供给增加机制,流通中新增的比特币都是这样诞生的。你可能看出来了,每 4 年奖励减半,由于比特币可以分割到小数点后八位,那么到了 2140 年,矿工将得不到任何奖励,比特币的数量也将停止增加。这时,矿工的收益就完全依靠交易手续费了。所谓交易手续费,就是矿工可以从每笔交易抽成,具体的金额由支付方自愿决定。你完全可以一毛不拔,一分钱也不给矿工,但是那样的话,你的交易就会没人处理,迟迟无法写入区块链,得到确认。矿工们总是优先处理手续费最高的交易。

目前由于交易数量猛增,手续费已经水涨船高,一个区块 2000 多笔交易的手续费总额可以达到 3~10 个比特币。如果你的手续费给低了,很可能过了一个星期,交易还没确认。一个区块的奖励金12.5个比特币,再加上手续费,收益是相当可观的。按照目前的价格,可以达到100万~200万元人民币。如果运气好的话,几分钟就能挖到一个区块,拿到这样一大笔钱,怪不得人们对挖矿趋之若鹜。

六、区块的扩容

比特币协议规定,平均10分钟诞生一个区块。区块的大小只有1MB,最多只能包含2000多笔交易。也就是说,比特币网络每10分钟,最多只能处理2000多笔交易,换算一下,就是处理速度为3~5笔/秒。全世界的比特币交易这么多,可是区块链每秒最多只能处理5笔,这已经成为制约比特币发展的一个"瓶颈"。很早就有人呼吁,改革比特币协议,提升处理速度。这件事在2017年8月有了一点眉目,当时区块链发生了一次分叉,诞生了一个新协议,称为Bitcoin Cash(简称BCH)。这种新货币其他方面都与比特币一致,就是每个区块的大小从1MB增加到了8MB,因此处理速度提升了8倍,手续费也低得多。该协议是对原有区块链的分叉,因此当时持有比特币的人,等于一人获赠了一份同样数量的BCH。BCH等于创造了一种新货币,还有人提议,原始比特币的区块大小提升到2MB,这称为SegWit2x。这个建议原定于2017年11月实施,但是由于在最后时刻缺乏共识,就被取消了。

七、点对点网络

比特币是一个全世界的开放网络,只要你有服务器,就能加入这个网络,成为一个节点。每个节点都包含整个区块链(目前大概100多GB),并且节点之间时刻不停地在同步信息。当你发生了一笔支付,你所在的节点就会把这笔交易告诉另一个节点,直至传遍整个网络。矿工从网上收集各种新发生的交易,将它们打包写入区块链。一旦写入成功,矿工所在节点的区块链，就成为最新版本，其他节点都会来复制新增的区块，保证全网的区块链都是一致的。最后，你所在的节点也拿到了最新的区块链，从而得知你早先的那笔交易，已经写在里面了，至此交易确认成功。

比特币的基本知识就是这样了，希望你已经明白了比特币是怎么回事。当然，很可能你已经被一些名词绕晕了，什么"区块链""哈希值"等。没有关系，很多参与比特币的交易者，甚至挖矿的矿工也并不完全明白比特币交易的原理。事实上只需要明白比特币的基本特点就足够了：

（1）去中心化。目前我们使用的信用货币，都是由一国或者几国（地区）的中央银行发行的。在信用货币出现之前，代用货币曾经是各国（地区）的法定货币。代用货币与信用货币在本质上还是不一样的，一国（地区）中央银行在发行代用货币时，必须有100%的贵金属准备。也就是说，货币持有者可以通过央行随时将代用货币兑换为足值的贵金属。此时的货币只是金属货币的一种方便的代用品，本质上还是金属货币，银行还不具备信用创造功能。如今的货币基本都是信用货币，央行在发行货币时，无需任何资产作为发行准备。理论上来说，央行发行的货币数量是没有任何上限的。在比特币的产生和交易体系中，是不存在央行这样的中心机构的。区块链体系中，所有交易者都处于完全平等的地位，不存在能够控制货币体系的单一机构。货币的产生和总的数量是由体系中的所有成员共同决定的，这就从理论上决定了货币产生和交易的公平、公开和透明。

（2）数字化。比特币的产生和交易全部基于互联网，不存在货币实体。这一点和目前我国的第三方支付有点类似，但本质上是完全不同的。第三方支付只是信用货币的一种成本更低的替代方式，其底层依然是中国人民银行发行的信用货币——人民币。无论是支付宝还是微信支付或者是其他第三方支付，都不能称为数字货币。比特币是一种纯数字货币，其产生方式、交易方式都已经彻底数字化，不存在底层货币，或者说比特币本身就是底层货币。数字化货币的交易成本极低，这一点在目前的第三方支付已经体现得很明显了。由于区块链技术本身的优势，比特币也不存在伪造的风险,这就杜绝了假币的风险。

比特币要解决的核心问题,就是创造一种可信的数字凭证。由于这种凭证可信,因此能够当作货币。比特币的技术基础是加密学,因为只有加密学才能保证它的可信性。一旦加密被破解,它就没法当作货币了。这也是这一类数字凭证被称为"加密货币"的原因。只要比特币的加密算法没有被破解,就能够正常交易。

(3)数量有限化。新的比特币产生的唯一途径就是计算符合协议的哈希值,由于协议设定的原因,有效的哈希值是非常难算的,这就导致了比特币的产出速度极其缓慢。按照目前的技术设定,到2140年矿工将得不到任何奖励,比特币的数量也将停止增加。这一系列的设定导致了比特币不存在滥发的风险,这也是近年比特币的价格大幅上涨的根本原因。

从人类使用信用货币以来,曾经出现过多次超级通货膨胀。这些通胀的出现,都引起了大规模的社会动乱,甚至战争,人类为此付出了巨大代价。回顾这些通胀可以发现,尽管每次表现不尽相同,但其根本原因都完全一样,那就是政府的货币滥发。尽管有不少国家从法律层面限制了货币的发行规模和速度,但在一些极端环境下,货币的滥发还是会出现。2008年美国金融危机之后,为挽救濒临崩溃的经济,美国政府实施了四轮量化宽松的货币政策。这种政策实质上就是印钱,但由于美元具有世界货币的地位,因此其通胀后果被分摊给了全世界,对于美国自身并未造成太大冲击。

(4)匿名化。我们知道,为了躲避侦查,不少犯罪分子在交易时喜欢使用现金,因为现金交易是很难追踪的。银行转账和第三方支付的每一次交易都会留下精确的记录,尤其是第三方支付,这也是大数据的一个重要来源。比特币的转移只是从一个地址到了一个地址,每个交易者的地址都是唯一的。这些地址与交易者的真实身份没有任何对应关系,这就使得比特币交易完全匿名化。

我们探讨了很多比特币的特点,但还有一个根本的问题没有回答:比特币的本质到底是什么？说到底，比特币只是区块链的一条记录，是凭空生成的，为什么可以当钱用？举例来说，矿工获得12.5个比特币的奖励，其实就是区块链有一个记录：×××地址获得12.5个比特币。正是这行记录，导致该矿工获得了大笔金钱。如果区块链突然增加了一条记录，记载你的地址获得了1000个比特币，你就真的会有1000个比特币。这种凭空产生的数字货币到底有没有投资价值？

一、货币的本质

我们都知道，人民币是货币，美元是货币，黄金和白银在人类历史上也曾经长时间充当过货币。有价值的东西很多，为什么只有这些物质成为货币？答案很容易想到，因为人们普遍相信（认同）它们的价值，其他东西的价值难以得到普遍认同，无法成为货币。例如，邮票的价值就没有普遍的认同，除了集邮爱好者外，其他地方都不能当钱用。一般来说，认同的人越多，这种货币的通用性就越高。

例如，波兰的法定货币是兹罗提，在波兰境内的所有交易使用兹罗提是没有任何问题的。但是，一旦离开波兰就很少有人相信它的购买力，所以兹罗提离开波兰就没用了。还有各种游戏币，如QQ币，简称QB、腾讯Q币等，是由腾讯推出的一种虚拟货币，可以在腾讯网站使用一系列相关服务，购买时根据相应的提示投入相应的Q币数。Q币只能在腾讯的系统中使用，一旦离开这一系统，就立刻丧失购买力。相反，全世界大部分人都相信美元的价值，全世界都能用。所以货币的本质就是它的可接受性。对于货币的本质，马克思曾经有过一个很好的定义：货币是固定充当一般等价物的特殊商品。

1.可接受性

如果交易对手方不相信货币的价值，交易就无法达成。如果一种物品被全世界广泛接受，那么这种物品就完全可以充当货币了，就像曾经的黄金和白银。一种物品能否成为货币，只取决于人们是否相信它的价值，是否普遍接受它作为支付手段。至于这种物品本身是不是真的有价值，根本不重要。人民币本身是没有任何实质价值的，人民币本质上就是一些纸张，或者是账户当中的一串数字。但在我国，无论购买任何商品，支付任何债务，人民币都是被普遍接受的。比特币也是如此，它是什么，其实不重要。重要的是，它必须保证自己是可接受的，这样才能让足够的人相信它的价值，然后才能成为货币。

货币可接受性的来源，一般有两个：要么货币本身具有价值，要么货币具有法定地位。如贵金属货币，主要由黄金和白银制造，曾经在人类社会中长时间充当货币。黄金和白银充当货币，主要是由于金银本身具有价值：即使不是货币，作为普通商品也是有价值的。再加上金银本身的一些固有的优点，包括价值量高易于携带，易于分割且不降低价值，物理性质稳定等。正如马克思所说，金银天然不是货币，但货币天然是金银。

目前使用的货币是信用货币，如人民币、美元、欧元等，均为信用货币。信用货币是一国货币当局凭借政府的公信力，通过法律强制规定，发行使用的法定货币。信用货币的发行无需贵金属等资产准备，理论上可以无限量发行，当然这样做的后果就是通货膨胀。一般来说，当一国社会稳定，政治经济形势良好的时候，信用货币的币值就稳定。如果出现社会动荡，政府控制能力、公信力下降时，币值就会出现下跌。极端形式下，法律规定的货币甚至会被人们彻底抛弃，而改用其他资产作为货币。如我国解放战争中的国统区就是如此，法币价值接近于零，人们在交易时普遍使用其他资产，如黄金、白银、美元，甚至"袁大头"等作为支付手段。这是因为国民党政府的公信力和控制力已经完全丧失，在这种情况下，法币的合法地位也就不复存在。新中国成立初期，在上海等一些大城市，一些不法资本家公然抵制使用人民币。这些不法资本家认为人民政府会很快倒台，国民党反攻大陆会很快成功。他们在交易中只接受黄金、美元，并叫嚣人民币会彻底崩溃。几轮经济战下来，人民币在全国站稳脚跟。随着国民党彻底败退台湾，中国共产党取得了全面胜利。以此为大前提，人民币作为法定货币很快在全国获得了普遍接受。

2. 不可伪造性

一种货币能够被经济社会普遍接受，还必须具备不可或者不易伪造性。在贵金属货币的时代，人们就想出各种方法来防止金银作假，政府也制定了法律对货币造价予以严惩。信用货币时代，随着科技的发展，造假的效果也越来越逼真。为防范假币，各国货币当局采取了各种措施，这也导致了造币成本越来越高。

3. 不可替代性

稳定健壮的货币制度必须明确指明本位币。在金属货币的时代，本位币最重要的内容是确定制造货币的币材。历史上曾经充当过本位币币材的主要是黄金和白银。在一个历史时期，本位币只能是一种。有些国家曾试图将黄金和白银同时作为本位币，结果出现了"劣币驱逐良币"的结果。因此本位币要么是白银，要么是黄金。大部分国家在实践中确定了黄金作为本位币，白银作为辅币的货币制度。

信用货币出现之后，主权国家都以法定方式明确规定，本国货币当局发行的货币为唯一法定货币。其他国家的货币在本国的流通使用受到极大限制，有的国家干脆规定不允许其他国家货币在本国流通使用。这就确立了法定货币的唯一性和不可替代性，有助于一国金融市场的稳定，也有助于经济社会的稳定和发展。如果一个国家存在数种法定货币，结果将是灾难性的，必然导致经济社会的极大混乱。

二、加密货币是否有望成为合法货币

从目前的发展趋势看，数字货币取代信用货币将是历史发展的必然趋势。不过未来的数字货币仍将由一国的货币当局发行，其他非货币当局发行的数字货币要么只能在极为有限的领域使用，要么被彻底禁止流通交易。目前的加密数字货币虽然具备了成为货币的一些条件，但最大的问题是其合法性是不可能得到承认的。

（1）垄断货币发行权的只能是一国中央政府。历史上曾经出现过由实力雄厚的企业或家族发行货币的情况，但最终无一例外都很快消失在历史的长河中。这些企业或家族发行的货币，都只能在某一区域流通使用。有资格、有实力，同时也有责任发行全国货币的只有一国的中央政府（联邦政府）。例如，英格兰银行曾经作为商业银行发行货币，但很快就被英国政府收归国有。只要一个国家没有陷入大范围动乱，中央政府是不可能让渡货币发行权的。这是确保法定货币在本国范围内拥有广泛接受性的根本保证。实际上货币发行权不仅仅是一个技术问题，更多的是制度问题，甚至政治问题。

（2）货币发行是制定和实施货币政策的主要基础。现代政府的一大职责是保持经济稳定快速发展，要确保这一点，需要使用一些政策工具。财政政策和货币政策是最为常用的政策工具，特别是货币政策，很多时候是调节短期经济波动的最重要的政策工具。货币政策出现的时间要晚于信用货币出现的时间。1930年之前，世界上大部分市场经济国家遵循的是亚当·斯密的经济理论，认为政府只需要"当好经济的看门狗"就可以了。经济的发展有其自身规律，政府应该保持绝对中立，不应牵涉其中。1930年席卷资本主义国家的经济危机发生后，凯恩斯的"国家应该适时干预经济"的理论开始得到广泛应用。这对于资本主义国家经济恢复发挥了极大作用。第二次世界大战结束后，国家对于经济的干预不是减少了，而是加强了。国家干预经济的主要措施之一就是制定和执行货币政策，这是确保经济短期内不会出现大幅波动的主要手段。制定和执行货币政策需要货币当局垄断货币发行权，一旦将货币发行权让渡出去，制定和实施货币政策将成为极大难题。

（3）数字货币缺乏不可替代性。目前在互联网上交易的数字货币种类很多，真正具有世界影响力的只有比特币和以太币。以比特币为例，其产生和交易的基础技术是区块链，区块链技术得到了业界的极高评价。不过互联网技术的发展是非常快的，很难确保未来不会出现更先进的技术，以及以此为基础产生的新的数字货币。这样任何一种没有政府背书支持的数字货币就没有了不可替代性。不具有不可替代性的货币是无法被广泛接受的，更不用说成为法定货币甚至是世界货币了。

（4）区域货币还远未成熟。目前全世界唯一的区域货币是欧元，欧元的出现曾经被认为具有里程碑的意义。目前来看，区域货币制度还有很多亟待改进的方面。当经济发展良好时，区域货币能够发挥较好的作用。但是当经济陷入萧条时，区域内的不同国家希望使用不同的货币政策，这显然是不现实的。如果经济不能恢复正常，区域内的一些国家很可能会退出区域货币协议，目前欧元区正在上演的正是这一幕。当欧洲国家经济陷入衰退时，首先想到的并不是调整经济结构、削减财政开支、削减税收等政策，而考虑是否退出欧元区。从目前来看，区域货币制度还存在很多缺陷，远未成熟。希望数字货币成为区域货币制度下的法定货币显然只是一种美好的幻想。

所以事实已经很清楚了，比特币等基于互联网的一些先进技术产生的加密数字货币不可能成为法定货币。由于其本身完全是虚拟化的货币，不像黄金白银之类的贵金属具有天然价值。因此，比特币等目前所有的加密数字货币，无论其产生的技术多么先进，都完全不具备投资价值。

5.2 投资启示——利率篇

投资收益率,是衡量投资成果的最重要的指标。投资收益率的高低决定了投资本金的增值速度,在复利计息的情况下,收益率的微小差别,经过较长时间的投资周期,会产生投资收益的巨大差距。投资者在选择金融产品时,投资收益率是需要考虑的重要指标。金融机构在宣传金融产品时,利率计量标准并不相同。有必要计算一种统一的收益率,便于不同种类、不同到期时间的金融资产收益的比较。金融领域专家的长期研究发现,资产的收益率总是与资产的风险高度相关。平均来看,高收益一定伴随着高风险。不排除个别情况下的低风险高收益,但这种情况是不可能持续的。金融市场越规范成熟,投资收益率与风险之间的相关性就越高,获得超额收益率的难度就越大。

一、利率的决定

在市场经济环境下,利率完全由资金的需求和供给决定,这一点与其他商品没有区别。不一样的是,一般商品买卖的是所有权,资金买卖的是使用权。在资金供不应求的情况下,利率会上升,在资金供过于求的情况下,利率会下降。各国政府调节经济发展的一项重要手段是货币政策,主要通过调节市场利率来执行。当经济处于萧条状态时,央行向市场释放流动性,增加货币供给,进而降低利率来拉动经济增长;当经济过热时,央行回收流动性,减少货币供给,提高利率来防范通货膨胀。

金融市场上的利率不止一种,而是一个完整的利率体系。央行决定的是基准利率,其他利率都会随基准利率的变动而变动。当基准利率上涨时,其他利率也上涨，一般涨幅更大；当基准利率下降时，其他利率也下降，一般降幅更大。近年来我国金融市场整体处于极低的利率环境中，世界上大部分国家的市场利率也都非常低，有些国家甚至出现了较长时间的负利率。在低利率环境下，资金的供给极为充裕，处于供过于求的状态。以此为背景，各类投资要获得较高的收益率是非常困难的，因为竞争的资金总是很多。当然不排除存在个别高收益的投资项目，但是在资讯如此发达的时代，资金成本又非常低，很快就会有大量资金冲进来。在众多竞争项目一哄而上的情况下，项目的高收益会被迅速拉低下来。无论是实物投资还是金融投资都是如此。

二、利率的计量

1.有效年利率

在纷繁芜杂的投资领域中，让人比较困惑的一点是资产收益率的计量。有的金融产品公布的是月收益率，有的是年收益率。同样是年利率，有的是按月计息，有的是按年计息，还有按天计息的。这些利率到底是怎么回事，这些利率之间又是怎样的关系？

大部分金融机构给出的年利率，无论是贷款利率还是投资收益率，都可以被称为名义年利率，或者年百分率（APR）。这一利率是不能直接使用的，因为还有另一个重要指标影响真正的收益率，这就是年计息次数。

100万元的贷款，如果年利率是12%，每年计息1次，也就是按年计息，5年后的贷款本息和是：

$$100 \times (1+12\%)^5 = 176 \text{（万元）}$$

如果年利率仍然是12%，不过每年计息12次，即按月计息，5年后的贷款本息和是：

$$100 \times \left(1 + \frac{12\%}{12}\right)^{12 \times 5} = 182 \text{（万元）}$$

可以看出，同样的年利率，计息次数越多，最终的实际利率越高。为了便于比较，通常的做法是将名义年利率（APR）通过计息次数，转化为有效年利率（EAR）。有效年利率和名义年利率的转换公式为：

$$EAR = \left(1 + \frac{APR}{m}\right)^m - 1$$

其中，m是每年的计息次数。比较投资的实际收益，只需要比较有效年利率（EAR）就可以了。

当年利率是12%时，不同的计息次数的EAR如表1所示。

表1　　　　　近10年不同资产收益率及波动率情况

计息状况	计息次数	有效年利率（EAR）（%）	与12%的利差
按年计息	1	12%	0
按季计息	4	12.550881%	0.550881%
按月计息	12	12.682503013197%	0.682503013197%
按天计息	365	12.74746156384%	0.74746156384%
按小时计息	8760	12.74959248775625%	0.7495924877562%
按分钟计息	525600	12.74968361333%	0.74968361333%
按秒计息	31536000	12.7496852242145%	0.7496852242145%

在名义年利率相等的情况下，年计息次数越多，有效年利率越高。不过随着计息次数的增加，有效年利率增加的幅度越来越小，可以忽略不计了。

有些金融机构在宣传金融产品时，使用的是年化收益率。年化收益率与有效年利率比较类似，但是有差别。如某银行发布了一款非保本的理财产品，期限为3个月，预期年化收益率为6%。因为产品的期限只有3个月，如果投资100万元，3个月之后的收益是：

$$100 \times (6\% \times 3/12) = 1.5（万元）$$

如果能够连续滚动投资，1年后的收益率就是高于6%的。这相当于名义年利率是6%，每年计4次复利的收益率：

$$EPR = (1+6\%/4)^4 - 1 = 6.14\%$$

这一收益率比6%高了0.14%。不过在实际投资中，很难做到连续滚动投资的无缝对接，所以这种收益率一般较难实现。

在分析投资或者贷款时，不但需要关注年利率，还需要关注计息方式，在此基础上计算出有效年利率（EAR）才能准确判断投资收益率或贷款成本。

2.复利的威力

复利计息是金融市场中最为常用的计息方式，第一阶段的本金和收益可以投资到下一阶段继续获取收益。即使收益率相差不大，但经过长时间的利滚利之后，投资收益会出现惊人的差距。

年利率5%，按年计息，100万元本金投资20年的利息收益是：

$$100 \times [(1+5\%)^{20} - 1] = 165（万元）$$

年利率10%，按年计息，100万元本金投资20年的利息收益是：

$$100 \times [(1+10\%)^{20} - 1] = 573（万元）$$

收益率只相差5%，但经过20年的复利滚动，最终的利息收益多了2.5倍，这就是复利的威力。时间越长，复利的效果就越明显。

如果年收益率能够达到有些金融机构所宣传的20%~30%的年收益率，20年后的利息收益是：

$$100 \times [(1+20\%)^{20} - 1] = 3734（万元）$$

20年的时间，接近40倍的净收益。

如果收益率能够达到有些非法集资机构宣称的50%，可以看看20年后会发生什么：

$$100 \times [(1+50\%)^{20} - 1] = 33.24（亿元）$$

显然这种收益率是完全不可能达到的，即使考虑到通货膨胀，20年后的33.24亿元至少相当于今天的20亿元的购买力，这种宣传的收益率是多么荒谬。

如果这一收益率保持50年：

$$100 \times [(1+5\%)^{50}-1] = 63800（亿元）$$

2017年中国的GDP为82.7万亿元。如果不考虑通货膨胀，这一收益大概相当于2017年中国GDP的8%。如果按省份排名，在全国31个省（市、自治区）中仅次于广东、江苏、山东，能够排名全国第四。

三、收益率的历史分析

在金融市场中，想要获得超越市场的收益率是很难的。市场的收益率指的是市场平均收益率。以股市为例，在某时间段里，有些股票价格在上涨，有些股票价格在下跌，股票的涨跌幅也不尽相同，对股市的影响程度也不尽相同。此时有些投资者迫切想要知道的是股市整体是怎样变动的，是上涨了还是下降了，如果是上涨了，涨了多少。目前广泛使用的衡量股市整体变动的指标是股票指数，通过股票指数的变动来定量计算和反映股市的涨跌和变化幅度。

（1）股票收益率的计量。我国股市最为常用的是上证综指、深证成指、沪深300指数等。如果沪深300指数从4000点上涨到4400点，那就说明中国的A股市场总体上涨了10%，在不考虑投资费用的情况下股市的平均收益率是10%。在考察股票投资收益时，除分析投资的绝对收益率外，还应与股市平均收益率进行比较。如果股市上涨了20%，而投资者的股票投资收益率是10%，说明投资者的投资策略并不成功，甚至可以说是失败的。因为投资策略的收益率只有市场平均收益率的一半。如果股市下降了10%，投资者的收益率为-5%，虽然产生了损失，但也并不能说明投资策略是失败的，因为损失程度只有市场平均损失的一半。

（2）市场平均收益率。在评价投资收益时，平均收益率是一个重要的指标。只有高于市场平均收益率的策略才能算是成功的策略。想要超过市场平均收益率，在短期内不难实现，但要在长期投资中战胜市场是非常困难的。市场是所有投资者的总和，金融投资领域中所有投资者共同构成了金融市场。战胜市场就意味着战胜市场上至少一半的投资者，如果考虑到投资中的各类实际成本，如佣金、税收等，要超过市场平均收益就更困难了。在这种背景下，有越来越多的金融机构采用被动投资策略，而放弃了主动投资策略。所谓被动投资策略，在股市中一般特指指数型投资策略。这种投资策略是将资金分配到计算指数的成分股中，分配到每只股票的资金比例等于成分股的计算权重，最终达到和股票指数变化几乎完全相同的投资效果。如上证50指数基金，其投资策略就是将资金分配到计算指数的50只成分股，投资比例是计算指数的权重。当上证50指数从3000点上涨到3300点时，指数上涨了10%，上证50股指基金的收益率就是10%。当然也有表现优秀的主动性投资策略，但主动性投资策略需要花费大量的成本去寻找合适的资产。被动型投资策略不需要花费成本去分析寻找资产，计算指数的成分股股票的种类以及计算权重都是完全公开的信息。在主动型投资策略的总收益中减去这类成本，其净收益率就很难高于被动型投资策略了。目前被动型投资策略在金融市场发达的国家越来越流行，市场份额也越来越大。

（3）近10年主要金融资产的收益率及风险。在我国金融市场中，主要的投资资产包括股票、债券、商品期货、房地产、外汇等。现在，我们可以分析一下近10年这几种主流的投资品的年均收益率和风险。正如以上所说，要获得超越市场的平均收益率是非常困难的，所以我们使用每种资产的平均收益率来代表投资该类资产的收益率。

从表2中可以看出，近10年来主要投资资产的收益率都不高。银行存款的收益率最低，仅比通货膨胀率略高，实际收益率接近于0。这也造成了近年来银行存款增速减缓，甚至出现负增长的情况。大量资金流出商业银行，寻找收益率更高的投资途径。

表2　　　　　近10年主要资产收益率及波动率情况

资产	指标	2008年收益率（%）	2017年收益率（%）	年均收益率（%）	年波动率（%）
银行存款	一年期定期存款利率	3.87	1.50	2.72	0.64
股票	沪深300	−24.52	4.75	−0.07	22.32
债券	5年期国债	3.57	3.49	3.28	0.39
债券	10年期国债	3.89	3.59	3.59	0.33
商品	大宗商品指数	16.39	20.53	1.75	13.78
房地产	全国住宅平均状况	3.01	6.58	5.23	6.20
外汇	美元兑人民币汇率	−5.59	−4.32	−0.87	3.63
外汇	欧元兑人民币汇率	−13.33	−2.61	−4.07	6.53
外汇	日元兑人民币汇率	11.55	−2.61	−1.01	8.42
通货膨胀率	CPI	105.90	101.60	102.61	

资料来源：Wind金融终端。

（1）股市的情况。2008年美国金融危机波及全球，我国所受直接影响较小。但美国作为我国第一大贸易伙伴国，其经济的衰退必然导致进口的减少，这就对我国的经济发展造成了较为严重的间接影响。2008年中国A股市场出现了大幅度的下降，沪深300指数全年下降了24.52%。虽然近几年股市有所回升，但由于前期股市的下跌幅度过大，近十年我国股市的年均收益率仅为−0.07%。在年均收益率为负的情况下，股市年波动率高达22.32%，股市的风险远远高于其他资产。在高风险的前提下，股市并未提供匹配的高收益率。当然，造成这种结果的原因是出现了全球性的系统风险，中国也不可能独善其身，这是经济全球化的一个负面效果。

（2）债券的情况。为保持经济持续较快发展，与全球大部分国家一样，我国也采取了宽松的货币政策。市场利率一路走低，一年期定期存款基准利率长时间维持在1.5%。市场基准利率的持续走低，也直接降低了各类债券的收益率。10年来5年期国债的年均收益率为3.28%，年波动率为

0.39%；10年期国债的年均收益率为3.59%，年波动率为0.33%。中长期国债收益率维持在历史较低水平，年波动率也非常小，是常见投资资产中风险最小的。不过考虑到近10年的年均通胀率2.61%，中长期国债的实际收益率就只剩下0.67%和0.98%。

（3）房地产的情况。近10年全国房地产价格平均年增长率为5.23%，且增长速度呈逐年上升趋势，年均波动率也仅为6.20%。中国房地产行业近年来的低风险高收益情况的出现有着复杂的背景和条件。在实体经济增长乏力，股市、债市低迷的大背景下，宽松货币政策下释放的大量流动资金需要寻找投资渠道。恰逢近年来我国的城市化进程高速推进，房地产的刚性需求规模巨大，这就为房价的长期上涨提供了最基本的原动力。房价的上涨直接带动了地价的上涨，提高了地方政府的财政收入。房地产行业也直接带动了大批上下游企业的发展，如钢铁、水泥、建材等，还带动了一大批就业。在没有出现新的经济增长点的背景下，房地产行业是目前为数不多的能够拉动经济发展的产业，因此希望房价短期之内停止上涨甚至下跌是不现实的。不过如果一个国家经济的发展主要依赖于房地产，那将是非常危险的。20世纪80年代末日本经济泡沫破灭、2008年美国的金融危机，都与房地产行业的畸形发展有很大关系。房地产业作为资金密集型行业，其财务杠杆率普遍很高，我国房地产业尤其如此。房地产业一旦出现问题，受波及最大的将是商业银行。近两年中央作出统一部署，要求各行业降低财务杠杆率，金融业和房地产业首当其冲。

房地产投资短期之内还可以获得较高回报，不过从长期来看，中国房地产价格一定会回归正常。随着国家房地产税的开征，以及全国各地的限购措施等政策的实施，房地产价格的上涨空间将被极大压缩。与其他投资资产相比，房地产投资的门槛最高，且流动性最差，一旦出现大幅的价格波动，投资的潜在损失将远远高于其他投资产品。

（4）大宗商品情况。大宗商品价格近10年经历了大起大落，年均增长率仅为1.75%。大宗商品，如农产品、能源、金属等，主要以商品期货的方式交易。商品期货的杠杆率一般都比较高,以平均10倍的杠杆率计算,大宗商品的年收益率就是17.5%。不过杠杆率在提高收益率的同时,也相应提高了风险。在10倍杠杆率的情况下,大宗商品价格的年均波动率为137.8%。这是非常大的风险,稍有不慎就有可能损失全部投资本金。

(5)外汇的情况。全球主要货币,美元、欧元、日元在近10年对人民币的汇率都出现了不同程度的贬值。贬值幅度最大的是欧元,年均贬值-4.07%。贬值幅度最小的是美元,年均贬值-0.87%。2008年美国金融危机对全球经济造成了重大打击,各大经济体都受到了不同程度的影响。

作为始作俑者,美国所受影响最大。不过作为世界第一大经济体,美国的经济恢复能力还是非常强大的。欧元区作为松散的经济联盟,在经济发展正常时不会出现大的问题。一旦出现经济衰退,区域内的各个国家就开始互相指责,要求其他国家拿出更多资源来拯救欧元区。由于欧元区内的各国不能很好协调彼此经济政策,造成了欧元区经济恢复远远落后于美国,这就直接造成了欧元的大幅贬值。作为中国最重要的两个贸易伙伴,欧盟和美国的经济衰退,直接影响到中国的出口。不过经过改革开放40年的高速发展,不少中国人已经开始富裕起来。中国庞大的中产阶层开始发挥威力,内需已经成为拉动国内经济增长的主要推动力。随着我国全面小康社会建设目标的实现,特别是精准扶贫工作的深入开展,我国普通百姓的收入会得到更快提高。作为拥有14亿人口的世界第一大国,富裕起来的中国人对经济发展的推动作用将不可限量,内需将成为未来很长时间内推动中国经济稳定高速发展的主要动力。

人民币对其他主要货币的持续升值也将是未来的主要趋势,特别是欧元和日元。欧元区最大的问题是各主权国家经济发展情况不同,相对发达的国家不愿提供更多经济资源帮助相对落后的国家,国家主权的进一步让渡更是无从谈起。欧洲一体化进程面临很大的障碍,欧元区甚至存在很大的解体风险。日本未来的发展更是一片黯淡,日本最大的问题——"老龄化+少子化"非常严重,目前看来这一问题基本无解。美国的情况相对要好很多，不过制造业空心化的问题很难解决。资本的原动力是收益率的最大化，美国的生产成本不断上升，为获取高收益率，美国本土的制造业不断向海外转移。留在美国本土的主要是金融业、高科技、影视业等高收益率产业。这些产业的收益率很高，也是美国的最大优势所在。但高收益产业的一大问题是吸收的就业太少，人员少、收入高、精英化是这类产业的基本特点。这种发展趋势造成的一个必然结果是贫富分化越来越严重，少数精英的收入越来越高，而普通工人阶层大批量的失业。近年来美国政府也意识到这一问题，不过始终未能采取有效措施加以解决。美国总统特朗普上台之后，采取了一系列极端措施来迫使美国制造业回归，目前看效果还是很不错的。不过这些政策造成了美国与其他国家之间严重的贸易争端，也违反了基本的经济规律，是不可能长期持续的。作为世界第一强国，美国还是有深厚底蕴的，但是从长期来看，美国的衰落是不可避免的。

四、投资的利率启示

近10来由于受美国金融危机的影响，我国投资市场出现了种种不常见的情形，不过还是可以给我们很好的投资启示。因为任何一个时间段里，总是会有各类事情的发生，对投资结果产生或好或坏，或大或小的影响。我们需要做的是分析其中普遍存在的规律，进而指导未来的投资行为。

想要获得高收益率，一定要承担高风险。想在不承担高风险的同时获得高收益率，是完全不可能的。很多时候，即使承担了高风险，也不一定能够获得高收益率。不同的资产，收益率差别很大。期望获得高收益率，就要投资能够提供高收益率的资产，如股票、商品、衍生品等。银行存款很安全，但是不可能提供较高的收益率。一个国家的金融市场越成熟规范，获得超额收益的机会就越少。已经有很多金融专家通过严谨的研究，包括理论研究和实践研究证明了，不存在一种投资模式能够获得长期的超越市场的高收益率，也不存在任何人和机构能够确保在很长时间内获得超越市场的高收益率。如果有的话，那么极有可能是通过一些非法的手段，如内幕交易等方式取得的。假设存在一些人或者机构，使用某种先进的投资方法或者投资模式，获得了明显高于市场的高收益率，那么市场上其他专业机构会蜂拥而至模仿这种投资方式。经过多次试验之后，总是会有一些人或机构能够模仿成功，如此则该投资模式的优势就荡然无存了。金融市场上是不存在常胜将军的，厉害如巴菲特，也曾在可口可乐、宝洁等投资上折戟沉沙。

  金融市场就像体育比赛，想长期待在冠军位置上是不可能的。如世界杯足球赛，早期由于足球运动不太普及，只有少数国家水平较高，出现了巴西、意大利两国成功卫冕的情况。20世纪70年代以后，随着足球运动的普及，再也没有哪一个国家能够在世界杯上卫冕成功。进入21世纪，甚至出现过数次上届冠军在比赛中连小组赛都未能出线的情况。长期保持世界顶尖水平的意大利、荷兰等国家足球队，连2018年俄罗斯世界杯的大门都未能踏入。造成这种情况的原因其实很简单，不断学习、模仿和有针对性的训练提升，使得各国足球水平越来越高，所谓的足球强国的优势越来越小。

  金融投资也是如此，随着科学的投资方法、理念的研究和普及，专业投资机构之间的投资水平差距越来越小。不排除个别金融机构能够在短期内获得远超其他机构的收益率，但这极有可能完全是因为运气。能够长期保持超常收益率的金融机构是不存在的，大量专业研究已经充分证明了这一点。运气在投资中的作用确实很重要，但从概率的原理可以知道，随着投资次数的增加，运气对于投资结果的影响也越来越小，因为好运气和坏运气的概率是相等的，能够基本抵消。如果有人或机构宣称能够在长期之内一直保持超高的收益率，那一定是骗子。类似于扔硬币的游戏，只要参与的人数足够多，总有那么几个人在几次、十几次投币后保持正面或者方面全部朝上的结果，但这并不能因此说明这几个幸运儿就拥有超越常人的扔硬币的技能。

5.3 投资启示——资产篇

2017年中国GDP总额82.71万亿元，比2016年增长6.9%。从2008年开始，中国经济总量就超过了日本，居世界第二位，与美国的差距逐年缩小。中国GDP对美国GDP的比重，从2008年的31%上涨到2017年的63%。虽然目前我国人均GDP在全世界的排名还不高，但已经有相当一部分中国人富裕起来。2017年全国居民人均可支配收入25974元，其中上海以58987.96元居全国首位，北京以57229.83元位列第二。截至2017年年底，央行公布的境内居民住户存款总额为64万亿元人民币。

富裕起来之后，人们就面临着一个重要问题，就是资产管理。资产管理是将闲余资金投资出去，以期获取较高的收益，确保资产的保值增值。中国近年来的资管规模增长迅速，到2017年已经达到100万亿元人民币的级别，是仅次于楼市的规模。在改革开放过程中，为确保经济平稳较快增长，国家对于金融行业的改革始终持审慎态度。这是由于金融业本身具有较大的风险，在经济还没有达到一定规模时就贸然开放金融业，一旦出现系统性金融风险，对中国经济的发展将是灾难性的。随着我国经济总量达到世界第二，金融业的市场化改革也开始加速。到目前为止，我国基本实现了利率市场化，汇率波动幅度也逐步加大。资本市场、保险市场已经较早实现了市场化。不过与发达国家相比，我国金融业还有较大差距，这种差距不仅仅体现在技术、体制方面，更多的是理念和经验。

任何金融机构想要获取收益，都必须将资金投资出去，放在保险柜里是不会有任何收益的。投资的过程，就是将资金转化为能够获取收益的资产。这些资产可以是实物资产，也可以是金融资产。实物资产的一大缺点是流动性太差,也就是变成现金的时间太长,成本太高。所以一般资管的资金投向的大都为金融资产。不同的资产,收益率不一样,风险也不一样。

一、资产的分类

在目前公开交易的各类金融资产中,可以依据不同标准加以分类。在资产管理中最为重要的两个指标是收益和风险。如果按照资产的收益和风险分类,可以分为:

(1)银行存款。银行存款是居民最常见的资管途径,银行存款最大的优点是风险低,流动性好,不过银行存款的收益率是非常低的。在近些年全球经济不景气的大背景下,为推动经济发展,我国维持了较长时间的低利率,这也导致了我国银行存款维持在了一个非常低的水平。一年期定期存款利率较长时间维持在1.5%,这是我国自1997年亚洲金融危机以来的最低水平。

(2)债券。随着监管机构对企业发行债券管制的逐步放开,企业债券的发行规模和交易规模增长迅速。截至2018年5月底,我国债券市场余额为51.8万亿元人民币,其中政府债券28.3万亿元人民币。债券的收益率相比银行存款要高很多,1年期国债收益率3.16%,5年期国债收益率3.44%;在金融债中,国开行1年期债券收益率3.88%,5年期收益率4.34%;企业债的收益率更高,在AAA级企业债中,1年期收益率4.50%,5年期收益率4.74%。2017年全国银行间债券市场成交金额达102.8万亿元人民币。

(3)股票。我国目前的股市包括主板和新三板。主板市场包括上海证券交易所和深圳证券交易所两家,上证上市企业1418家,深证上市企业2103家,两市共3521家。新三板挂牌企业11311家,基础企业10371家,创新企业940家。上证市值约32万亿元人民币,深证市值约22万亿元人民币,两市总市值54万亿元人民币。2017年沪深两市成交金额达122.3万亿元人民币。

（4）外汇。我国目前还在实行较为严格的外汇管制，外汇交易限制较多。可以预期，随着金融市场改革的不断深化，我国外汇市场也将很快开放，汇率的形成也会实现市场化。

（5）商品。商品资产的流动性较差，不过由于金融市场存在商品期货，极大方便了商品投资。商品期货的流动性好，基本不存在信用风险。由于期货使用保证金的交易方式，因此比直接购买商品要节省大量成本。我国商品期货平均保证金水平约5%，这就形成了20倍的杠杆，大大降低了投资成本和投资门槛。不过较高的杠杆率也意味着较高的风险，与投资商品现货相比，商品期货是存在损失全部初始投资风险的。目前我国共有4家期货交易所：大连商品交易所、郑州商品交易所、上海期货交易所、中国金融期货交易所。前3家主要交易商品期货，中金所交易的是金融期货。三家期货交易所交易的商品种类比较齐全，包括农产品、能源、金属、建材、化工原料等，共计47个品种，2017年全年总成交金额187.9万亿元人民币。

（6）金融衍生品。金融期货主要在中国金融期货交易所（简称"中金所"）交易。中金所是四家期货交易所成立时间最晚的，交易品种也是最少的。目前中金所的产品有两大类，国债期货和股指期货；五个交易品种，分别为沪深300股指期货、上证50股指期货、中证500股指期货、5年期国债期货、10年期国债期货。2017年中金所总成交金额达24.6万亿元人民币。

一般来说，判断股市总体走向要比分析单只股票容易。影响单只股票价格变动的因素除宏观因素之外，还有行业因素和公司自身因素，而影响股市变动的因素只有宏观因素。如果投资者希望进入股市，即判断股市要上涨，此时买入所有上市公司股票显然是不现实的。通过购买股指期货的方式，达到的效果与购买所有上市公司股票的效果是一样的。股指期货的另一大优势是可以双向交易，除做多外，还可以方便地做空。当判断股市整体要下降时，可以做空股指期货。如果股市确实下降了，那么就可以获得收益，下降越多，收益越多。而通过做空所有上市公司的股票来做空股市显然是不可能的。

国债期货的主要功能是对冲市场利率的变动。随着我国利率市场化的实现，市场利率的变动会更加频繁，变动幅度也会越来越大。利率的变动会影响很多金融资产的价值，有些金融机构只想获取固定收益，不想获取利率变动带来的额外收益，也不想遭受利率变动带来的额外损失，可以通过买卖国债期货的方式来实现这一点。投资者也可以通过判断市场利率的走向来买卖国债期货，如果判断正确，即可获取收益。当然，如果判断错误，就要遭受损失。例如，当预测未来市场利率会下降，可以买入国债期货。如果市场利率真的下降了，国债期货价格就会上涨，投资者就能获得收益。

二、资产的收益和风险

总体来说，资产的预期收益和风险是成正比的，预期收益越高，风险越高。金融投资中的风险指的是发生损失的可能性，以及损失发生时损失的比例。理论上来说，金融市场中是不存在没有风险的资产的，所有金融资产都存在发生损失的可能性。只不过有些资产的风险非常小，小到可以忽略不计。那么金融投资中资产的收益和风险到底是怎样的关系，是否存在低风险高收益的资产？

（1）银行存款。从我国实行存款保险制度开始，就决定了即使是银行存款，也是存在风险的。在未实施存款保险制度前，基本上所有的银行都能够享受到政府的隐性担保，老百姓也认为政府是不可能让银行破产倒闭的。2015年5月1日国务院颁布实施了《存款保险条例》，这一条例的核心内容是，同一存款人在同一家存款机构所有被保险存款账户的存款本金和利息合并计算的资金数额在50万元以内的，实行全额偿付；超出50万元的部分，依法从投保机构清算财产中受偿。也就是说，只要存款额少于50万元，即使银行破产倒闭了，存款也是安全的，能够连本带利地收回来。我国存款账户中，存款在50万元以下的账户数量占全部存款账户的99.70%。

如果存款额度较大，建议分散到不同银行，每家银行额度均不高于50万元。虽然到目前为止还没有商业银行破产倒闭的案例，但随着金融行业市场化改革的不断深入，未来商业银行破产倒闭的情况一定会出现。在银行业竞争越来越激烈的背景下，广大中小银行为获取更多存款资源，往往提供了比大型商业银行更高的存款利率。在全世界的银行界有一条不成文的规定"大而不倒"，就是说只要商业银行的规模达到一定程度，即使经营中出现重大问题，进而出现破产风险时，政府一定会出手相救。因为当商业银行的规模非常大时，一旦破产倒闭，结果将是灾难性的，不仅仅是一个金融问题，很快就会演变成社会问题。

当然，银行倒闭的可能性毕竟小之又小。不过由于银行存款的利率过低，因此其最主要的功能是保障资金的安全以及流动性。既然如此，选择规模较大的银行应该是比较明智的。

（2）债券。广义的债券包括各种固定收益类的金融资产，如各类票据等。与股票等资产不同，固定收益证券提供的利息的支付时间、额度等都是已知的。债券的风险包括两类：信用风险和市场风险。信用风险指的是本金和利息无法收回的风险。债券体现的是债权债务关系，那就存在本息无法按时收回或者只能收回一部分的可能性。这种风险与债券发行人的财务状况和经营状况直接相关。普通投资者很难确定债券发行人的信用状况，特别是非上市企业。为促进债券市场的发展，各国都出现了专门为债券进行信用评级的金融机构。这类金融机构通过分析发债企业的财务状况、经营状况及发展前景等，量化发债企业的信用风险，根据计算结果将债券分级，级别越高信用风险越小。

除了信用风险外，债券还存在市场风险。投资人在购买债券之后，有可能在债券到期之前在二级市场上出售，特别是中长期债券，很少有投资者从发行日一直持有到期的。债券在出售时的价格与购买价格一般是不一样的，有可能比购买价格高，有可能比购买价格低，这主要取决于市场利率。债券价格的走向与市场利率的走向是相反的，利率越高，市场价格越低，利率越低，市场价格越高。未来市场利率的走向是不确定的，债券的价格就是不确定的。如果债券的市场价格低于买价，投资者就要遭受损失。即使是没有信用风险的国债，也面临着市场风险。由于市场利率的波动范围一般比较小，债券的市场风险也就比较小。总体来看，债券的信用风险越低，其市场风险越低，债券的风险来源主要是信用风险。对于债券这种资产来说，基本就是风险越高收益越高。在较为成熟的金融市场中，债券的风险可以完全由信用评级揭示，很少存在评级高风险高或者评级低风险低的情况。"一分风险一分收益"在债券市场体现得尤为明显。

（3）股票。与债券不同，目前金融市场并不存在对股票进行评级的金融机构。股票的风险与收益之间的关系是比较复杂的，这也给了广大投资者机会，通过专业的分析寻找那些低风险高收益的股票。股票收益的来源包括红利和资本利得，资本利得是股票的买卖差价。一个国家股市越成熟，红利在总收益中所占比重就越高，我国股市投资者收益的主要来源是资本利得。债券的利率一般不可能太高，高于同期国债收益率5倍的债券风险就已经非常高了，很有可能不能按时还本付息。股票则完全不同，有些优秀的企业，如微软、戴尔、苹果等，其股价从上市开始的10年内，投资回报率接近100倍，远远高于债券的收益率。当然，也有不少企业由于经营不善而退市，甚至破产清算，投资资金基本完全损失。股市投资的收益率差别是非常大的，不过由于股市的公开、透明，股票投资的收益率是非常容易计算的，想要造假是很难的。

（4）期货。期货分为商品期货和金融期货。商品期货一般可以细分为农产品、能源、金属、化工原料等。这些资产大多属于经济社会发展的必需品，需求量一般比较稳定，供给也比较稳定，所以价格相对比较稳定，较少出现大起大落的情况。如小麦期货，小麦作为重要的农产品，其生产和需求都是非常稳定的。即使出现气候的反常变化导致小麦减产，政府的粮食储备会迅速投向市场以平抑粮价。作为基础资产，粮食价格的上涨会引起一系列资产价格的上涨，甚至有可能引发通货膨胀。与农产品比，能源、金属和化工原料的价格变动要大一些。这类资产的需求是非常稳定的，价格的变动主要是由资产供给波动造成的。如原油的需求短期不会发生大的变化，原油价格的大幅度变动主要是由供给变化造成的。全球最重要的原油产区位于中东，中东政局的变化往往会引起原油供给的大幅变动，进而引起原油价格的变化。

另一种期货是金融期货，目前我国金融期货有两类：国债期货和股指期货。与商品期货相比，金融期货价格的波动幅度要大得多，潜在的收益和风险也就更大。特别是股指期货，如沪深300股指期货，每一点300元。如果指数从4000点下降到3700点，如果是做空了一张合约，那就赚了300点，也就是9万元；如果做多，那就亏损9万元。一张沪深300股指期货合约的名义价值是120万元，按照目前10%的保证金率计算，需要至少12万元买卖一张合约。12万元的初始投资，只需很短时间就可以盈利9万元，或者亏损9万元，收益率为±75%，风险不可谓不大，即使是股票也不会有如此大的波动。期货的高风险主要来源于高杠杆，以股指期货为例，10%的保证金率意味着10倍的杠杆率，当指数上涨10%，经过10倍的放大，就是100%。如果做多，就可以收益100%，如果做空，就损失100%。

国债期货的波动性比股指期货要小很多，影响国债期货价格变动的因素只有市场利率。当市场利率上涨时，国债期货价格下降；当市场利率下降时，国债期货价格上涨。这里的市场利率指的是市场无风险利率，或者说是市场基准利率。市场基准利率是非常低的，即使有波动，也是非常有限的。所以国债期货的波动一般很小，远远小于股指期货。由于种种原因，国债期货被设计的非常复杂，是所有主流金融期货中最复杂的一种。复杂的金融产品在交易过程中总是产生各种投资机会，虽然这些机会带来的收益一般不高，但往往是无风险的，最终积少成多，总收益也可以很可观。不过要获取这种收益需要经过极为复杂的计算，这吸引了一大批聪明或者自认聪明的投资者参与此类交易。

三、投资方法

根据投资本身是否存在风险，可以将投资方法分成两类：投机和套利。投机是有风险的，而套利是无风险的。投机也被称为趋势投资，通过判断资产价格变动趋势，进行对应的操作，如做空、做多等，来获取收益。如果对趋势的判断错误，就会产生亏损。套利是通过至少两种价格相关性较高的资产的一系列操作获取收益的投资方式，一般来说，套利是没有风险的，也就是说不存在亏损的可能。不过套利机会是很少的，而且每次收益也很少。金融市场越成熟，套利机会就越少。

1.投机

投机操作是金融行业中最常用的投资方法，通过深入分析，判断资产价格走向，在此基础上进行对应操作来获取收益。随着金融市场越来越发达，出现了各类新的金融工具和投机方式，能够应对金融市场各种可能的状况。

（1）趋势交易。这种投机方式是最为传统的，判断特定资产价格走势，如果认为资产价格将上涨，就做多资产；如果认为资产价格将下降，就做空资产。目前金融市场上提供的金融工具是非常丰富的，要做多资产，可以购买资产现货，也可以购买资产期货，还可以购买看涨期权，或者出售看跌期权等，都可以获得收益。不同的操作方式获得的收益率是完全不同的，杠杆率越高，收益率就越高，但潜在风险也越大。例如，判断黄金价格要上涨时，可以买入黄金，可以买入黄金期货，也可以买入黄金看涨期权，还可以卖出黄金看跌期权。当黄金价格从300元/克上涨到330元/克时，购买黄金现货的收益率是10%，黄金期货收益率是100%（保证金按10%计算），购买黄金看涨期权的收益率是100%（期权费按5%计算），出售黄金看跌期权的收益率为20%（期权费按5%计算）。如果判断错误，黄金价格下降10%，购买黄金现货亏损10%，黄金期货亏损100%，购买黄金看涨期权亏损100%，出售黄金看跌期权亏损100%。

金融市场越发达，可以进行的投机方式就越多。美国金融市场甚至可以直接交易资产的波动率，判断资产价格的波动率比分析价格走势要更容易。如果认为未来资产价格的波动率会增加，就可以购买波动率。当未来资产价格大幅度上涨，或者大幅度下降时，投资者都会获得收益，因为这都造成了波动率的上升。价格涨跌幅度越大，收益越大。

（2）相对交易。相对交易比绝对交易的风险更低，技巧性更高。通过判断两种或者两种以上资产价格的相对变动，采取对应措施来获取收益。例如，如果认为未来金融市场的收益率曲线会变得更加陡峭，即长期利率相对于短期利率上涨，就可以做多短期国债，做空长期国债。当市场利率上涨时，长期利率上涨幅度大于短期利率，长期国债价格下降幅度大于短期国债，做空长期国债的收益高于做多短期国债的亏损，总体是有收益的；当市场利率下降时，长期利率下降幅度小于短期利率，长期国债价格上涨幅度低于短期国债，做空长期国债的亏损低于做多短期国债的收益，总体还是有收益的。如果判断错误，市场收益率曲线变得更加平坦，就会产生损失。不过相对交易的收益或亏损一般小于绝对交易，因为一端的大部分收益或亏损，会被另一端的亏损或收益抵消。

2.套利

与投机不同，套利交易是没有风险的。套利交易通过计算资产之间的定量关系，进而盯市寻找机会，一旦定量关系不成立时，立即交易锁定收益。A企业同时在纽约和伦敦上市，伦敦股价是10英镑，纽约股价是15美元，此时国际外汇市场英镑和美元的汇率是1∶1.4。套利者会借入10英镑在伦敦买入股票，立即在纽约出售获得15美元，将15美元在外汇市场按1∶1.4汇率兑换为10.71英镑，偿还借入的10英镑，最终盈利0.71英镑。金融市场上的套利者是非常多的，套利机会转瞬即逝。随着信息技术的发展，套利操作越来越依赖于计算机程序。目前流行的做法是将定量关系作为算法写成计算机程序，将程序与数据源对接，就能够实时监测是否存在套利机会。一旦出现套利机会，程序会迅速实施套利。人工计算的速度是不可能与计算机相提并论的，所以现在的套利交易越来越依赖于计算机程序。

不仅套利交易，目前还有很多投机交易也开始使用计算机程序，可以预期未来的金融投资，大数据、人工智能的应用一定会使金融投资的方式、方法和理念发生翻天覆地的变化。

四、投资启示

在金融市场中，不同的资产、不同的投资方式具有不同的特点。但高收益高风险，低收益低风险是基本规律。比如银行存款，基本没有风险，但收益率是非常低的；再如股指期货，潜在收益非常高，但一旦判断错误，潜在损失也会非常大，甚至会损失全部本金。是否存在高收益低风险的情况呢？答案是肯定的。不过这种机会在金融市场中非常稀少，需要高超的投资技巧、精准的分析能力和敏锐的洞察力才能捕捉到。这些能力和经验的获得，需要经过长年累月的专业学习和训练。

目前信息技术的发展为金融业的变革提供了一条崭新的路径，那就是依靠计算机程序来实施自动化交易，最大限度地减少人为情绪因素的影响，量化投资就是这类投资方式的初步应用。未来随着信息技术的发展，通过人工智能分析海量历史投资数据，找到资产价格变动的内在逻辑，进而预测资产价格的走向，是目前信息技术在投资领域的重要发展方向。

金融投资是一个非常专业的行业，与其他行业没有本质的差别，就是一分耕耘，一分收获。金融行业的专业性是应该得到所有人尊重的，就像大家尊重教师、医生、工程师一样。投资技能的获得，是需要通过反复学习和训练才能获得。就像烹饪，同样是做一道菜，普通人和厨师做出来一定是有差距的，厨师之间也是有差距的。一个好的厨师，需要数年，数十年的学习和积累，金融行业也是一样的。

为了促进经济的进一步发展，更好地服务中小企业和普通百姓，我国开始了广泛的金融体制改革,降低金融业的门槛是改革的主要内容之一。金融业的改革伴随着互联网技术的发展,互联网金融也开始迅速发展起来。实际上互联网金融与传统金融没有任何本质区别,现在发展最好的互联网金融产品余额宝,也是把募集到的资金投资出去,投资的产品也是股票、债券等常见的金融资产。有不少机构和个人,打着互联网金融的牌子,用极高的收益率欺骗广大投资者。有些互联网金融产品号称保本保息,这么高的收益率,必然存在极大的不确定性,宣称保本保息,真是让金融专业人员笑掉大牙。仔细分析近年来的非法集资案例会发现,在这些诈骗集团中,真正具备金融从业资质的人员是非常少的,有很多高管甚至根本就不懂金融。这样的人员配置,在设定的极高收益率的前提下,还能保本保息,就像一个从没做过饭的人突然宣称可以做出一桌满汉全席来一样可笑。

总之,平均来看,要获得高收益,必须承担高风险。想在低风险的情况下获得较高收益,就要努力学习,提高投资技巧。如果没有高超的投资能力,还想在不承担高风险的情况下获取高收益,只能凭借良好的运气了。